"十二五"高职高专精品课程规划教材·财经管理系列

财务报告解读与分析

（修订本）

徐明亮　曹　晨　编著

清华大学出版社
北京交通大学出版社
·北京·

内容简介

本书为适应投资与理财、金融与保险、财务会计、工商管理、国际贸易等相关专业对应岗位财务分析能力培养的需求，以工作任务为载体构建教学项目，并围绕工作任务选择和设计教学内容。全书分五部分，共十二个教学项目，第一部分为项目1，主要介绍财务报告与财务报告分析基础；第二部分为项目2至项目6，主要是重要财务报表及附注解读与分析，包括资产负债表解读与分析、利润表解读与分析、现金流量表解读与分析、所有者权益变动表解读与分析、财务报告附注信息解读；第三部分为项目7至项目10，主要是财务指标分析方法及应用；第四部分为项目11，主要是综合绩效评价的方法及应用；第五部分为项目12，主要是财务分析报告撰写的方法。

图书在版编目（CIP）数据

财务报告解读与分析／徐明亮，曹晨编著．—北京：清华大学出版社；北京交通大学出版社，2012.5（2019.6重印）
（“十二五”高职高专精品课程规划教材．财经管理系列）
ISBN 978－7－5121－0988－9

Ⅰ.①财…　Ⅱ.①徐…　②曹…　Ⅲ.①会计报表－会计分析－高等职业教育－教材　Ⅳ.①F231.5

中国版本图书馆CIP数据核字（2012）第096452号

责任编辑：赵彩云
出版发行：清华大学出版社　邮编：100084　电话：010－62776969
　　　　　北京交通大学出版社　邮编：100044　电话：010－51686414
印 刷 者：北京时代华都印刷有限公司
经　　销：全国新华书店
开　　本：185×230　印张：15　字数：342千字
版　　次：2012年5月第1版　2019年6月第1次修订　2019年6月第2次印刷
书　　号：ISBN 978－7－5121－0988－9/F·1013
印　　数：3 001～3 800册　定价：49.00元

本书如有质量问题，请向北京交通大学出版社质监组反映。对您的意见和批评，我们表示欢迎和感谢。
投诉电话：010－51686043，51686008；传真：010－62225406；E-mail：press@bjtu.edu.cn。

前　　言

财务报告是会计信息的载体，是外界观察和透视企业的“窗口”。如何“读报表”、“用会计”则是财务报告信息使用者提升决策能力的基础。本书以真实的上市公司财务报告为分析对象，以新会计准则为依据，全面地阐述了财务报告分析与解读的基本原理、基本程序和基本方法，旨在培养读者的财务报告解读能力、财务报告分析能力和财务分析报告撰写能力。

本书以工作任务为载体构建教学项目，并围绕工作任务选择和设计教学内容。全书分五部分，共12个教学项目，第一部分为项目1，主要介绍财务报告与财务报告分析基础；第二部分为项目2～项目6，主要是重要财务报表及附注解读与分析，包括资产负债表解读与分析、利润表解读与分析、现金流量表解读与分析、所有者权益变动表解读与分析、财务报告附注信息解读；第三部分为项目7～项目10，主要是财务指标分析方法及应用；第四部分为项目11，主要是综合绩效评价的方法及应用；第五部分为项目12，主要是财务分析报告撰写的方法。

本书注重理论与技能的有机结合，以上市公司的真实案例为对象，展示了财务分析报告解读与分析的过程，具有很强的可读性和实用性。其主要特点如下。

1. 新颖。充分结合了新企业会计准则的内容框架，基于财务分析流程、能力递进这一主线，以真实的上市公司年度财务报告为分析对象，展示了财务报告解读与分析原理、程序和方法，并结合行业背景及对比分析，让读者增强了对财务报告的感性认识。

2. 适应行动导向教学模式。本教材以综合职业能力培养为目标，基于把握目标公司行为真谛和投资价值的工作任务和工作过程为主要依据，按照职业特征、职业成长规律和典型工作任务设计教学项目、教学任务和教学内容，有助于实现工作过程导向的教学模式。

3. 实用性强。从实际应用出发，通过条分缕析，让读者逐步掌握财务报告的分析思路和方法，通过真实的上市公司年度财务报告进行案例分析，向读者解剖了发生在上市公司中的真实故事。

本书由徐明亮、曹晨任主编的校企结合的教材开发团队共同撰写完成。具体分工为：第1、2、6、12项目由徐明亮编写；第9～11项目由曹晨编写；第3～5项目由任冀波编写；第7～8项目由陆志刚编写。全书由徐明亮负责课程标准、大纲设计和定稿，曹晨负责全书的修改和总纂。

北京交通大学出版社的赵彩云编辑对本书的出版工作给予了大力支持，并为本书的编辑工作付出了辛勤的劳动，在此表示衷心感谢！

在本书编写过程中，王瑶、黄秀、王海静、李荔、周挺爽、赵秀丹等同学在资料收集和整理等方面做了一些工作。同时，我们借鉴和参考了许多文献，在此一并表示谢意！

由于时间和水平有限，书中难免有疏漏和不当之处，敬请读者和专家批评指正，以期进一步的修改完善，为读者提供更好的服务。

本书配有教学课件和课后题参考答案，可发邮件至 cbszcy@ jg. bjtu. edu. cn 索取。

编者

2019 年 6 月

目　　录

项目1

财务报告解读与分析理论基础

本项目介绍了财务报告、财务报告分析原理、财务报告分析的基本方法等财务报告解读与分析的理论基础。

财务报告是企业对外提供的反映企业某一特定日期的财务状况和某一会计期间的经营成果、现金流量等会计信息的文件。财务报告使用者主要是通过财务报告获取企业当前的会计信息，从而预测企业未来的发展趋势。因此，财务报告是向投资者、债权人、经营者和其他利益相关者等财务报告使用者提供决策有用信息的媒介和渠道。财务报告体系一般包括3项内容：财务报表（含财务报表附注）、财务情况说明书和审计报告。其中，财务报表及附注是财务报告的核心，而财务情况说明书和审计报告则是必要的补充。

财务报告分析是以会计核算和报表资料以及其他相关资料为依据，采用一系列专门的分析技术和方法，对企业等经济组织过去和现在的筹资活动、投资活动、经营活动的偿债能力、盈利能力、运营能力和发展能力状况等进行分析与评价，为企业的投资者、债权人、经营者以及其他关心企业的组织或者个人了解企业过去，评价企业现状，预测企业未来，作出正确决策提供准确信息。财务报告分析的基本程序或步骤一般包括明确分析目的、收集分析资料、选择分析方法、进行分析计算、撰写分析报告等环节。

财务报告分析工具常见的有水平分析法、垂直分析法、趋势分析法、比率分析法、因素分析法等。其中，水平分析法通常是指将当期有关财务报告数据及其拓展资料等，与本企业过去同类数据资料进行对比分析，据以发现企业相关绩效、能力、财务状况等相关考查对象是否较以往有一定的进步等。垂直分析法是指仅就同一考查期间内的财务报告有关数据资料，计算总体与部分之间的比例，对于某报表项目构成及各项目所占总体的比重进行分析。趋势分析法是一种动态比较分析法，它根据企业连续数期财务报表相关数据资料，采用指数或增长率的方式计算各种百分比，并据以进行比较和观测，确定分析对象的变动情况和发展趋势。比率分析法是利用两个或若干个与财务报表相关的项目之间的某种关联关系，运用相对数来考查、计量和评价，借以评价企业财务状况、经营业绩和现金流量的一种财务分析方法。比率分析法是财务分析中最基本、最常用的一种方法。因素分析法是依据财务报告分析对象与其影响因素之间的关系，按照一定的程序和方法，确定各因素对分析指标差异影响程度的一种技术方法。

任务1　认知财务报告

教学目标

1. 认知财务报告的含义；
2. 理解财务报告的目标定位及体系；
3. 熟悉财务报表的类型。

一、什么是财务报告

财务报告是企业对外提供的反映企业某一特定日期的财务状况和某一会计期间的经营成果、现金流量等会计信息的文件。它具有以下几层含义：一是财务报告是对外报告，其服务对象主要是投资者、债权人等外部使用者，专门服务于内部管理需要的内部报告不属于财务报告的范畴；二是财务报告应当综合反映企业的生产经营状况，包括某一时点的财务状况和某一时期的经营成果与现金流量等信息，以勾画出企业生产经营过程的全貌；三是财务报告必须形成一个系统的文件，不应是零星的或者不完整的会计信息。

财务报告是企业财务会计确认与计量的最终结果体现。财务报告使用者主要是通过财务报告获取企业当前的财务状况、经营成果和现金流量等会计信息，从而预测企业未来的发展趋势。因此，财务报告是向投资者、债权人、经营者和其他利益相关者等财务报告使用者提供决策有用信息的媒介和渠道。

二、财务报告的目标定位

财务报告目标所要解决的主要问题是企业为什么要提供会计信息，向谁提供会计信息，提供哪些重要会计信息。围绕这些问题形成了两种竞争性的观点：受托责任观和决策有用观。

受托责任观体现了会计的传统角色意识，其思想渊源早在会计产生初期就已经存在，其盛行是基于股份公司的发展及两权分离形成的委托代理关系，认为财务报告的目标主要在于如实反映代理人受托责任的履行情况。两权分离是只要存在授权关系，便可能导致受托责任。曾经担任美国会计学会会长的井尻雄士说过："受托责任的关系可因宪法、法律、合同、组织的规则、风俗习惯甚至口头合约而产生。一个公司对其股东、债权人、雇员、客户、政府或有关的公众承担受托责任。在一个公司内部，一个部门的负责人对分部经济负有受托责任，而部门经理对更高一层的负责人也承担受托责任。就这一意义而言，说我们今天的社会是构建在一个巨大的受托责任网络之上，毫不过分。"

随着公司制和资本市场的不断发展和完善，传统意义上的委托代理关系不断延伸和拓展，委托人的过度分散已经成为必然。由于公司产权关系的复杂化和多样化，公司治理和协调的交易费用变得越来越大，相应的，会计担负起为信息使用人提供决策支持的任务，也就成了市场资源有效配置的基础。会计信息供求双方之间复杂的利害关系使得公开公允的会计披露不单单表现为委托代理合约的维系，而且成了一种强制性制度安排。于是，决策有用观应运而生，并迅速占据主导地位。

国际财务报告准则（IFRs）将财务报告目标定位于决策有用观和受托责任观并存，但同时认为受托责任观是从属于决策有用观的。2006 年 7 月，美国财务会计准则委员会（FASB）与国际会计准则理事会（IASB）联合发布了趋同的“财务报告概念框架”，明确指出，财务报告目标在于“提供有助于现在和潜在的投资者和债权人及其他信息使用者进行投资、信贷和类似资源配置决策的信息”；同时，联合框架也认识到评价管理层受托责任的重要性，认为决策有用性包括了受托责任观，这样就没有必要专门将受托责任作为财务报告的目标。我国 2006 年颁布的《企业会计准则——基本准则》将财务报告的目标确定为：向财务报告使用者提供与企业财务状况、经营成果和现金流量等有关的会计信息，反映企业管理层受托责任履行情况，有助于财务报告使用者作出经济决策。财务报告使用者包括投资者、债权人、政府及有关部门和社会公众等。

三、财务报告体系

根据我国《会计法》，财务报告包括财务报表（含财务报表附注）和其他应当在财务报告中披露的各项非正式会计信息。以上市公司为例，财务报告体系一般包括 3 项内容：财务报表（含财务报表附注）、财务情况说明书和审计报告。

财务报表是财务报告的核心内容，是对企业财务状况、经营成果和现金流量的结果性表述，包括会计报表和附注，即资产负债表、利润表、现金流量表、所有者权益（或股东权益，下同）变动表和附注。考虑到小企业规模较小，外部信息需求相对较低，因此，小企业编制的报表可以不包括现金流量表。

（1）资产负债表是反映企业在某一特定日期的财务状况的会计报表。企业编制资产负债表的目的是通过如实反映企业的资产、负债和所有者权益金额及其结构情况，从而有助于财务报告使用者评价企业资产的质量及短期偿债能力、长期偿债能力、利润分配能力等。

（2）利润表是反映企业在一定会计期间的经营成果的会计报表。企业编制利润表的目的是通过如实反映企业实现的收入、发生的费用以及应当计入当期利润的利得和损失等金额及其结构情况，从而有助于财务报告使用者分析、评价企业的盈利能力及其构成与质量。

（3）现金流量表是反映企业在一定会计期间的现金和现金等价物流入、流出的会计报表。企业编制现金流量表的目的是通过如实反映企业各项活动的现金流入、流出情况，从而有助于财务报告使用者评价企业的现金流和资金周转情况。

（4）所有者权益变动表是指反映所有者权益各部分当期增减变动情况的报表。企业编制所有者权益变动表的目的是通过反映所有者权益总额的增减变动、所有者权益各部分结构性的增减变动，从而有助于财务报告使用者准确了解所有者权益增减变动的根源，包括引起所有者权益变动的没有计入利润表而直接计入所有者权益的利得和损失。

(5) 附注是对在会计报表中所示项目所作的进一步说明，以及对未能在这些报表中列示项目的说明等。企业编制附注的目的是通过对财务报表本身作补充说明，以更加全面、系统地反映企业财务状况、经营成果和现金流量的全貌，从而有助于向财务报告使用者提供更为有用的决策信息，帮助其作出更加科学合理的决策。

会计报表格式和附注分别按一般企业、商业银行、保险公司、证券公司等企业类型予以规定。企业应当根据其经营活动的性质，确定本企业使用的会计报表格式和附注。除不存在的项目外，企业应当按照具体准则及应用指南规定的报表格式进行列报。政策性银行、信托投资公司、租赁公司、财务公司、典当公司应当执行商业银行会计报表格式和附注规定，如有特别需要，可以结合本企业的实际情况，进行必要调整和补充。担保公司应当执行保险公司会计报表格式和附注规定，如有特殊需要，可以结合本企业的实际情况，进行必要调整和补充。资产管理公司、基金公司、期货公司应当执行证券公司会计报表格式和附注规定，若有特别需要，可以结合本企业的实际情况，进行必要调整和补充。

财务情况说明书，又称“财务状况说明书”，是对企业一定时期间内的生产经营、资金增减和周转、利润实现和分配等情况的综合性说明，是财务报告的组成部分。它一方面有助于财务报告使用者对企业的情况有更全面、更深刻的理解，并对企业作出良好的判断；另一方面也能对企业管理层认识问题、分析问题的能力有更深刻的了解，从而能够客观地评价企业经营者的业绩。

审计报告是由注册会计师对公司财务报表真实性审计之后签发的正式报告。用于向公司董事会、全体股东及社会公众报告公司的财务运行情况。审计报告根据普遍接受的会计标准和审计程序出具，可对公司的财务状况作出积极和消极的结论。

四、财务报表的类型

财务报表可以按照不同的标准进行分类。

(1) 按照财务报表反映的内容，财务报表可分为静态财务报表和动态财务报表。静态财务报表是指反映企业在一定时点经济指标处于相对静止状态的报表，即资产负债表。其相关指标都是时点指标；动态财务报表是指反映企业在一定时期内完成的经济指标的报表，即利润表、现金流量表和所有者权益变动表，其相关的主要指标都是时期指标。

(2) 按财务报表编报期间的不同，财务报表可分为中期财务报表和年度财务报表。中期财务报表是以短于一个完整会计年度的报告期间为基础编制的财务报表，包括月报、季报和半年报等。年度财务报表是以一个完整会计年度的报告期间为基础编制的财务报表。

(3) 按财务报表编报主体的不同，财务报表可分为个别财务报表和合并财务报表。个别财务报表是由企业在自身会计核算基础上对账簿记录进行加工而编制的财务报表，它主要用以反映企业自身的财务状况、经营成果和现金流量情况。合并财务报表是以母公司和子公司组成的企业集团为会计主体，根据母公司和所属子公司的财务报表，由母公司编制的综合反映企业集团财务状况、经营成果及现金流量的财务报表。

任务2　理解财务报告分析原理

教学目标

1. 认知财务报告分析的含义；
2. 理解财务报告分析的意义及主体；
3. 掌握财务报告分析的内容及程序。

一、什么是财务报告分析

财务报告分析是以会计核算和报表资料以及其他相关资料为依据，采用一系列专门的分析技术和方法，对企业等经济组织过去和现在的筹资活动、投资活动、经营活动的偿债能力、盈利能力、运营能力和发展能力状况等进行分析与评价，为企业的投资者、债权人、经营者及其他关心企业的组织或者个人了解企业过去，评价企业现状，预测企业未来，作出正确决策提供准确信息的经济管理应用学科。

财务报告分析有广义和狭义之分。狭义的财务报告分析是指以企业财务报告反映的财务指标为主要依据，通过对财务报告数据的进一步加工，生成一些新的数据，对企业的财务状况和经营结果进行评价和剖析，为报告使用者进行投资判断和决策提供重要财务信息支撑的一种分析活动。广义的财务报告分析还应包括行业分析、企业战略分析、企业环境分析、企业发展前景分析和资本市场分析等。

二、为何分析财务报告

财务报告分析对于会计信息相关利益者具有十分重要的意义，无论是企业的投资者、经营者或债权人，还是政府管理人员或普通老百姓等，都十分关心财务分析的结果。虽然不同人员所关心的问题可能是不尽相同的，对分析的要求和目的也必然会有差异，但归纳起来，财务报告分析的基本目的是从各个方面对企业进行一个分项的或总体的评价，并为企业诊断和投资决策服务。

1. 分析与评价财务状况

财务分析应根据会计报表等核算资料，对企业整体和各个方面的财务状况做综合和细致的分析，并对企业的财务状况作出评价。财务分析应全面了解企业资产的流动性状态是否良好，资本结构和负债比例等是否恰当，现金流量状况是否正常等，说明企业长短期的偿债能力是否充分，评价企业长短期的财务风险与经营风险，为企业投资人和经营管理当局等提供有用的决策信息。

2. 分析与评价盈利能力

企业追求最大的盈利能力是重要的经营目标。一个企业是否具有良好和持续的盈利能力，是一个企业综合素质的基本体现。企业要生存和发展，就要求获得较高的利润，这样才能在激烈的竞争中立于不败之地。企业的投资者、债权人和经营者等都十分关心企业的盈利能力，同时只有盈利能力强的企业才能保持良好的偿债能力。财务分析应从整体、部门和不同项目等角度对企业盈利能力作深入分析和全面评价，不仅要分析绝对的利润总额，也要分析相对的收益能力；不仅要关注现在的盈利状况，还要观察收益的质量以及对企业长远发展的作用。

3. 分析与评价资产管理水平

企业资产作为企业生产经营活动的经济资源，其管理效率的高低直接影响企业的盈利能力和偿债能力，也表明了企业综合经营管理水平的高低。作为财务分析，就应该对企业的资产占有配置、利用水平、周转状况和获利能力等做全面和细致的分析，不仅要看总体的管理水平，也要深入观察个别管理水平的高低；不仅要关注现在的资产营运状况和管理效率，还要善于预测管理水平的发展前景。

4. 分析与评价成本费用水平

从长远来看，企业的盈利能力和偿债能力也与企业的成本费用管理水平密切相关。凡是经营良好的企业，一般都有较强的成本费用的控制能力。财务分析应对企业一定时期的成本费用的耗用情况做全面的分析和评价，不但要从整个企业和全部产品的角度进行综合分析，还要对企业的具体职能部门和不同产品作深入的分析，并要对成本和费用耗费的组成结构进行细致分析，才能说明成本费用增减变动的实际原因。

5. 分析与评价发展能力与发展趋势

无论是企业的投资者、债权人或企业经营管理当局等，都十分关心企业的未来发展能力与发展趋势，因为这不但关系到企业的命运，也直接与它们的切身利益有关。只有通过全面和深入细致的财务分析，才有可能对企业未来的发展趋势作出正确的评价。在企业财务分析中，应根据企业偿债能力、盈利能力、资产管理质量和成本费用控制水平等其他相关的财务和经营方面的各项资料，对企业中长期的经营前景作出合理的预测和正确的评价，这不但能为企业经营管理当局和投资者等进行财务决策与财务预算提供重要的依据，也能避免由于决策失误而给企业造成重大损失。

财务报表分析可以静态地观察问题，如分析某一时点的财务状况；更应当动态地看问题，要善于动态分析某一会计期间的经营成果、现金流量和未来的财务发展趋势。财务报告分析不仅应当告知哪些财务状况、经营成果、现金流量发生了变化，还应当指明这些财务信息变动的原因及其之间的关系。财务报告分析通过对财务事项之间的因果关系分析，有助于信息使用者判明财务状况是由什么因素造成的，而目前的事实在未来可能会导致怎样的结果。会计信息本身可能隐含了对企业未来发展趋势某种相关性的反映，分析财务报告，通过系统和全面地对企业的多期财务状况进行分析和评价，有助于把握企业的发展规律与发展趋势并作出合理的预测，这也是财务报告分析能够提升其经济价值的重要原因之一。

三、财务报告分析的主体

财务报告分析的主体，是指与企业存在一定的现时或潜在的经济利益关系，为特定目的对企业进行财务报告分析的单位、团体和个人。一般而言，与企业有着经济利益的各相关方都会成为企业财务报告的使用者，并且他们站在各自的立场上，为各自的目的，对企业的财务状况、经营成果及现金流量进行分析和评价。这些使用者均构成财务报告分析的主体，具体可以从会计信息的外部使用者和内部使用者两个方面来进行阐释。

1. 会计信息的外部使用者

会计信息的外部使用者主要是指不参与企业的日常经营活动，但对企业具有财务利益的个人和组织，包括投资者、债权人、政府及有关部门、社会公众等。这些信息使用者通常从公开披露的财务报告中得到会计信息。

1）投资者

投资者包括既有的投资者和潜在的投资者，他们一般需要根据会计信息决定是否保留其在某一企业的投资或者向某一企业进行投资。因此，他们需要通过财务报告来评价资产质量、偿债能力、盈利能力和营运效率等，评估与投资有关的未来现金流量的金额、时间和风险等。

2）债权人

债权人包括企业的贷款人和供应商等。贷款人、供应商通常十分关心企业的偿债能力和财务风险，他们需要根据财务报告来评估企业能否如期支付贷款本金及其利息，能否如期支付所欠购货款。

3）政府及其有关部门

政府及其有关部门作为经济管理和经济监管部门，通常关系经济资源分配的公平、合理，市场经济秩序的公正、有序，宏观决策所依据信息的真实可靠等，因此，他们需要信息来监管企业的有关活动（尤其是经济活动）、制定税收政策、进行税收征管和国民经济统计等。

4）社会公众

社会公众通常关注企业对所在地经济作出的贡献，如增加就业、刺激消费、提供社区服务等。因此，在财务报告中提供有关企业发展前景及其能力、经营效益及其效率等方面的信息，可以满足社会公众的信息需要。

2. 会计信息的内部使用者

会计信息内部使用者，主要包括企业内部管理者及企业员工。

1）管理层

会计信息最重要的内部使用者是企业的管理层，即接受投资者和股东委托，参与企业日常经营的以董事和经理为首的管理团队。管理层对会计信息的需要因其目的不同而不同，一般包括计划、控制与决策。如管理层可能需要对企业的产品做长期计划、研究开发计划、资本预算及制定竞争策略，或可能对产品进行成本控制等，这些都需要利用会计信息来支持相应的筹资决策、投资决策、生产决策、营销决策、人事决策等。

2）员工

企业员工主要是通过企业的会计信息了解企业的获利能力、发展前景等，以判断是否与企业保持长久的关系。

企业会计信息使用者的关系如图1－1所示。

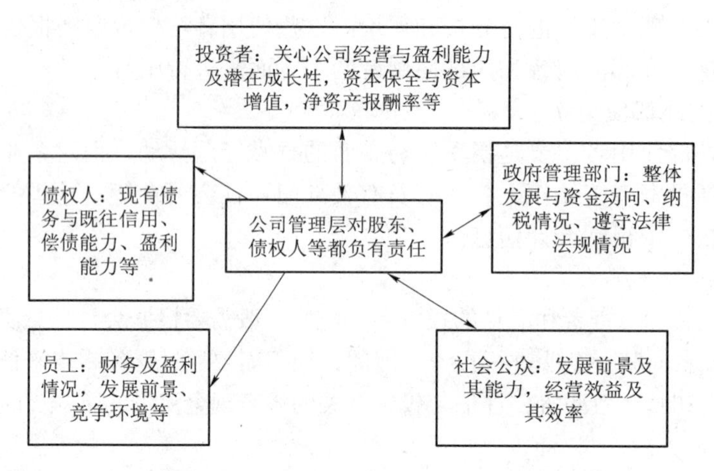

图1－1　企业会计信息使用者的关系

四、财务报告分析的内容

1. 财务报表解读与分析

财务报表解读是财务报表分析的核心内容之一，只有在正确、透彻地解剖与阅读财务报表的基础上，才能对财务报表进行更深入的分析与剖析，也才能对企业作出更准确的诊断，进而作出更科学的预测和决策。

财务报表解读主要是对三大表的解剖与阅读，即资产负债表、利润表和现金流量表。

（1）资产负债表解读包括对资产结构、资产负债质量、资产负债趋势的解读与分析。

（2）利润表解读包括利润、利润质量、利润趋势的解读与分析。

（3）现金流量表解读包括现金流量结构、现金流量质量、现金流量趋势的解读与分析。

2. 财务能力分析

财务能力分析主要是分析企业财务运行状况及运行效果。通常，企业财务状况可从偿债能力状况、营运能力状况、盈利能力状况和发展能力状况四个方面来体现。因此本部分包括偿债能力分析、营运能力分析、盈利能力分析、发展能力分析和财务综合能力分析五个方面的内容，可以称作“五力分析模型”。

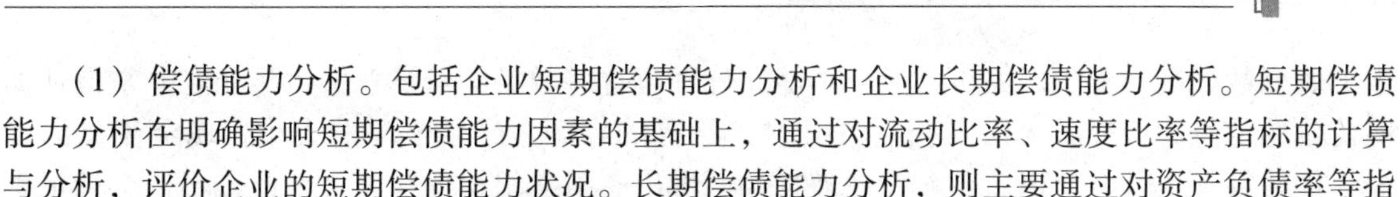

（1）偿债能力分析。包括企业短期偿债能力分析和企业长期偿债能力分析。短期偿债能力分析在明确影响短期偿债能力因素的基础上，通过对流动比率、速度比率等指标的计算与分析，评价企业的短期偿债能力状况。长期偿债能力分析，则主要通过对资产负债率等指标的计算与分析，评价企业的长期偿债能力及财务风险程度。

（2）营运能力分析。首先对全部资产营运能力进行分析，然后分别对流动资产营运能力和固定资产营运能力进行分析。流动资产营运能力分析是企业营运能力分析的重点，主要包括对各项流动资产周转率的分析和流动资产周转加速对资产及收入的影响分析。

（3）盈利能力分析。首先对一般企业资产经营盈利能力进行比率分析与因素分析；其次对资产经营盈利能力进行分析；最后分析商品经营能力并对影响经营能力的关键因素主营业务利润进行因素分析。

（4）发展能力分析。主要是对企业发展能力指标进行分析，包括持续盈利能力、商誉竞争力和人力资源竞争力等。

（5）财务综合能力分析。主要是通过沃尔比重分析法、杜邦分析法和帕利普分析法等对企业综合能力进行分析。

3. 财务衍生分析

财务衍生分析主要是对日常经营活动、投资活动和筹资活动所衍生的财务活动所进行的解剖与分析，是财务报表解读和财务能力分析以外的衍生分析。本书所述财务衍生分析主要包括企业财务危机预警分析和企业价值评估分析。

（1）企业财务危机预警分析，是以企业的财务报表以及其他相关的经营资料为依据，根据相关管理理论，采用定性与定量相结合的方法，对企业在经营管理活动中的潜在风险进行跟踪与监控，及早发现危机信号，将企业所面临的危机情况预先告知企业经营者和其他利益关系人，并分析企业发生财务危机的原因和企业财务营运体系隐藏的问题，以提早着手实施预控的过程。主要内容包括财务危机预警的基本模型与方法。

（2）企业价值评估分析，简称企业价值评估或价值评估，是一种经济评估方法，是指在所获取的信息（包括原始信息和加工整理后的信息）的基础上，利用价值评估模型对资产的内在价值进行估算的过程。主要内容包括以现金流量为基础的价值评估、以经济利润为基础的价值评估和以价值比为基础的价值评估三种基本方法。

五、财务报告分析的主要作用

对企业内部的决策者来说，分析所获得的各种信息，可借以指明企业生产经营中存在的问题，并进一步追查其原因和作出改进的建议。对企业外部的决策者来说，从企业财务状况、经营成果、现金流量的分析过程中，判断其相互间的关系，以寻求具有决策意义的相关信息。归纳起来，财务报告分析的主要作用表现为以下三个方面。

1. 评价过去的经营业绩

财务报表一般只能概括地反映企业过去的财务状况、经营成果和现金流量，如果不将报表上所列数据进一步加以剖析，势必不能充分理解这些数字的经济意义，不能充分掌握数据所传输的信息，这样就无法对企业过去财务状况的好坏、经营成果的大小、现金流量的多少、经营管理是否健全以及企业发展前景如何做出有事实根据的结论。因此，不论会计报表编得如何精细，也不管报表上的数据如何重要，要进行正确的决策，还需要对报表数据进一步加工，对其进行分析、比较、评价和解释。企业的经营管理者和其他报表使用者应当根据会计报表上的各项数据，有重点、有针对性地加以考虑和分析研究，了解企业过去的生产经营业绩，如利润的多少、投资报酬率的高低、销货量的大小、现金流量等，并采用专门的财务分析方法分析各项会计报表信息和指标，借以分析企业财务状况的好坏、经营成果的大小和经营管理上的得失，并与同行业相对比，以评价企业的成败得失。

2. 衡量目前的财务状况

通过对财务报表分析，可以了解企业目前有多少资产，分布与占用情况如何；企业的资金从何处取得，其融资结构如何；了解企业经营方针，尤其是投资管理的方针和企业内部资金流转的情况，借以判断企业在经营上有无进取心，财务上是否稳妥可靠；了解企业一系列的重大财务问题，如购进新资产的资金来源是靠企业本身的营业盈余还是靠借债或发行股票，营业所得的资金与借款流入的资金的比例是否恰当；等等。熟知各项会计信息，可以为企业会计报表使用者提供了解企业目前财务状况的真相，用以衡量企业目前的财务状况。

3. 预测未来的发展趋势

企业的发展是由过去和现在延伸而来的，并且应当追求可持续稳定增长的科学发展观。任何未来经营活动和增长速度都是在一定的客观经济条件下进行的，都要受到客观条件的制约，并受客观经济规律的支配。企业为了科学地组织生产经营，最有效地使用人力、物力和财力，实现最佳的经济效益，在规划未来的经济活动中，必须善于从客观的经济条件出发，按照客观经济规律办事，预测企业未来的发展趋势，并据以作出正确的决策。在这些方面，财务分析具有重要的作用。因为通过财务分析，可从经济活动这一复杂的现象中，把那些偶然的、非本质的东西摒弃掉，抽象出那些必然的、本质的东西，然后针对目前的情况，权衡未来发展的可能趋势，并作出相应的决策。对财务报表所提供的会计信息和其他经济信息，通过分析，加工改作，提高质量，使之形成与预测企业未来发展的趋势有相关性的高级信息，从而增加在进行经济决策时的科学性和预见性。

六、财务报告分析的一般程序

财务报告分析是在会计信息的基础上，结合其他信息来源，利用特定的方法，对企业过去或当前的状况做出分析评价，对未来发展趋势做出预测，使会计信息发挥其应有效用的过程。由于财务分析不但内容十分丰富，而且涉及面相当广泛，按照规范的操作程序或步骤来进行，有利于确保财务分析过程的系统完成和结论的科学正确。

在实际工作中，财务报告分析的具体步骤和程序是由分析人员根据分析目的、分析方法和特定分析对象具体设计的。通常，财务报告分析的基本程序或步骤主要有以下几个方面。

1. 明确分析目的

明确目的是采取行动的指南。在进行财务分析时首先是明确分析目的，比如对盈利的情况进行分析，其目的可以是据以预测未来年度企业的盈利能力，称为盈利性分析；再如对企业获取现金流量能力进行分析，其目的可以是通过分析企业的支付能力，据以制定现金流量管理政策，称为流动性分析；如此等等。

财务分析通常会借助于财务报表来进行，其具有广泛的用途与不同的目的。例如，企业短期债权投资者分析财务报表的目的，在于了解企业的短期偿债能力，便于短期投资者决策；企业长期债权投资者分析财务报表的目的，则着重于企业的长期偿债能力，为长期行为提供决策依据；股东分析财务报表的目的，在于获悉经营业绩、获利能力、财务状况及资本结构等因素，这些因素对股票价值的高低具有重大的影响；企业管理人员分析财务报表的目的，在于及时掌握企业的财务状况及经营成果，检讨其得失，并及时发现问题所在，迅速采取有效的措施，使企业能够持续稳定发展；注册会计师分析财务报表的目的，在于以独立超然的地位，采用合理的方法与程序，明确指明企业所提供的会计报表是否公允表达某特定会计期间的财务状况、经营成果与现金流量；税务机关分析财务报表的目的，在于查核纳税义务人是否如实申报有关税收等。

正是由于企业财务活动涉及方方面面，不同的信息使用者出于自身利益考虑，他们关心公司财务状况是有所侧重的。因此，在实际工作中，首先要明确分析目的是什么，信息使用者希望获取的是些什么样的信息，是与决策相关的信息，还是与目标相关的信息；然后才能决定是进行全面的财务分析，还是进行某一专题的财务分析等。确定了分析的目的和所采取的形式之后，才能详细制订分析计划，包括分析要求、组织分工、进度安排、资料依据以及分析评价的标准等。

2. 搜集分析资料

广泛搜集财务分析所需资料是一项需要日常不断积累的基本功，资料来源主要有以下几个方面。

（1）财务报表等内部核算资料。企业在会计期间编制的、对外报送的财务报表包括资产负债表、利润表、现金流量表及有关附表、附注等。内部会计核算资源还包括各项计划、预算、定额资料，日常收集积累的历史资料以及通过调查研究掌握的各种足以说明情况和原因的第一手资料。

（2）审计报告。注册会计师依照审计准则和会计准则，采用必要的审计程序对企业的财务报表予以验证。财务报表分析者、银行、其他贷款机构及投资人等对于注册会计师所提出的审计报告，一般是比较信任的。因为注册会计师必须在审计报告中表示对验证后的财务报表是否合法、是否公允发表审计意见。

（3）企业的会计政策以及变动情况的相关文件。企业的会计政策是指该企业在编制会计报表时所依据的各项会计原理、原则与方法，以及对这些原理、原则与方法的特殊应用。会计政策的变动情况应当引为关注。

（4）其他途径取得的有关资料。财务报表是企业进行财务分析的主要资料来源，但为了全面掌握企业的经营状况，还需要搜集其他资料，如市场前景、产销情况、员工构成、技术开发，以及预测、计划、定额和标准等。有些资料可以来源于专业性机构，如投资咨询服务机构、行业性协会、证券交易所等；另外，有关企业预算、计划、总结、规划的材料以及企业管理人员对企业当年度生产经营与未来展望的评价等，均可作为财务分析必要的补充资料。

（5）调查核实所获得的资料。有些原始资料是粗糙的、零碎的、表象的、感性的，甚至是有错的，所以需要经过核实，才能去粗取精、去伪存真。任何分析方法，都只能为进一步调查研究指明方向，而不能代替调查研究。要确定影响财务活动及其财务成果优劣高低的具体原因，并据以提出切实有效的建议和措施来改进工作，都必须深入实际进行调查研究，把数量分析所得的结果与企业的实际经营活动情况有机地结合起来。财务分析一般是事后分析，财务报表的静态数据和经济业务的动态表现应当有机地结合起来，尤其是会计报表日后发生的事项有时会对资产负债表日产生一定的影响，还包括担保事项、抵押事项、诉讼事项等或有事项都可能对理解财务报表的真实性、完整性具有重要的作用。所以说，阅读与分析财务报表应当做到以静观动，以动察静，动静结合。

（6）有关对比分析所需的资料。如国内外同行业的主要技术经济指标、市场供需情况，包括证券市场行情等。掌握有关计划资料、历史资料和同行业的先进资料，可以全面深入地分析企业的财务状况、经营成果和现金流量。对所搜集的各项报表资料反映出的各项经济指标，同有关的计划、历史资料、同行业的先进资料进行对比，有利于找出差距和应深入分析的重点。

在搜集大量资料的基础上，还要加工整理，保持信息资料的客观性、真实性，以保证财务分析的质量和效果。对于会计报表资料，必须按实事求是的原则，严格按企业生产经营活动的全貌进行加工。只有这样，才能客观如实、公正公允地反映企业经营的本来面目。

3. 选择分析方法

分析方法服从于分析目的。不同的分析目的与相应的分析方法有一定的内在联系。如对流动性的分析，可以采用比率分析法、平衡分析法等；对预算执行情况的分析，可以采用对比分析法、因素分析法；对未来发展趋势的预测，可以采用趋势分析法、回归分析法等。

财务分析方法是一个系统工程，具体运用时应当注意相关性和完整性。例如，收入增长额、增长率分析可运用对比分析法，收入增长速度分析可运用趋势分析法，主营业务收入占全部收入的比重、应收账款占主营业务收入的比重、应收账款账龄及其比重分析可运用结构分析法，应收账款周转速度分析可运用比率分析法，收入增长的可持续发展分析可运用平衡分析法，等等。

4. 分析计算

根据所掌握的数据资料，采用一定的分析方法，特别是采用一定的财务指标进行计算，然后根据计算结果层层分解和辨析。比如，在进行预算执行情况的分析时，找出指标之间的差距，分析差距形成的原因；在进行未来趋势预测时，在指标计算的基础上，剔除其中隐含的非正常因素，从而对未来趋势做出判断。

通过分析矛盾，确定差距以后，还应当揭示各项报表资料所隐含的重要关系及相互间的影响程度。这是因为，进行财务报表分析所依据的报表资料都是综合性较高的经济信息，它们之间隐含着相互作用、互相影响的关系。它们之间关系的形成与变动，经常是很多正反因素交互作用、相互抵消的结果。对于这类综合信息，就要进一步分析形成隐含关系的各因素及其影响程度，才能具体确定哪些是主要因素与次要因素，哪些是主观因素与客观因素，哪些是有利因素与不利因素等，以利于追根究底，探本溯源，明确区分影响这些指标完成程度的原因及责任，查明影响企业财务状况、经营成果和现金流量的主要因素和确切原因。

5. 撰写分析报告

撰写分析报告是分析的最后步骤，也是对分析工作的总结。它将分析对象、分析目的、分析程序、分析评价及提出的改进建议以书面形式表示出来。外部信息使用者主要利用分析报告接受信息，如上市公司每隔半年都要在报上公开披露财务信息。

分析报告首先要求数据确凿。尤其是上市公司公开披露的信息必须经过专业性中介机构审查验证，出具书面意见，保证其审查验证文件的内容没有虚假、严重误导性陈述或者重大遗漏，并且对此承担相应的法律责任，公司的全体发起人或者董事也应该承担连带责任。其次观点要鲜明。是就是是，非就是非，避免模棱两可的结论。再者语言要朴素。应当尽可能让缺乏专业知识的使用者读懂专业性很强的分析报告，这是分析者应当努力做到的事。为此，分析报告应尽量使用通俗的语言表达，用简洁的数据说明问题，深入浅出地介绍，使分析报告具有可读性，只有这样，分析的观点与结论才能对决策更有用。

在分析报告中，还应当对分析时期、分析过程、所应用的分析方法和依据作出交代，对分析的主要内容和结果作出概况，同时还应当对分析资料、分析方法的局限性作出说明，如有必要还可以提示分析报告内含的风险。

当然，对于不同利益关系人、不同的分析目的、不同的数据范围，财务分析的内容可以有所区别，所采用的技术方法也可以不一样，并不存在一种一成不变的固定程序，也不存在唯一的通用分析标准或模式，有些分析问题还可以是一个研究和探索的过程。

任务3　掌握财务报告分析的基本方法

教学目标

1. 理解财务报告分析评价标准；
2. 掌握财务报告分析的基本方法。

一、财务报告分析评价标准

确立评价标准是财务报告分析的一项重要内容，评价标准就是一个参照物，是赖以进行比较的基准。不同的财务报告分析评价标准，会对同一分析对象得出不同的分析结论。因此，正确确定或选择财务分析评价标准，对于发现问题、找出差距、正确评价有着十分重要的意义。通常而言，实务当中可供选择的分析评价标准主要有四种：预期标准、行业标准、历史标准以及经验标准。

1. 预期标准

预期标准是指企业根据自身经营条件或经营状况预期可能达到的一种标准，这种标准可能来自企业的预算和计划，也可能来自分析师的预期。在预算管理基础比较好的企业（几乎每一个上市公司都进行不同程度的预算管理），建立在预算基础上确定的目标标准作为一个现成的指标，在公司内部，很自然地就被用做评价标准，并有助于分析判断企业实际运行状况与预算目标之间的差异，并进行成因分析，但它不太适合于外部的财务报告分析。对于上市公司而言，来自分析师的预期（市场预期）更是一个公司期望达到的指标。这个指标比较敏感又值得玩味，令公司如临大敌和严阵以待。在资本市场上，公司业绩因为达不到分析师预期，其市场表现可能一落千丈，很多公司为了分析师预期而不惜进行会计造假。科学合理的预期标准有其优越性，可用来考核评价公司绩效以及企业总体目标的实现情况。但使用预期标准时应注意其局限性，并避免它的确定受到人为因素影响而缺乏客观依据等。

2. 行业标准

行业标准是财务分析中广泛采用的标准，它是按行业制定的，可反映行业财务状况和经营状况的基本水平，行业标准也可指同行业某一比较先进企业的业绩水平。企业在财务分析中运用行业标准，可说明企业在行业中所处的地位和水平。行业比较分析是进行财务报告分析最重要的方面之一，它体现了公司在同行业中所处的地位及其竞争力水平，也便于公司贯彻“知己知彼，百战不殆”的战略思想。但运用行业标准仍然需要慎重，并注意以下三个限制条件。第一，同行业内的两个公司并不一定是可比的，因为它们可能占据同一行业价值链中的不同环节，也可能存在不同的供应链渠道，导致它们之间的发展思路和盈利模式并不相同。第二，现在很多大公司开展跨行业和多元化经营，公司的不同经营业务可能有着不同的盈利水平和风险程度，这时用行业统一标准进行评价显然是不合适的。解决这一问题的方法是充分利用和分析各公司的分部报告。第三，应用行业标准还受企业采用的会计政策的限制，同行业企业如果采用不同的会计政策，也会影响评价的准确性。这需要在解读财务报告的时候，对相应的附注信息予以必要关注。

3. 历史标准

历史标准是指以企业过去某一期间的实践活动所形成的实际业绩为标准。历史标准是企业曾经达到的水平，以此为准，有据可依，相对而言也比较现实，这对于评价企业自身财务状况、经营成果和发展形势是否改善是比较有益的。常用的历史标准又有三种形式：一是企业历史上曾经达到的最好水平，但需要考虑现实条件的变化及其现实的可能性；二是选择企业正常经营条件下的业绩水平，这个要求不算是太高；三是选择刚过去的那一时期的历史水平作为评价标准，这也是企业经常选择的标准，比较财务报告提供了这方面的便利。历史标准局限性在于“未来未必是历史的自然延伸”，采用历史标准显得有些保守，可能会因为时过境迁而今非昔比，此外，历史标准的适用范围也比较窄，只能说明企业自身的发展变化，有“闭门造车”之嫌，不能全面评价企业在同行业中的地位与水平。

4. 经验标准

经验标准是依据社会上大量而且长期的实践经验而总结得到的评价标准，这在财务报告分析中也经常被采用。例如，人们在长期的财务管理实践活动中，总结出流动比率的经验标准为2，速动比率的经验标准为1，等等。经验标准作为经验之谈，有助于评价企业的经济活动状况是否合乎常规。但经验标准只是针对一般情况而言的，它绝不是绝对的，不要以为它是人们公认的标准，不论什么公司、什么行业，在什么时间、什么环境下，它都是适用的。事实上，并不存在放之四海而皆准的绝对经验标准。特别要注意经验标准受制于特定的行业和特定的经营环境，需要因时制宜，因地制宜，不可生搬硬套。

综上所述，各种财务报告分析评价标准都有其优点与不足。因此，在财务报告分析中不应孤立地选用某一种标准，而应综合应用各种标准，从不同角度对企业经营状况和财务状况进行评价，这样才有利于得出正确的结论和选择。

二、水平分析法

1. 何为水平分析法

水平分析法，通常是指将当期有关财务报告数据及其拓展资料等，与本企业过去同类数据资料进行对比分析，据以发现企业相关绩效、能力、财务状况等相关考查对象是否较以往有一定的进步等。在实务中，水平分析法所进行的比较分析，通常并不是用于单指标对比，而是对反映某方面情况的报表整体进行比较和分析，这对于财务报表而言再适合不过，故有专家学者把水平分析法也称为财务报表分析法，当前财务报表要求提供可比财务报表数据，也正好方便了水平分析工具的使用。

借助于水平分析方法，财务报告使用人可以发现企业财务状况较以往是不是有所好转，其经营绩效和现金流量状况是不是比过去有所进步，有助于对企业的整体经营和管理状况做出客观的评价。

2. 怎样使用水平分析法

使用水平分析法的基本要点在于，将财务报告资料中当期财务数据与以往某一时期的同项数据进行对比，进一步计算其变动额和变动率。水平分析法下进行对比的方式有以下两种。

一是绝对数方面的增减变动，其计算公式是：

$$变动额 = 分析期某项指标实际数 - 基期同项指标实际数$$

二是增减变动率，其计算公式是：

$$变动率(\%) = 变动额绝对值/基期实际数 \times 100\%$$

上式中所说的基期，可指上年度，也可指以前某年度。在进行水平分析中最好同时进行变动额和变动率两种形式的对比，因为仅以某种形式对比，可能会得出片面乃至错误的结论。

其主要表现形式就是大家常见的比较财务报表。比较资产负债表和比较利润表的基本格式见表1-1和表1-2。

表1-1 比较资产负债表

编制单位： 201×年12月31日 单位：元

项　目	报告期	基期	变动额	变动率
流动资产：				
货币资金				
交易性金融资产				
应收票据				
应收账款				
预付款项				
应收利息				
应收股利				
其他应收款				
存货				
一年内到期的非流动资产				
其他流动资产				
流动资产合计				
非流动资产：				
可供出售金融资产				
持有至到期投资				
长期应收款				
长期股权投资				
投资性房地产				
固定资产				
在建工程				
工程物资				
固定资产清理				
无形资产				

续表

项　　目	报告期	基期	变动额	变动率
开发支出				
商誉				
长期待摊费用				
递延所得税资产				
其他非流动资产				
非流动资产合计				
资产总计				
流动负债：				
短期借款				
交易性金融负债				
应收票据				
应收账款				
预收款项				
应付职工薪酬				
应交税费				
应收利息				
应收股利				
其他应付款				
一年内到期的非流动负债				
其他流动负债				
流动负债合计				
非流动负债：				
长期借款				
应付债券				
长期应付款				
专项应付款				
预计负债				
递延所得税负债				
其他非流动负债				
非流动负债合计				
负债合计				
所有者权益（或股东权益）：				

续表

项　目	报告期	基期	变动额	变动率
实收资本（或股本）				
资本公积				
减：库存股				
盈余公积				
未分配利润				
所有者权益合计				
负债和所有者权益总计				

表 1－2　比较利润表

编制单位：　　　　201×年 12 月　　　　单位：元

项　目	报告期	基期	变动额	变动率
一、营业收入				
减：营业成本				
营业税金及附加				
销售费用				
管理费用				
财务费用				
资产减值损失				
加：公允价值变动收益（损失以“－”号填列）				
投资收益（损失以“－”号填列）				
其中：对联营企业和合营企业的投资收益				
二、营业利润（亏损以“－”号填列）				
加：营业外收入				
减：营业外支出				
三、利润总额（亏损总额以“－”号填列）				
减：所得税费用				
四、净利润（净亏损以“－”号填列）				
五、每股收益：				
（一）基本每股收益				
（二）稀释每股收益				

水平分析法是一个基本的财务报告分析方法，它有助于将企业报告期的财务会计资料与前期对比，揭示各方面存在的问题，对全面深入分析企业财务状况奠定了基础。在实务当中，可以对水平分析法加以拓展，即将财务报告中的分析对象在同类企业之间进行对比分析，以找出企业间存在的差距；与计划或预算作比，考查计划执行或完成情况；与先进水平作比，以发现差距和不足，进一步寻求努力方向等。这其实就变成了一般的比较分析了。进一步地，下文要讲述的垂直分析数据以及各种财务指标，其实都可以通过水平分析方式进一步发掘其相关信息含量，以增进对企业相关情况的理解力和洞察力。

三、垂直分析法

1. 何谓垂直分析法

垂直分析法通常是指仅就同一考查期间内的财务报告有关数据资料，计算总体与部分之间的比例，对于某报表项目构成及各项目所占总体的比重进行分析。垂直分析法也是对财务报表进行分析的一种常用方法，财务报表按照垂直分析法加工后，据以得到的分析资料，通常被称为同比报表（即共同比报表），或同度量报表。

顾名思义，垂直分析是一种纵向分析，而上述水平分析属于横向分析思路。相对于水平分析而言，垂直分析并不是将企业报告期的分析数据直接与基期进行对比求出增减变动额和增减变动率，也不是其他同类项之间的比较，而是一种构成分析，考查的是相关结构安排情况。其基本点是通过计算报表中各项目占总体的比重或结构，反映报表中的项目与总体关系情况及其变动情况。会计实务中常见的同比资产负债表、同比利润表等，都是应用垂直分析法得到的。

2. 怎样使用垂直分析法

以同比财务报表为例，垂直分析法的主要用法和步骤如下。

第一，确定相关财务报表中各项目占总额的比重或百分比，其计算公式是：

$$某项目的比重 = 该项目金额/各项目总金额 \times 100\%$$

对于同比资产负债表而言，项目总额指的是资产总额，在同比利润表中，项目总额一般使用营业收入项目金额。

第二，通过各项目的比重，分析各项目在企业经营中的重要性。一般项目比重越大，说明其重要程度越高，对总体的影响越大。

第三，与水平分析法相结合，将分析期各项目的比重与前期同项目比重对比，研究各项目的比重变动情况，为进一步的“优化组合”提供思路。也可将本企业报告期项目比重与同类企业的可比项目比重进行对比，研究本企业与同类企业相比还存在哪些优势或差距，据以考查其在同行业中的工作水平和地位的高低。

同比资产负债表和同比利润表的格式和结构见表1－3和表1－4。

表1-3 同比资产负债表

项目	报告期同比	基期同比	增减变动情况
流动资产：			
货币资金			
交易性金融资产			
应收票据			
应收账款			
预付款项			
应收利息			
应收股利			
其他应收款			
存货			
一年内到期的非流动资产			
其他流动资产			
流动资产合计			
非流动资产：			
可供出售金融资产			
持有至到期投资			
长期应收款			
长期股权投资			
投资性房地产			
固定资产			
在建工程			
工程物资			
固定资产清理			
无形资产			
开发支出			
商誉			
长期待摊费用			
递延所得税资产			
其他非流动资产			
非流动资产合计			
资产总计			
流动负债：			
短期借款			

续表

项　目	报告期同比	基期同比	增减变动情况
交易性金融负债			
应收票据			
应收账款			
预收款项			
应付职工薪酬			
应交税费			
应收利息			
应收股利			
其他应付款			
一年内到期的非流动负债			
其他流动负债			
流动负债合计			
非流动负债：			
长期借款			
应付债券			
长期应付款			
专项应付款			
预计负债			
递延所得税负债			
其他非流动负债			
非流动负债合计			
负债合计			
所有者权益（或股东权益）：			
实收资本（或股本）			
资本公积			
减：库存股			
盈余公积			
未分配利润			
所有者权益合计			
负债和所有者权益总计			

表 1－4 同比利润表

项目	报告期同比	基期同比	增减变动情况
一、营业收入			
减：营业成本			
营业税金及附加			
销售费用			
管理费用			
财务费用			
资产减值损失			
加：公允价值变动收益（损失以“－”号填列）			
投资收益（损失以“－”号填列）			
其中：对联营企业和合营企业的投资收益			
二、营业利润（亏损以“－”号填列）			
加：营业外收入			
减：营业外支出			
三、利润总额（亏损总额以“－”号填列）			
减：所得税费用			
四、净利润（净亏损以“－”号填列）			

四、趋势分析法

1. 何谓趋势分析法

趋势分析法是一种动态比较分析法，作为一种重要的分析工具，它根据企业连续数期（至少三期）财务报表相关数据资料，采用指数或增长率的方式计算各种百分比，并据以进行比较和观测，据以确定分析对象的变动情况和发展趋势。趋势分析法既可用于对财务报表作整体分析，即研究一定时期报表各项目的变动趋势，也可对有意识选择某些主要指标的发展动态和趋向进行分析。

俗话说，“小不是美，大也不是美，从小到大才是美”，意指一种良性的发展态势，以及“进步”所带来的良好预期。而这种进步的程度和结果，需要借助于趋势分析法进行考查，由此可见趋势分析法在整个财务报告分析体系中的重要作用和地位。通过趋势分析，可以了解企业在一定期限内的发展动态，判断其变动趋势的性质以及发展的利与弊，并有助于进一步预测企业未来的发展趋向，从而作出相应的评价和决策。

2. 怎样使用趋势分析法

采用趋势分析法，其一般工作步骤如下。

第一，计算考查对象的趋势比率，一般采用指数形式来表示。指数的计算方式主要有两种，一是定基指数，二是环比指数。定基指数就是各个时期的指数都是以某一固定时期为基期来计算的；环比指数则是各个时期的指数以前一期为基期来计算的。趋势分析法通常采用定基指数。

第二，根据指数计算结果，据以评价与判断企业各项指标的变动趋势及其合理性。实际工作中，人们通常绘制相关的统计图表，对相关项目的变动趋势予以直观而清晰的表达。例如，某公司 2004—2008 年的净资产收益率指标分别是 -6.82%、0.59%、1.41%、6.96%、10.77%，则借助于 Excel 等软件程序，可以将其净资产收益率的变动趋势用图表直观地表达出来（如图 1-2 所示）。

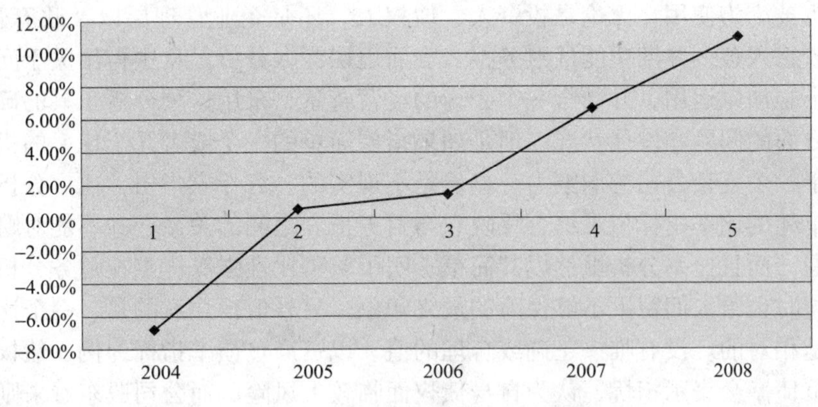

图 1-2　净资产收益率变动趋势图

第三，预测未来的发展趋势。根据企业以前各期的变动情况，研究其变动趋势及规律，从而可预测出企业未来的发展变动情况。

五、比率分析法

1. 何谓比率分析法

通常情况下，在同一期间的同一财务报表项目之间，或者不同的财务报表项目之间，彼此存在着一定的关系。比率分析法是利用两个或若干个与财务报表相关的项目之间的某种关联关系，运用相对数来考查、计量和评价，借以评价企业财务状况、经营业绩和现金流量的一种财务分析方法。通俗地讲，一个比率就是简单地用一个数字除以另一个数字而得到的一个指标值，通过和一些评价标准相比较，往往可以找出问题的线索和一些有价值的判断。

如上所述，我们解读财务报表以期对财务报表本身有一个全面和准确的认识和把握。比较财务报表（水平分析法）多用来考查同一项目在不同期间的变动情况，同比财务报表（垂直分析法）多用来分析同一期间相关项目之间的构成比例和相对重要性，而比率分析则在于在众多的同期财务报表项目中寻求相互之间的关联性，并构成各种不同的比率，用来揭示企业的盈利能力、偿债能力、资金运营能力以及增长能力等。这些比率构成各式各样的财务指标，成为财务分析最基本的工具之一，比率分析在整个财务分析体系中的地位是如此重要，以至于有人将比率分析与财务分析等同起来，认为财务分析就是比率分析。

2. 比率分析指标

由于进行财务报告分析的目的不同，分析的角度也不相同，构建出来的比率指标也会有很多形式，并有针对性地形成相应的财务指标体系。比如有指导投资决策的财务比率指标设计，也有站在债权人角度设计的比率指标体系。比率的表现形式：① 百分率，如净资产收益率15%；② 比例，如流动比率2∶1；③ 分数，如资产负债率1/2。按反映的内容，包括盈利能力比率、偿债能力比率、营运能力比率、发展能力比率。

3. 如何使用比率

比率分析被广为使用，无论是投资人、债权人，还是企业管理层以及政府管理机构等，都对比率比较感兴趣，并期望能从财务报表表面逐层深入分析，从中得出关于问题的本质性认识。只要小心加以运用，并结合一个公司的经营背景，采用这种分析工具的确能够揭示一家公司许多方面的问题和发展状况。但是如果指望简单的一个或者几个比率的机械性计算就自动生成对于一个复杂公司的洞察力，显然是不现实的。有专家指出，比率分析本身具有一定局限性，单纯的比率指标很难综合反映它与财务报表之间的关系，并不能对财务报表关系进行总体把握，而且比率分析虽然以其简单、明了、可比性强等优点在财务分析实践中被广泛采用，但同时也给人们留下不够保险的最终印象。另外值得注意的是，一个比率的数值大小和优劣都是相对的。没有唯一正确或合理的值。以资产负债率指标为例，债权人对于公司较高的资产负债率会表示担忧，认为自身债权面临较大风险，而公司股东看来则可能是一个积极的标志，意味着企业资产运用策略比较主动，也可能意味着公司管理层的经营魅力和积极的管理风格。问题的重要性并不在于比率指标是否达到标准，而在于它相对于公司发展战略和经营模式而言是不是对公司最为有利。有鉴于此，这里追加两条建议：第一是加强比率之间的联系，据以设计综合性的分析和评价体系，这样可以避免个别比率分析的以偏赅全、顾此失彼现象；第二，比率分析需要结合其他分析方法，比如和趋势分析结合在一起，就是一种行之有效的比率评价方法，和因素分析结合在一起，则可能有助于从比率之间的此消彼长关系中得到公司的经营行为和绩效问题的真知灼见等。

六、因素分析法

1. 何谓因素分析法

因素分析法是依据财务报告分析对象与其影响因素之间的关系，按照一定的程序和方法，确定各因素对分析指标差异影响程度的一种技术方法。因素分析法既可以全面分析各因素对某一财务指标的影响，又可以单独分析某个因素对财务指标的影响，在财务分析中应用得颇为广泛。

一个财务或经济指标往往是由多种因素造成的。它们各自对某一个分析指标都有不同程度的影响，只有将这一综合性的指标分解成各个构成因素，才能从数量上把握每一个因素的影响程度，找出分析指标与评价标准之间出现差异的成因，给工作指明方向。譬如，

总资产周转率 = 营业收入/平均总资产

= 营业收入/平均流动资产 × 平均流动资产/平均总资产

= 流动资产周转率 × 流动资产占总资产比重

总资产周转率受流动资产周转率和流动资产占总资产比重这两个因素的影响。

2. 怎样使用因素分析法

因素分析法有不同的计算方式，比较常用的是连环替代法和差额分析法两种形式。

1）连环替代法

连环替代法是因素分析法的基本形式，并在很大程度上成了因素分析法的“替身”。连环替代法的关键就在于“连环替代”。其一般程序如下。

（1）确定分析指标，寻求相关的影响因素之间的关系，并进行相应的指标分解。假如分析指标是 Y，通过指标分解，得出其影响因素包括 A、B、C 三个因素，Y 与因素 A、B、C 之间的关系可表示为 $Y = A \times B \times C$。

（2）根据分析指标的报告期数值与基期数值列出两个关系式，或指标体系，确定分析对象。假如实际指标为 $Y_1 = A_1 \times B_1 \times C_1$，比较基准指标为 $Y_0 = A_0 \times B_0 \times C_0$，则分析对象为 $\triangle Y = Y_1 - Y_0 = A_1 \times B_1 \times C_1 - A_0 \times B_0 \times C_0$。

（3）连环顺序替代，计算替代结果。所谓连环顺序替代，就是以基期指标体系为计算基础，用实际指标体系中的每一因素的实际数顺序地替代其相应的比较基准数，每次替代一个因素，替代后的因素被保留下来。计算替代结果，就是在每次替代后，按关系式计算其结果。有几个因素就替代几次，并相应确定计算结果。

比较基准：$Y_0 = A_0 \times B_0 \times C_0$

第一次替代：$Y_a = A_1 \times B_0 \times C_0$

第二次替代：$Y_b = A_1 \times B_1 \times C_0$

第三次替代：$Y_c = A_1 \times B_1 \times C_1$

（4）比较各因素的替代结果，确定各因素对分析指标的影响程度。比较替代结果是连环进行的，即将每次替代所计算的结果与这一因素被替代前的结果进行对比，二者的差额就是替代因素对分析对象的影响程度。

因素 A 的影响：$Y_a - Y_0 = A_1 \times B_0 \times C_0 - A_0 \times B_0 \times C_0 = (A_1 - A_0) \times B_0 \times C_0$

因素 B 的影响：$Y_b - Y_a = A_1 \times B_1 \times C_0 - A_1 \times B_0 \times C_0 = A_1 \times (B_1 - B_0) \times C_0$

因素 C 的影响：$Y_c - Y_b = A_1 \times B_1 \times C_1 - A_1 \times B_1 \times C_0 = A_1 \times B_1 \times (C_1 - C_0)$

应该比较容易地看出，将各因素对分析指标的影响额相加，其代数和应等于分析对象；否则说明分析结果有一定错误。

连环替代法的程序或步骤是紧密相连、缺一不可的，上述任何一步骤出现错误，都会出现错误结果。为此，特请注意遵照以下几个原则进行严格的因素分析。

（1）因素分解的相关性。即分析指标与其影响因素之间必须真正相关，要具有一定的实际经济意义。各影响因素的变动确实能说明分析指标差异产生的原因。这就是说，经济意义上的因素分解与数学上的因素分解不同，不是在数学算式上相等就行，而要看经济意义。比如，把材料费用分解为人数和人均材料费就没有什么经济意义，而应分解为产量和材料耗费定额。

（2）分析前提的假定性。即分析某一因素对经济指标差异的影响时，必须假定其他因素不变，否则就不能分清各单一因素对分析对象的影响程度。但是实际上，有些因素对经济指标的影响是共同作用的结果，如果共同影响的因素越多，那么这种假定的准确性就越差，分析结果的准确性也就会降低。因此，在因素分解时，并非分解的因素越多越好，而应根据实际情况，具体问题具体分析，尽量减少对相互影响较大的因素再分解，使之与分析前提的假设基本相符。否则，因素分解过细，从表面上看有利于分清原因和责任，但是在共同影响因素较多时，反而影响了分析结果的准确性。

（3）因素替代的顺序性。因素分解不仅要因素确定准确，而且因素排列顺序也不能交换，这里要特别强调的是不存在乘法交换律问题。因为分析前提假定性的原因，按不同顺序计算的结果是不同的。那么，如何确定正确的替代顺序呢？这是一个理论上和实践中都没有很好解决的问题。传统的方法是依据数量指标在前、质量指标在后的原则进行排列；现在也有人提出依据重要性原则排列，即主要的影响因素排在前面，次要因素排在后面。但是无论何种排列方法，都缺少坚实的理论基础。正因为如此，许多人对连环替代法提出异议，并试图加以改善，但至今仍无人们公认的好的解决方法。一般来说，替代顺序在前的因素对经济指标影响的程度不受其他因素影响或影响较小，因素排列在后的因素中含有其他因素共同作用的成分，从这个角度看问题，为分清责任，将对分析指标影响较大并能明确责任的因素放在前面可能要好一些。

（4）顺序替代的连环性。连环性是指在确定各因素变动对分析对象的影响时，都是将某因素替代后的结果与该因素替代前的结果对比，一环套一环。这样才既能保证各因素对分析对象影响结果的可分性，又便于检验分析结果的准确性。因为只有连环替代并确定各因素影响额，才能保证各因素对经济指标的影响之和与分析对象相等。

2）差额分析法

差额分析法是连环替代法的一种简化形式，当然也是因素分析法的一种形式。差额计算法作为连环替代法的简化形式，其因素分析的原理与连环替代法是相同的。区别只在于分析程序上，差额计算法比连环替代法简化，即它可直接利用各影响因素的实际数与基期数的差额，在其他因素不变的假定条件下，计算各因素对分析指标的影响程度。或者说差额计算法是将连环替代法的第三步骤和第四步骤合并为一个步骤进行。

这个步骤的基本点就是：确定各因素实际数与基期数之间的差额，并在此基础上乘以排列在该因素前面各因素的实际数和排列在该因素后面各因素的基期数，所得出的结果就是该因素变动对分析指标的影响数。

采用差额分析法，同样应当遵守连环替代法的应用原则和思路，除此之外，还应注意，并非所有连环替代法都可按上述差额计算法的方式进行简化。特别是在各影响因素之间不是连乘的情况下，运用差额计算法必须慎重。下面不妨举例加以说明。

例如，某企业有关成本的资料如表1－5所示，确定各因素变动对产品总成本增减变动的影响。

表1－5　产品成本资料　单位：元

项　目	2011年	2010年
产量	1 200	1 000
单位变动成本	11	12
固定成本	10 000	9 000
产品总成本	23 200	21 000

采用连环替代法的解决思路如下。

(1) 确定分析指标及其影响因素，二者之间的关系如下：

产品总成本＝产品产量×单位变动成本＋固定总成本

(2) 运用连环替代法进行分析如下：

分析对象：23 200－21 000＝2 200（元）

连环替代：

2010年：1 000×12＋9 000＝21 000（元）

第一次替代：1 200×12＋9 000＝23 400（元）

第二次替代：1 200×11＋9 000＝22 200（元）

第三次替代：1 200×11＋10 000＝23 200（元）

各因素的影响分析：

产量变动影响：23 400－21 000＝2 400（元）

单位变动成本影响：22 200－23 400＝－1 200（元）

固定总成本影响：23 200－22 200＝1 000（元）

各因素影响之和：2 400－1 200＋1 000＝2 200（元）

而如果直接运用差额计算法，则得到：

产量变动影响：（1 200－1 000）×12＋9 000＝11 400（元）

单位变动成本的影响：1 200×（11－12）＋9 000＝7 800（元）

固定总成本变动影响：1 200×11＋（10 000－9 000）＝14 200（元）

各因素影响之和为：11 400＋7 800＋14 200＝33 400（元）

可见运用差额计算法的各因素分析结果之和不等于2 200元的分析对象，显然是错误的。错误的原因在于产品总成本的因素分解式中各因素之间不是纯粹相乘的关系，而存在相加的关系。这时运用差额计算法对连环替代法进行简化应为：

产品产量变动影响：（1 200－1 000）×12＝2 400（元）

单位变动成本的影响：1 200×（11－12）＝－1 200（元）

固定总成本变动影响：10 000 - 9 000 = 1 000（元）

上述事例告诉大家，在因素分解式中存在加、减、除法的情况下，一定要注意连环替代法和差额分析的应用，以免得出错误的结论。

专业知识和技能训练

一、单项选择题

1. （　　）是财务报告的重要组成部分，是企业对外传递会计信息的主要途径。

A. 账簿资料　B. 会计凭证　C. 财务报表　D. 财务分析报告

2. 最新企业会计准则传递的重大改革信息之一是（　　）。

A. 资产负债表观　B. 利润表观

C. 现金流量表观　D. 所有者权益变动表观

3. 半年度、季度和月度财务报表又可统称为（　　）。

A. 年度内财务报表　B. 中期财务报表

C. 静态财务报表　D. 个别财务报表

4. 有助于报表使用者进一步理解和分析企业主要财务报表信息的是（　　）。

A. 内部财务报表　B. 合并财务报表　C. 汇总财务报表　D. 财务报表附注

5. 对财务报表编制的首要要求是（　　）。

A. 真实可靠　B. 全面完整　C. 便于理解　D. 编报及时

二、多项选择题

1. 财务报表列报主要包括的内容有（　　）。

A. 资产负债表　B. 利润表　C. 所有者权益变动表

D. 现金流量表　E. 报表附注

2. 财务报表可以根据不同的需要进行不同的分类，常用的分类标准有（　　）。

A. 反映内容　B. 编制时间　C. 编制单位

D. 编制主体　E. 服务对象

3. 会计要素是会计对象的具体化，也是形成会计报表的基础，会计要素包括（　）。

A. 资产　B. 负债　C. 所有者权益

D. 收入、费用　E. 利润

4. 资产负债表是反映企业在（　　）的（　　）的（　　）。

A. 某一特定日期　B. 财务状况　C. 静态报表

D. 动态报表　E. 时点报表

5. 利润表示反映企业在（　　）的（　　）的（　　）。

A. 一定会计期间　B. 经营成果　C. 静态报表

D. 动态报表　E. 时期报表

三、判断题

1. 账簿资料能够集中、概括、系统、全面地提供经营管理所需要的完整的会计信息。（　　）

2. 财务报表是企业向外传递会计信息的主要途径。（　　）

3. 内部财务报表是供企业内部管理职能部门和决策人使用的财务报表，因此，必须统一格式、统一时间。（　　）

4. 企业编报财务报表，必须严格遵循企业会计准则和《企业财务会计报告条例》的相关规定。（　　）

5. 资产按其流动性一般可分为流动负债和长期负债两大类。（　　）

四、技能题

1. 光明公司2010年丙产品有关销售收入的资料见表1－6。

表1－6　光明公司2006年丙产品有关销售收入的资料

项　目	计划数	实际数	差异数
产品销售收入（万元）	1 000	1 056	+56
销售数量（台）	200	200	+20
销售单价（万元）	5	4.8	−0.2

要求：采用差额计算法计算因素变动对产品销售收入计划完成情况的影响程度。

2. 某企业自2007—2010年的产品销售额分别是600万元、620万元、635万元和642万元。

要求：计算定基动态比率和环比动态比率的发展速度和增长速度指标，并对销售业绩的发展趋势作出简要评价。

3. 晨光公司2010年管理费用的预算数为100万元，实际执行数为108万元；净利润的预算数为2 000万元，实际执行数为2 160万元。

要求：分别计算管理费用和净利润的差异额和差异率，并作出简要评价。

4. 康达公司材料消耗统计资料见表1－7。

表1－7　康达公司材料消耗统计资料

项　目	计划数	实际数	差异数
产品产量（件）	280	300	+20
单位产品材料消耗（千克）	50	45	−5
材料单价（元）	8	10	+2
材料消耗总额（元）	112 000	135 000	+23 000

要求：分别用连环替代法和差额分析法计算各因素变动对材料消耗总额的影响，并作出分析评价。

项 目 2

资产负债表解读与分析

本项目介绍了资产负债表的概念、作用、格式和列报要求，资产负债表水平分析和结构分析，资产负债表项目分析。

资产负债表是反映企业某一特定日期的财务状况的会计报表，是报告使用者了解企业各种资源及其分布、结构的有效途径，也是了解企业的资本结构，评价企业进一步融资能力及潜在的运营风险的载体，报告使用者可借其预测企业未来的盈利能力和财务状况的变动趋势。资产负债表的格式一般有账户式、报告式和财务状况式 3 种。资产负债表应当按照资产、负债和所有者权益三大类别分类列报，其中资产和负债按流动性列报，所有者权益一般按照净资产的不同来源和特定用途进行分类，分为实收资本（或股本）、资本公积、盈余公积、未分配利润等项目，在资产负债表中依次列示。

资产负债表水平分析是从总体上概括资产、权益额的变动情况，揭示出资产、负债和所有者权益变动的差异，分析其差异产生的原因。

资产负债表结构分析，又称资产负债表垂直分析，是通过计算资产负债表中各项目占总资产或权益总额的比重，分析评价企业资产结构和权益结构变动的合理程度。

资产负债表项目分析，是在全面分析的基础上，对资产负债表各项目进行深入分析，包括会计政策、会计估计等变动对相关项目的影响，项目变动的原因分析等。

任务 1　认知资产负债表

教学目标

1. 了解资产负债表的作用、结构特征和格式；
2. 理解资产负债观和收入费用观；
3. 理解资产、负债和所有者权益项目的列报要求。

一、资产负债表的概念

资产负债表是反映企业某一特定日期的财务状况的会计报表。我国企业的年报日为公历每年的12月31日，资产负债表反映了该日企业的财务状况。

资产负债表主要提供有关企业财务状况方面的信息，即某一特定日期关于企业资产、负债、所有者权益及其相互关系。收入费用观和资产负债观是计量企业收益的两种不同的会计理论。

收入费用观认为财务会计的重心是收益，会计要素可最终地归结为“成本（费用）”、“收入”以及与收入、费用相互配比而产生的“收益”，其基本公式为“收益=收入-费用”。为了保证收益的真实性，收入费用观强调收益的确定要符合配比原则、历史成本原则和稳健性原则。收入费用观以利润表为第一报表，资产负债表成为合理计量损益的跨期摊销的过渡性的报表，成了利润表的“附表”。资产负债观认为财务会计的重心是资产，收益是企业期末净资产减期初净资产的差额，即：收益=（期末资产-期末负债）-（期初资产-期初负债）-当期所有者投入+当期向所有者分配。资产负债观的资产主要强调未来价值，即未来的现金流入，而非过去为取得该资产所实际耗费的支出。资产负债观强调资产定义的第一性，其他的会计要素都可以通过资产来表示，资产计价成为了会计计量的重心，只要资产变动了，损益也就变化了。于是不管资产交易是否发生，只要资产的市场价值发生变化，原来不计入损益的资产增值部分，在资产负债观下都必须计入损益表项目和所有者权益。

资产负债观与收入费用观是两种不同的收益计量理论，对企业收益的确定起着决定性作用，两者均从会计要素的确认、计量出发以反映企业的损益状态，并报告给会计信息使用者，为他们对企业经营和财务状况做出判断提供依据，以便于他们对自己的经济行为作出相应决策。而资产负债观与收入费用观作为会计准则制定的两种不同指导思想，显然存在诸多不同，主要表现在认识、理念不同，主张、出发点不同，确认范围、计量方法、属性、步骤、程序不同，目的、侧重点、服务对象不同等。

资产负债观以全面收益为理念，从价值存量的角度出发，认为企业收益是在保持企业实际生产能力不变的前提下企业物质财富的增加。全面收益由净收益加其他全面收益组成，收益确认范围得到扩展，不仅包括企业已实现的收益，也包括为未实现的利得或损失等，收益的确定不需要考虑实现问题，实质上体现了一种综合收益观。资产负债观注重交易的实质，更加关注企业一定期间内资产、负债价值的变化情况，强调信息的相关性、有用性，拓宽了会计计量属性的范围，从单一的历史成本计量扩展到采用现行价值或公允价值计量，突出企业中所有存量的变动是其增加经营活动成果的最好证据。资产负债观认为，如果资产负债表信息不完整或不可靠，则利润表信息必然不完整且没用，因此认为资产负债表是会计准则规范的重点和会计核算的首要出发点，把会计看成是一种计量资产和负债的手段，其目的是通过定期和经常地估价来计量各项资产和负债的价值乃至整个企业的价值，确立了资产负债表在会计报表体系中的核心地位。其精义在于反映企业长期成长能力的信息，为决策有用观服务。

收入费用观与资产负债观则大相径庭。收入费用观以营业收益为理念，从价值流量的角度出发，认为企业收益是企业超过投入货币价值后的余额，收益由净收益组成，仅包括企业已实现的收益，收益的确定需要考虑实现问题。收益是企业已确认收入与相关成本配比的结果，主张以交易为中心。收入费用观注重交易的实现，强调信息的真实性、可靠性，会计计量须遵循历史成本原则，突出企业所有流量的变动是其增加经营活动成果的最好证据。收入费用观认为即使资产负债表信息无效，利润表信息也可以保证完整有效，满足财务报表使用者的绝大部分信息需求，认为收益指标是衡量企业的主要指标。收入费用观下，会计被视为一个收入与费用的配比过程，确立了利润表在会计报表体系中的核心地位，资产负债表反映一定时点上的财务状况，并不代表整个企业及企业各种资源的真实价值，资产负债表的重要性位居其二。其精义在于反映当期企业经营者履行职责的信息，为受托责任观服务。

长期以来，我国传统会计准则受客观环境因素影响主要采用收入费用观来确认与计量企业的收益，会计信息使用者较为关注利润表。新会计准则立足于企业长期可持续发展，充分借鉴了国际会计准则，在较大程度上实现了与国际财务报告准则的趋同，会计理念也由收入费用观转向了资产负债观。资产负债表取代利润表成为财务报告体系的重心，体现了经营主体价值概念的历史性回归，并成为当代企业会计实务改革和发展的一个目标。当前国际会计准则、美国会计准则及我国新企业会计准则都充分体现了资产负债表概念的主体地位，并成为会计准则的一个基本原则，而且由此衍生出全面收益、公允价值等新的范畴和新的理念。

二、资产负债表的作用

“世界上第一个亿万富翁”洛克菲勒在19世纪50年代开始经商的时候就非常善于查看资产负债表。而曾经有过百年辉煌历史的前英国老牌银行帝国巴林银行的董事长彼得·巴林则认为资产负债表没有什么用，他曾经说过：“若以为揭露更多资产负债表的数据，就能增加对一个集团的了解，那真是幼稚无知。”但随后不久，巴林银行就因为内部控制不力、资产负债表对于衍生金融工具风险方面的信息没有得到应有的揭示而倒闭了。很多人都承认，如果巴林银行更加重视资产负债表的信息披露，也许就不会倒闭。两相对比，资产负债表的重要地位和作用可见一斑。

对于财务报告的使用者而言，资产负债表的作用主要有以下几个方面。

（1）资产负债表是报告使用者了解企业各种资源及其分布、结构的有效途径。它把企业所拥有和控制的资源按经济性质、用途等分为流动资产、长期投资、固定资产、无形资产等。各项目之下又具体分成明细项目。例如，流动资产可以按照其构成项目的不同性质，分为货币资金、应收及预付款项、存货等。这样，有助于报告使用者全面了解企业的资产规模、资产结构与资产质量，资产是任何一家企业赖以生存并获利的基础，因此，对于资产的分析评价，有助于进一步判断企业持续生产与经营的能力与规模，分析企业的盈利潜力与偿债实力。

（2）资产负债表反映企业资金的来源构成，以帮助报告使用者了解企业的资本结构，评价企业进一步融资能力及潜在的运营风险。资产负债表把债权人权益和所有者权益分类列示，并根据不同性质将负债又分为流动负债和非流动负债，把所有者权益又分为实收资本（股本）、资本公积、盈余公积、未分配利润，这样，企业的资金来源及构成情况就可以在资产负债表中得到充分反映。一般而言，当企业的资产负债率偏高时，意味着企业潜在的财务风险较大，将直接影响企业进一步举债经营的能力。

（3）资产负债表反映企业的财务实力、偿债能力和支付能力，报表使用者可借其预测企业未来的盈利能力和财务状况的变动趋势。例如，通过了解资产项目可以了解企业资产的流动性和财务弹性，进而判断企业的偿债能力和支付能力。通过资产结构和权益结构分析，可以了解企业筹集和使用资金的能力。此外，资产负债表中提供的数据往往是比较数据，通过将“期初数”与“期末数”两栏数据进行对比分析，可以分析有关项目的变动情况，掌握变动规律，从而预测变动趋势。

三、资产负债表的格式

资产负债表的格式一般有账户式、报告式和财务状况式3种。

1. 账户式

账户式资产负债表将“资产=负债+所有者权益”这一平衡公式展开，按照“T”形账户的形式设计，把表分为左右两方，资产项目在左方，负债和所有者权益项目在右方，左方的资产总额等于右方的负债和所有者权益总额。

账户式资产负债表的优点是资产和权益间的恒等关系一目了然，但要编制比较资产负债表，尤其要做旁注时，不太方便。

按照我国企业会计准则的规定，企业的中期报告和年度报告中的资产负债表采用账户式。表2-1是企业会计准则中规定的账户式资产负债表格式范例。

表2-1　资产负债表

会企01表

编制单位：　　年　月　日　　单位：元

资　产	期末余额	年初余额	负债和所有者权益（或股东权益）	期末余额	年初余额
流动资产：			流动负债：		
货币资金			短期借款		
交易性金融资产			应付票据		
应收票据			应付账款		
应收账款			预收款项		
预付款项			应付职工薪酬		
应收利息			应交税费		

续表

资　产	期末余额	年初余额	负债和所有者权益（或股东权益）	期末余额	年初余额
应收股利			应付利息		
其他应收款			应付股利		
存货			其他应付款		
一年内到期的非流动资产			一年内到期的非流动负债		
其他流动资产			其他流动负债		
流动资产合计			流动负债合计		
非流动资产：			非流动负债：		
可供出售金融资产			长期借款		
持有至到期投资			应付债券		
长期应收款			长期应付款		
长期股权投资			其他非流动负债		
投资性房地产			非流动负债合计		
固定资产			负债合计		
在建工程			所有者权益（或股东权益）：		
工程物资			实收资本（或股本）		
固定资产清理			资本公积		
无形资产			减：库存股		
长期待摊费用			盈余公积		
递延所得税资产			未分配利润		
非流动资产合计			所有者权益（或股东权益）合计		
资产总计			负债和所有者（股东）权益总计		

2. 报告式

报告式资产负债表是将资产负债表的项目自上而下排列，首先列示资产的数额，然后列示负债的数额，最后列示所有者权益的数额。其依据的会计恒等式为“资产 = 权益”或“资产 - 负债 = 所有者权益”。其格式如表 2 - 2 所示。

表 2 - 2　报告式资产负债表

资产：
各项目明细
资产总计
负债：
各项目明细
负债合计
所有者权益：
各项目明细
所有者权益合计
负债及所有者权益合计

报告式资产负债表的优点是有利于编制比较资产负债表，有较多空间进行旁注。其缺点是资产与负债和所有者权益之间的恒等关系不如账户式资产负债表一目了然。

3. 财务状况式

财务状况式资产负债表是以“资产 - 负债 = 所有者权益”的会计等式为基础，在表内列示出营运资本。其格式如表2－3所示。

表2－3　财务状况式资产负债表

流动资产
减：流动负债
营运资本
加：非流动资产
减：非流动负债
所有者权益

四、资产负债表列报要求

1. 资产负债表列报总体要求

1）分类别列报

资产负债表列报，最根本的目标就是应如实反映企业在资产负债表日所拥有的资源、所承担的负债及所有者所拥有的权益。因此，资产负债表应当按照资产、负债和所有者权益三大类别分类列报。

2）资产和负债按流动性列报

资产和负债应当按照流动性分别分为流动资产和非流动资产、流动负债和非流动负债列示。流动性，通常按资产的变现或耗用时间长短或者负债的偿还时间长短来确定。企业按照财务报表列报准则规定，应先列报流动性强的资产或负债，再列报流动性弱的资产或负债。

3）列报相关的合计、总计项目

资产负债表中的资产类至少应当列示流动资产和非流动资产的合计项目；负债类至少应当列示流动负债、非流动负债的合计项目；所有者权益类应当列示所有者权益的合计项目。

资产负债表遵循了“资产 = 负债 + 所有者权益”这一会计恒等式，把企业在特定日所拥有的经济资源和与之相对应的企业所承担的债务及偿债以后属于所有者的权益充分反映出来。因此，资产负债表应当分别列示资产总计项目和负债与所有者权益之和的总计项目，并且这二者的金额应当相等。

2. 资产的列报要求

资产负债表中的资产除了应当按照流动资产和非流动资产两大类别列示外，还应进一步按性质分项列示。

1）正常营业周期

判断流动资产、流动负债时所称的一个正常营业周期，是指企业从购买用于加工的资产起至实现现金或现金等价物的期间。正常营业周期通常短于一年，在一年内有几个营业周期。但是，也存在正常营业周期长于一年的情况，如房地产开发企业开发用于出售的房地产开发产品，造船企业制造的用于出售的大型船只等。当正常营业周期不能确定时，应当以一年（12个月）作为正常营业周期。

2）流动资产和非流动资产的划分

资产负债表中的资产应当分别流动资产和非流动资产列报。资产满足下列条件之一的，应当归类为流动资产，除此之外，归类为非流动资产。

（1）预计在一个正常营业周期或资产负债表日起1年内（含1年）变现、出售或耗用。包括存货、应收账款等。变现一般针对应收账款等而言，指将资产变为现金；出售一般针对产品等存货而言；耗用一般指将存货（如原材料）转变成另一种形态（如产成品）。

（2）主要为交易目的而持有。主要指交易性金融资产。

（3）自资产负债表日起一年内，交换其他资产或清偿负债的能力不受限制的现金或现金等价物。如用途受到限制，则不能作为流动资产列报，否则可能高估了流动资产金额，从而高估流动比率等财务指标，影响到使用者的决策。

3. 负债的列报要求

资产负债表中的负债按照流动负债和非流动负债顺序列示，在流动负债和非流动负债类别下再进一步按性质分项列示。

1）流动负债与非流动负债的划分

流动负债的判断标准与流动资产的判断标准相对应。满足下列条件之一的，应当归类为流动负债，除此之外，归类为非流动负债。

（1）预计在一个正常营业周期中清偿；

（2）主要为交易目的而持有；

（3）自资产负债表日起一年内到期应予以清偿；

（4）企业无权自主地将清偿推迟至资产负债表日后一年以上。

有些流动负债，如应付账款、应付职工薪酬等，属于企业正常营业周期中使用的营运资金的一部分。尽管这些经营性项目有时在资产负债表日后超过一年才到期清偿，但是它们仍应划分为流动负债。

2）资产负债表日后事项对流动负债与非流动负债划分的影响

流动负债与非流动负债的划分是否正确，直接影响到对企业短期和长期偿债能力的判断。这种划分，应当反映资产负债表日有效的合同安排，考虑从资产负债表日起一年内企业是否必须无条件清偿。但是，资产负债表日之后、财务报告批准报出日前的再融资等行为，与资产负债表日判断负债的流动性状况无关。因为资产负债表日后的再融资、展期或贷款人提供宽限期等，都不能改变企业应向外部报告的在资产负债表日合同性（契约性）的义务。

（1）资产负债表日起一年内到期的负债。

对于在资产负债表日起一年内到期的负债，企业预计能够自主地将清偿义务展期至资产负债表日后一年以上的，应当归类为非流动负债；不能自主地将清偿义务展期的，即使在资产负债表日后、财务报告批准报出日前签订了重新安排清偿计划协议，从资产负债表日来看，此项负债仍应当归类为流动负债。

（2）违约长期债务。

企业在资产负债表日或之前违反了长期借款协议，导致贷款人可随时要求清偿的负债，应当归类为流动负债。在这种情况下，债务清偿的主动权并不在企业，企业只能被动地无条件归还贷款，而且该事实在资产负债表日已存在，所有该负债应当作为流动负债列报。但是，如果贷款人在资产负债表日或之前同意提供在资产负债表日后一年以上的宽限期，企业能够在此期限内改正违约行为，且贷款人不能要求随时清偿时，在资产负债表日，此项负债应当归类为非流动负债。

4. 所有者权益的列报要求

资产负债表中的所有者权益是企业资产扣除负债后的剩余权益，反映企业在某一特定日期股东投资者拥有的净资产的总额。所有者权益一般按照净资产的不同来源和特定用途进行分类，分为实收资本（或股本）、资本公积、盈余公积、未分配利润等项目，在资产负债表中依次列示。

任务2　资产负债表解读与分析

教学目标

1. 理解资产负债表分析的内容、重点和基本程序；
2. 掌握资产负债表水平分析方法；
3. 掌握资产负债表结构分析方法。

财务效率分析之前，资产负债表分析是对资产负债表信息质量的一次“评估”。通过资产负债表分析，报表信息使用者能正确了解企业财务状况变动及变动原因，评价资产负债表信息反映的真实程度，并对发现的表实差异，修正资产负债表的数据。资产负债表全面分析包括资产负债表水平分析和结构分析。

一、资产负债表水平分析

资产负债表水平分析，也称资产负债表横向分析，是指通过将企业报告期的资产负债表与前期对比，全面深入分析企业各资产负债项目的变动。其分析步骤为：

（1）资产负债表的报告期数据与前期数据进行比较，计算各项目的变动额和变动率，编制比较资产负债表；

（2）从资产、负债和所有者权益的角度分别分析评价资产负债表变动情况。

案例2-1 根据表2-4，运用水平分析方法分析YGE公司资产负债表。

表2-4 YGE公司比较资产负债表

编制单位：YGE公司 2011年12月31日 单位：元

项 目	2011年末余额	2011年初余额
流动资产：		
货币资金	1 032 669 591.83	1 017 129 793.00
交易性金融资产	27 800 000.00	133 171 819.11
应收票据		
应收账款		
预付款项	760 900.00	143 000.00
应收利息		
应收股利		
其他应收款	4 593 042 817.36	6 986 884 214.80
存货		
一年内到期的非流动资产		
其他流动资产		
流动资产合计	5 654 273 309.19	8 137 328 826.91
非流动资产：		
可供出售金融资产	10 096 623 928.28	9 706 341 829.96
持有至到期投资		
长期应收款		
长期股权投资	7 918 928 118.03	6 476 479 110.70
投资性房地产		
固定资产	231 401 300.92	247 458 232.92
在建工程	17 260 531.31	
工程物资		
固定资产清理		
生产性生物资产		
油气资产		
无形资产	18 789 410.20	19 265 217.28
开发支出		
商誉		
长期待摊费用		
递延所得税资产		
其他非流动资产		
非流动资产合计	18 283 003 288.74	16 449 544 390.86
资产总计	23 937 276 597.93	24 586 873 217.77
流动负债：		

续表

项 目	2011年末余额	2011年初余额
短期借款	10 110 000 000. 00	7 077 000 000. 00
交易性金融负债		
应付票据		
应付账款		
预收款项		
应付职工薪酬	101 969. 46	
应交税费	707 718 886. 63	331 421 901. 53
应付利息	287 667. 01	10 038 342. 48
应付股利		
其他应付款	325 798 961. 64	1 126 457 871. 15
一年内到期的非流动负债	764 472 400. 00	131 938 400. 00
其他流动负债		1 805 486 000. 00
流动负债合计	11 908 379 884. 74	10 482 342 515. 16
非流动负债:		
长期借款	1 020 017 200. 00	1 122 353 600. 00
应付债券		
长期应付款		
专项应付款	1 186 380. 17	1 355 780. 17
预计负债		
递延所得税负债	1 146 977 106. 88	2 150 308 122. 43
其他非流动负债		
非流动负债合计	2 168 180 687. 05	3 274 017 502. 60
负债合计	14 076 560 571. 79	13 756 360 017. 76
股东权益:		
股本	2 226 611 695. 00	2 226 611 695. 00
资本公积	3 071 446 067. 41	4 849 532 422. 62
减: 库存股		
专项储备		
盈余公积	1 109 568 946. 76	891 894 712. 02
一般风险准备		
未分配利润	3 453 089 316. 97	2 862 474 370. 37
股东权益合计	9 860 716 026. 14	10 830 513 200. 01
负债和股东权益总计	23 937 276 597. 93	24 586 873 217. 77

1. 编制比较资产负债表

根据资产负债表，编制 YGE 公司比较资产负债表，如表 2-5 所示。

表 2-5　YGE 公司比较资产负债表

单位：元

项　　目	2011 年末余额	2011 年初余额	变动额	变动率%
流动资产：				
货币资金	1 032 669 591. 83	1 017 129 793. 00	15 539 798. 83	1. 53
交易性金融资产	27 800 000. 00	133 171 819. 11	-105 371 819. 1	-79. 12
应收票据				
应收账款				
预付款项	760 900. 00	143 000. 00	617 900	302. 17
应收利息				
应收股利				
其他应收款	4 593 042 817. 36	6 986 884 214. 80	-2 393 841 397	-34. 26
存货				
一年内到期的非流动资产				
其他流动资产				
流动资产合计	5 654 273 309. 19	8 137 328 826. 91	-2 483 055 518	-30. 51
非流动资产：				
可供出售金融资产	10 096 623 928. 28	9 706 341 829. 96	390 282 098. 3	4. 02
持有至到期投资				
长期应收款				
长期股权投资	7 918 928 118. 03	6 476 479 110. 70	1 442 449 007	22. 27
投资性房地产				
固定资产	231 401 300. 92	247 458 232. 92	-16 056 932	-6. 49
在建工程	17 260 531. 31		17 260 531. 31	
工程物资				
固定资产清理				
生产性生物资产				
油气资产				
无形资产	18 789 410. 20	19 265 217. 28	-475 807. 08	-2. 47
开发支出				
商誉				
长期待摊费用				
递延所得税资产				
其他非流动资产				
非流动资产合计	18 283 003 288. 74	16 449 544 390. 86	1 833 458 898	11. 15

续表

项　　目	2011年末余额	2011年初余额	变动额	变动率%
资产总计	23 937 276 597. 93	24 586 873 217. 77	-649 596 619. 8	-2. 64
流动负债：				
短期借款	10 110 000 000. 00	7 077 000 000. 00	3 033 000 000	42. 86
交易性金融负债				
应付票据				
应付账款				
预收款项				
应付职工薪酬	101 969. 46		101 969. 46	
应交税费	707 718 886. 63	331 421 901. 53	376 296 985. 1	113. 54
应付利息	287 667. 01	10 038 342. 48	-9 750 675. 47	-97. 13
应付股利				
其他应付款	325 798 961. 64	1 126 457 871. 15	-800 658 909. 5	-71. 08
一年内到期的非流动负债	764 472 400. 00	131 938 400. 00	632 534 000	479. 42
其他流动负债		1 805 486 000. 00	-1 805 486 000	-100
流动负债合计	11 908 379 884. 74	10 482 342 515. 16	1 426 037 370	13. 60
非流动负债：				
长期借款	1 020 017 200. 00	1 122 353 600. 00	-102 336 400	-9. 12
应付债券				
长期应付款				
专项应付款	1 186 380. 17	1 355 780. 17	-169 400	-12. 49
预计负债				
递延所得税负债	1 146 977 106. 88	2 150 308 122. 43	-1 003 331 016	-46. 66
其他非流动负债				
非流动负债合计	2 168 180 687. 05	3 274 017 502. 60	-1 105 836 816	-33. 78
负债合计	14 076 560 571. 79	13 756 360 017. 76	320 200 554	2. 33
股东权益：				
股本	2 226 611 695. 00	2 226 611 695. 00	0	0
资本公积	3 071 446 067. 41	4 849 532 422. 62	-1 778 086 355	-36. 67
减：库存股				
专项储备				
盈余公积	1 109 568 946. 76	891 894 712. 02	217 674 234. 7	24. 41
一般风险准备				
未分配利润	3 453 089 316. 97	2 862 474 370. 37	590 614 946. 6	20. 63
股东权益合计	9 860 716 026. 14	10 830 513 200. 01	-969 797 173. 9	-8. 95
负债和股东权益总计	23 937 276 597. 93	24 586 873 217. 77	-649 596 619. 8	-2. 64

2. 分析评价资产负债表变动情况

（1）从资产角度看，YGE公司2011年资产总额较2010年减少649 596 619.8元，减幅-2.64%，表明资产规模在减小。其中，流动资产较上年减少2 483 055 518元，减幅30.51%，主要是交易性金融资产出售和其他应收款回收所致；非流动资产较上年增加1 833 458 898元，增幅11.15%，主要是可供出售金融资产和长期股权投资增加所致。流动资产和非流动资产的比例由2010年的0.49:1下降到2011年的0.3:1，反映了该公司的资产流动性减弱了。

（2）从负债角度看，负债总额增加320 200 554元，增幅2.33%。其中流动负债增加1 426 037 370元，增幅13.60%，而非流动负债减少1 105 836 816元，减幅33.78%。

（3）从股东权益角度看，股东权益较上年减少969 797 173.9元，减幅8.95%，主要原因是可供出售金融资产公允价值变动产生的损失，冲减资本公积1 778 086 355元所致。

二、资产负债表结构分析

又称资产负债表垂直分析，通过计算资产负债表中各项目占资产总额或权益总额的比重，分析评价企业资产结构和权益结构及其变动的合理程度。对各项目比重的分析，可以得出其在企业资本结构中的重要程度。一般来说，项目比重越大，其重要程度越高，对总体的影响越大。将分析期各项目的比重与前期同项目的比重对比，又可以研究各项目的比重变动情况，从而对资产负债项目结构变化情况有直观了解。分析步骤为：

（1）计算各项目的比重，编制同比资产负债表；

（2）在此基础上分析资产结构、权益结构及其变动合理性。

案例2-2 根据表2-4，对YGE公司资产负债表进行结构分析。

1. 编制同比资产负债表

根据资产负债表，编制YGE公司同比资产负债表，如表2-6所示。

表2-6 YGE公司同比资产负债表 单位：元

项　目	2011年末/%	2011年初/%	增减变动情况%
流动资产：			
货币资金	4.31	4.14	0.17
交易性金融资产	0.00	0.01	-0.01
应收票据			
应收账款			
预付款项	0.00	0.00	0.00
应收利息			
应收股利			
其他应收款	19.19	28.42	-9.23
存货			

续表

项目	2011年末/%	2011年初/%	增减变动情况%
一年内到期的非流动资产			
其他流动资产			
流动资产合计	23.62	33.10	-9.48
非流动资产:			
可供出售金融资产	42.18	39.48	2.70
持有至到期投资			
长期应收款			
长期股权投资	33.08	26.34	6.74
投资性房地产			
固定资产	9.67	1.01	8.66
在建工程	0.00	—	0.00
工程物资			
固定资产清理			
生产性生物资产			
油气资产			
无形资产	0.00	0.00	0.00
开发支出			
商誉			
长期待摊费用			
递延所得税资产			
其他非流动资产			
非流动资产合计	76.38	66.90	9.48
资产总计	100.00	100.00	
流动负债:			
短期借款	42.24	28.78	13.46
交易性金融负债			
应付票据			
应付账款			
预收款项			
应付职工薪酬	0.00	—	0.00
应交税费	2.96	1.35	1.61
应付利息	0.00	0.00	0.00

续表

项　目	2011 年末/%	2011 年初/%	增减变动情况%
应付股利			
其他应付款	1.36	4.58	3.22
一年内到期的非流动负债	3.19	0.01	3.18
其他流动负债	—	7.34	-7.34
流动负债合计	49.75	42.63	7.12
非流动负债：			
长期借款	4.26	4.56	-0.30
应付债券			
长期应付款			
专项应付款	0.00	0.00	0.00
预计负债			
递延所得税负债	4.79	8.75	-3.96
其他非流动负债			
非流动负债合计	9.06	13.32	-4.26
负债合计	58.81	55.95	2.86
股东权益：			
股本	9.30	9.06	0.24
资本公积	12.83	19.72	-6.89
减：库存股			
专项储备			
盈余公积	4.64	3.63	1.01
一般风险准备			
未分配利润	14.43	11.64	2.79
股东权益合计	41.19	44.05	-2.86
负债和股东权益总计	100.00	100.00	

2. 资产结构分析评价

1）从流动资产与非流动资产比例角度分析

YGE 公司 2011 年流动资产占资产总额的 23.62%，2010 年流动资产占资产总额的 33.10%，2011 年较 2010 年的比重下降 9.48 个百分点，可见其资产流动性减弱了。

2）从有形资产和无形资产比例角度分析

YGE 公司无论是 2011 年还是 2010 年其无形资产占资产总额比重分别为 0，这种现象值得注意，因为随着科技进步和社会发展，尤其是伴随知识经济时代的到来，无形资产的比重本应越来越高。

3）从固定资产与流动资产比例角度分析

YGE公司2011年固定资产占资产总额比重为9.67%，流动资产占资产总额比重23.62%，两者之间的比例为1∶2.44，说明该公司采取的保守型的固流结构策略。采取这种策略，由于流动资产比例较高，提高了企业资产的流动性，因此降低了企业的风险，但同时也会降低企业的盈利水平。

3. 资本结构分析评价

（1）从资本结构来看，2011年的负债占58.81%，权益占41.19%，可以说该公司资本结构中负债所占比例偏大，但尚在允许范围内。从资本结构这两年变动来看，负债比重提高了2.85个百分点，权益比重下降了2.85个百分点。

（2）从负债结构构成来看，2011年的流动负债占负债总额的84.6%，非流动负债占负债总额的15.4%；而2010年的负债构成为流动负债占76.2%，非流动负债占负债总额的23.8%。2011年与2010年相比，流动负债所占比重有所增加。这在一定程度上说明了该公司的短期偿债风险有所加大，在偿债能力分析中应该给予关注。

（3）从股东权益结构来看，对比2011年和2010年的报表数据，资本公积占比下降6.89个百分点，未分配利润占比提高2.79个百分点，股东权益结构总体变化不大，相对稳定。

任务3　资产负债表具体项目解读与分析

教学目标

1. 掌握资产负债表项目分析的基本方法；
2. 了解资产负债表项目变动的原因；
3. 了解资产负债表操纵的基本方法。

一、资产项目解读与分析

在全面分析（水平分析和结构分析）基础上，对资产负债表具体项目作进一步解读与分析，包括会计政策、会计估计变动对相关项目的影响，项目发生变动的原因，项目被人操纵的可能性分析等。

1. 流动资产项目分析

1）货币资金分析

货币资金是企业在经营活动中处于货币状态的资产，包括库存现金、银行存款及其他货币资金（包括外埠存款、银行汇票存款与银行本票存款、信用卡、信用证存款和企业存出投资款等）。货币资金是企业生产经营活动得以进行的必要保证，对企业而言极为重要。所以，企业货币资金的持有量应该视其生产经营规模与特点、运营周期、业务资金收支的频繁程度及资金回笼率等因素而定。

货币资金有现实的支付能力和偿债能力。流动性最强，是企业各种收支业务的集中点和资金循环控制的关键环节。

分析货币资金，一般需要从以下几个环节入手。

（1）判断货币资金与企业的规模、行业特点是否匹配。

一般而言，企业的资产规模越大，相应的货币资金规模越大，业务收支频繁，处于货币形态的资产也会较多。在相同的总资产规模条件下，不同行业（如制造业、商业、金融业企业）的企业货币资金的规模也不同。同时，它还受企业对货币资金运用能力的影响。企业过高的货币资金规模，可能意味着企业正在丧失潜在的投资机会，也可能表明企业经营者生财无道。

案例2－3 YGE公司年度报告显示，2009—2011年期间，资产规模由18 214 380 197.04元增加到23 937 276 597.93元，而货币资金规模由2 817 507 367.22元减少到1 032 669 591.83元，占资产规模的比例由15.47%下降到4.31%（详见表2－7），表明企业的货币资金运用能力提高了。

表2－7 YGE公司2009—2011年货币资金规模变化 单位：元

年　份	2011年	2010年	2009年
货币规模	1 032 669 591.83	1 017 129 793.00	2 817 507 367.22
资产规模	23 937 276 597.93	24 586 873 217.77	18 214 380 197.04
所占比例%	4.31	4.14	15.47

（2）分析企业的筹资能力。

企业信誉好，能够比较容易地从资本市场和金融机构筹措到资金，就没有必要持有大量的货币资金；反之，如果企业的信誉不好，筹资能力有限，就不得不存储较多的货币资金来应付各种可能发生的突发性需求。

（3）分析货币资金的构成内容。

企业的银行存款和其他货币资金中有些是不能随时用于支付的存款，如不能随时支取的一年以上的定期存款、有特定用途的信用证存款、商业汇票存款等，它们必将减弱货币资金的流动性，对此，应在报表附注中加以列示，以正确评价企业资产的流动性及其支付能力。

案例2－4 YGE公司2011年合并报表中详细列示了年末货币资金的构成内容。2011年末货币资金4 355 722 568.12元，其中现金1 302 479.92元，银行存款4 269 449 940.02元，其他货币资金84 970 148.18元。

（4）分析货币资金内部控制制度的完善程度及实际执行质量。

其包括企业货币资金收支的全过程，如客户选择、销售折扣与购货折扣的谈判与决定、付款条件的决定、具体收款付款环节及会计处理等。

2）交易性金融资产分析

交易性金融资产是指主要为交易目的而持有的资产。它是流动资产的一部分，包括债券投资、股票投资、基金投资及国债期货、股指期货等衍生工具。企业持有的直接指定为以公允价值计量且其变动计入当期损益的进入资产也归入交易性金融资产。

交易性金融资产的特点是：

（1）企业持有的目的是短期性的，即在初次确认时即确定其持有目的是为了短期获利，一般此处的短期也应该是不超过一年（包括一年）；

（2）该资产具有活跃市场，公允价值能够通过活跃市场获取。

案例2-5 YGE公司2011年度财务报告附注中，披露了交易性金融资产分类，如表2-8所示。

表2-8 交易性金融资产的分类 单位：元

项 目	年末公允价值	年初公允价值
交易性债券投资	297 400 000.00	
交易性权益工具投资	26 800 000.00	893 066 438.57
外币远期合约资产		183 442.49
衍生金融资产	11 390 625.34	
其他	801 000 000.00	
合 计	1 136 590 625.34	893 249 881.06

3）应收账款分析

应收账款是指企业因销售商品、产品或提供劳务等原因，应向购货客户或接受劳务的客户收取的款项或代垫的运杂费等。应收账款的发生具有经常性的特点；同时，应收账款存在一定的风险。为避免风险，应收账款可按风险和账龄进行分类披露，计提坏账准备。

对单项金额重大的应收款项，当存在客观证据表明公司将无法按应收款项的原有条款收回所有款项时，根据其预计未来现金流量现值低于其账面价值的差额，单独进行减值测试，计提坏账准备。

单项金额非重大的应收款项，与经单独测试后未减值的应收款项一起按信用风险特征划分为若干组合，根据以前年度与之相同或相类似的、具有类似信用风险特征的应收账款组合的实际损失率为基础，结合现时情况确定各项组合计提坏账准备的比例，据此计算当期应计提的坏账准备。

一般来讲，企业的应收账款符合下列条件之一的，应将其确认为坏账：

（1）债务人死亡，以其遗产清偿后仍然无法收回；

（2）债务人破产，以其破产财产清偿后仍然无法收回；

（3）债务人较长时间内未履行其偿债义务，并有足够的证据表明无法收回或收回的可能性极小。

应收账款分析的要点如下。

（1）分析应收账款规模。

应收账款规模受诸多因素的影响，应结合企业的行业特点、经营方式、信用政策来分析。如广告业往往采用预收账款，制造业采用赊销，商业企业相当一部分则是现金销售。采用现金销售的企业应收账款较少，采用赊销方式较多的企业应收账款较多。企业放宽信用政策，刺激销售，就会增加应收账款；反之，就会减少应收账款。因此，对企业的应收账款规模应该进行纵向比较分析。

案例2-6 根据YGE公司2009—2011年合并报表数据，应收账款规模纵向比较分析如下：

表2-9 YGE公司2009—2011年应收账款规模变化 单位：元

年份	2009年	2010年	2011年
应收账款规模	795 925 875.53	666 535 693.00	682 189 607.84
营业收入	10 780 542 357.33	12 278 622 223.27	14 513 590 505.84
所占比例/%	7.38	5.43	4.70

从表2-9可以看出，YGE公司三年来应收账款规模并没有随着营业收入的增加而增长，而是应收账款占营业收入的比例逐年下降，由2009年的7.38%下降到2011年的4.70%，说明YGE公司在应收账款管理上取得了显著成效。

（2）分析坏账损失风险。

在市场经济条件下，企业生产经营存在各种风险，赊销商品难免发生坏账损失，即货款长期被拖欠甚至无法收回而给企业造成损失的情况。分析应收账款的质量可以从账龄和债务人的构成两方面进行。

① 账龄分析。一般而言，未过信用期或已过信用期但拖欠期较短的债权出现坏账的可能性比已过信用期较长时间的债权发生坏账的可能性要小。与其他企业进行比较时，应参考其他企业的计算口径、确定标准。

案例2-7 YGE公司2011年应收账款账龄分析及提取坏账准备分析如表2-10所示。

表2-10 YGE公司2011年末计提坏账准备的应收账款账龄分析 单位：元

账龄	年末余额		
	账面余额		坏账准备
	金额	比例（%）	
1年以内（含1年）	229 568 481.40	99.46	11 478 424.07
1～2年（含2年）	482 462.66	0.21	48 246.27
2～3年（含3年）			
3～4年（含4年）	103 843.13	0.04	51 921.57
4～5年（含5年）	86 259.62	0.04	69 007.70
5年以上	572 222.11	0.25	572 222.11
合计	230 813 268.92	100.00	12 219 821.72

从表 2－10 可以看出，YGE 公司 2011 年末 1 年以内账龄的应收账款占计提坏账准备的应收账款总额的 99.46%，说明 YGE 公司应收账款的收回状况良好。

② 债务人的构成分析。包括分析债务人的区域构成、债务人的所有权性质、债权人与债务人的关联状况和债务人的稳定程度，以及应收账款是否集中于少数几个客户。

案例 2－8　YGE 公司 2011 年度财务报告披露，截至 2011 年 12 月 31 日，应收账款欠款金额前 5 名合计 294 495 138.85 元，占应收账款总额的 43.17%，说明应收账款的集中度不高，因此发生财务风险的可能性较小。

(3) 考查应收账款和应收票据有无真实的贸易背景。

分析企业是否利用虚无信用来创造销售，或用无真实贸易背景的应收票据向银行贴现，加大企业信用风险。

(4) 判断公司所处的市场状况。

如应收账款和应收票据之和远远大于资产负债表右方的预收账款，说明公司的产品市场是一个典型的买方市场，产品销售难度很大；反之，销售状况良好。

案例 2－9　YGE 公司 2011 年度合并资产负债表数据显示，应收账款 682 189 607.84 元，应收票据 2 768 480.00 元，总和 684 958 087.84 元，远远小于预收账款 9 669 381 616.74 元，可以看出该公司的销售状况良好。

(5) 分析应收账款的坏账准备计提是否充足。

坏账准备提取的高低直接影响当期利润，上市公司常常会利用应收账款坏账准备的提取来操纵业绩。

4) 应收票据分析

应收票据是指企业因赊销产品、提供劳务等在采用商业汇票结算方式下收到的商业汇票，包括商业承兑汇票和银行承兑汇票。一般而言，应收票据是一种流动性相对较强的资产。应收票据分为不带息应收票据和带息应收票据。根据企业现金需求的变化，应收票据还可以用于贴现。

财务报表分析在了解应收票据特点和分类基础上，应该重点加强对应收票据贴现和转让的管理，降低应收票据的风险。

案例 2－10　YGE 公司 2011 年应收票据全为银行承兑汇票，年末余额 2 768 480.00 元，年末已背书未到期的应收票据 8 460 000.00 元。

5) 存货分析

存货，是指企业在日常活动中持有以备出售的产成品或商品、处在生产过程中的在产品、在生产过程或提供劳务过程中耗用的材料、物料等。存货在同时满足以下两个条件时，才能加以确认：该存货包含的经济利益很可能流入企业；该存货的成本能够可靠计量。

无论是工业还是商业企业，存货都是企业生产经营的中心，存货往往占到企业流动资产的一半左右。但是，随着经济和生产的发展及一些现金管理方法的应用，存货占流动资产的比重也在不断下降。存货对企业生产经营活动的变化具有特殊敏感性，必须使存货数量与企业的生产经营活动保持平衡，若存货过少，会影响生产，导致企业错失销售良机；若存货数量过度，使得资金沉淀，最终也会使企业生产中断，难以为继。

案例2-11 YGE公司2009—2011年库存规模变化如表2-11所示。

表2-11 YGE公司2009—2011年库存规模变化

单位：元

年 份	2009年	2010年	2011年
存货规模	13 334 950 567.87	18 256 615 495.36	18 727 363 249.05
流动资产规模	20 404 586 187.71	23 693 726 342.25	28 664 804 530.05
占流动资产比例%	65.35	77.05	65.33

从表2-11可以看出，从2009年到2011年，YGE公司库存规模逐年扩大，占流动资产比重的65%左右。

存货质量分析的要点：

（1）存货的品种构成结构分析。

即盈利产品占企业品种构成的比例、市场发展前景和产品的抗变能力。

（2）存货跌价准备计提是否充分。

如存货披露是否遵循成本和市价孰低法，存货有无相应的所有权益。

（3）存货的计价问题。

各种不同存货的计价方法会使存货计价产生极大的差异，尤其在通货膨胀导致存货价格大幅波动的时候。对于着重分析企业短期偿债能力的报表使用者来说，企业利润的虚实影响不大，关键是要了解存货的变现价值。

企业会计准则规定，存货的期末计价采用成本与可变现净值孰低法，对于可变现净值低于成本的部分，应当计提存货跌价准备。对此，一方面，要特别关注企业是否利用存货项目进行潜亏挂账问题。一些企业利用存货项目种类繁多、金额庞大、重置频繁、计价方法多样等客观因素，采用种种非法手段，将一些呆滞商品、积压商品、残次品长期隐藏于存货项目中，这实际上就是企业的一种潜在亏损。显然，这种存货根本丧失了流动性。另一方面，要注意考查企业存货跌价准备的计提对未来产生的财务影响，尤其是企业是否存在利用存货跌价准备的计提政策进行“巨额冲销”，对这种现象，要正确分析未来的财务影响。

（4）存货的日常管理分析。

企业存货质量不仅取决于存货的账面数字，还与存货的日常管理密切相关。只要恰当保持各项存货的比例和库存周期，材料存货才能为生产过程消化，商品存货才能及时销售，从而实现存货的顺利变现。

案例2-12 YGE公司2011年财务报告中披露的存货项目有原材料、在产品、库存产品、周转材料、开发成本、开发产品、拟开发土地、发出商品和委托加工物资。其中，数量最多的是开发成本，金额为10 507 479 065.35元，占库存总量的56.11%；其次是拟开发土地，金额为5 493 519 072.77元，占库存总量的29.33%；再次是库存商品，金额为

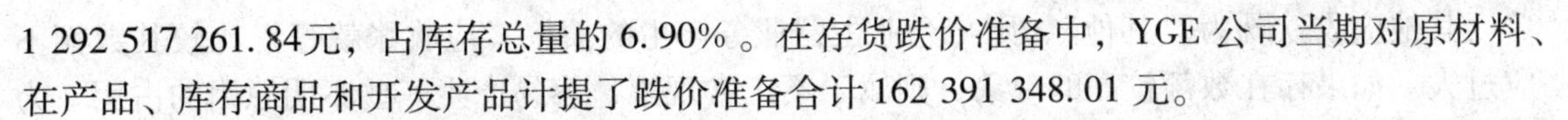

1 292 517 261.84元，占库存总量的6.90%。在存货跌价准备中，YGE公司当期对原材料、在产品、库存商品和开发产品计提了跌价准备合计162 391 348.01元。

6）预付账款分析

预付账款是指企业按照合同规定预付的款项。包括预付给供货单位的购货款及企业进行在建工程预付的工程款等。

从资产的流动性来看，预付账款是一种特殊的流动资产，由于款项已经支付，除一些特殊的情况外（如预收货款的企业未能按约提供商品、预付保险单被提前注销等），在未来期间不会导致现金流入，即在这种债权收回时，流入的不是货币资金，而是存货，因此，该项目的变现性极差。

判断预付账款的规模是否合适，主要应考虑采购特定存货的市场供求情况。一般而言，预付账款不构成流动资产的主体部分。若企业预付账款较高，则可能预示着企业有非法转移资金、非法向有关单位提供货款及抽逃资金等的不法行为。

案例2-13　YGE公司2011年度财务报告中披露了预付账款的账龄分析（见表2-12）。

表2-12　YGE公司2011年预付款项按账龄列示　　单位：元

账　龄	账面余额	比例（%）
1年以内	1 715 236 544.53	99.53
1～2年	8 082 155.35	0.47
2～3年	58 678.50	0.00
3年以上		
合　计	1 723 377 378.38	100.00

7）应收利息分析

应收利息是指企业因债权投资而应收取的一年内到期收回的利息，它主要包括如下情况：一是企业购入的是分期付息到期还本的债券，在会计结算日，企业按规定所计提的应收款收利息；二是企业购入债券时实际支付款项中所包含的已到期而尚未领取的债券利息。已到期而尚未领取的债券利息也是对分期付息债券而言的，不包括企业购入到期还本付息的长期债券应收的利息。

8）应收股利分析

应收股利是指企业因股权投资而应收取的现金股利及应收其他单位的利润，包括企业购入股票实际支付的款项中所包括的已宣告发放但尚未领取的现金股利和企业对外投资应分得的现金股利或利润等，但不包括应收的股票股利。

9）其他应收款分析

反映企业除应收票据、应收账款、预付账款、应收股利、应收利息等经营活动以外的其他各种应收、暂付的款项。其他应收款属于企业主营业务以外债权，如应收的各项赔款、罚款、存出保证金，应向职工个人收取的垫付款项等。

其他应收款既为“其他”，则与企业主营业务产生的债权（应收账款等）比较其数额不应过大。如果存在数额较高的现象，则属于不正常现象，容易产生一些不明原因的占用。为此，要借助会计报表附注仔细分析其具体构成项目的内容和发生时间，特别是其中数额较大、时间较长、来自关联方的应收款项。要警惕企业利用该项目粉饰利润、让大股东无偿占用资金及转移销售收入偷逃税款等。

案例2-14 YGE公司2011年度财务报告中披露其他应收款余额2 028 831 251.45元，占资产比重的4.20%。在财务报告附注中，YGE公司披露了其他应收款的分类情况，其中单项金额重大的合作开发项目垫付款1 911 819 528.54元，占其他应收款比重的94.23%。

10）一年内到期的非流动资产分析

一年内到期的非流动资产反映企业非流动资产项目中在一年内到期的金额，包括一年内到期的持有至到期投资、长期待摊费用和一年内可收回的长期应收款。

11）其他流动资产项目分析

其他流动资产反映企业除货币资金、交易性金融资产、应收票据、应收账款、存货等流动资产以外的其他资产。

2. 非流动资产项目分析

1）可供出售金融资产分析

可供出售金融资产反映企业持有的以公允价值计量的可供出售的股票投资和债券投资等金融资产。

企业在确认金融资产时，将其划分为以下4类：以公允价值计量且其变动计入当期损益的金融资产、持有至到期投资、贷款和应收款项、可供出售金融资产。其中，划分为可供出售金融资产的应当在活跃的市场上有报价。

可供出售金融资产分析，首先是判断其分类是否恰当，是否符合有关金融资产的确认标准；然后再看其会计处理是否正确。可供出售金融资产的公允价值变动损益是首先确认为直接计入所有者权益的利得或损失，待其真正实现时再在利润表中确认。对此，要特别注意企业的会计处理是否正确，尤其要看是否存在为了粉饰业绩将持有的可供出售金融资产的公允价值变动直接确认为损益，计入利润表的现象。

案例2-15 YGE公司2011年度财务报告披露，可供出售金融资产年末以公允价值计量且将公允价值变动计入资本公积（其他资本公积）。公司可供出售金融资产为可供出售权益工具，2010年末公允价值12 188 685 053.96元，2010年初公允价值11 247 021 729.96元。

2）持有到期投资分析

持有到期投资是指到期日固定，回收金额固定或可确定，且企业有明确意图和能力持有到期的非衍生金融资产。包括企业持有的在活跃市场上有公开报价的国债、企业债券、金融债券等。持有至到期投资的目的主要是定期收取利息、到期收回本金，并力图获得长期稳定的收益。

持有至到期投资的分析，主要从以下几个方面进行。

（1）持有至到期投资的项目构成及债务人分析。

对持有至到期投资而言，虽然投资者按照约定，将定期收取利息、到期收回本金，但是债务人能否定期支付利息、到期偿还本金，取决于债务人在需要偿还的时点是否有足够的现金。因此，有必要对持有至投资的投资项目或投资对象的具体构成进行分析，并在此基础上对债务人的偿债能力作进一步的判断，从而评价持有至到期投资的质量。分析时可参阅会计报表附注中的持有至到期投资明细表，并结合其他市场信息进行分析。

（2）持有至到期投资的收益分析。

企业购买国债、企业债券或金融债券是持有至到期投资的主要内容，其投资收益为定期收取的利息。对持有至到期投资收益的分析，首先应当根据当时金融市场情况，判断投资的回报水平，即收益率的高低。一般来说，持有至到期投资的收益率应高于同期银行存款利率。另外还要注意，持有至到期投资是按照权责发生制的原则确定的，并不与现金流入量相对应，即无论投资企业是否收到利息，都要按应收利息计算出当期的投资收益。大多数情况下，投资收益的确认都先于利息的收取，由此会导致投资收益与现金流入的不一致。

（3）持有至到期投资的减值分析。

当持有至到期投资发生减值时，应当将账面价值减记至预计未来现金流量的现值。计提持有至到期减值准备不仅会导致持有至到期投资账面价值的减少，而且会影响当期的利润总额。因此，一些企业可能出于某种不良的动机，通过少提或多提减值准备来达到虚增或虚减持有至到期投资账面价值和利润的目的。尤其是按照我国相关会计准则的规定，大部分长期资产，如固定资产、无形资产、长期股权投资及采用成本模式的投资性房地产所计提的资产减值准备在处置前是不得转回的，但对持有至到期投资、贷款和应收款项等金融资产，确认减值损失后如有客观证据表明该金融资产价值已恢复，且客观上与确认该损失后发生的事项有关（如债务人的信用评级已提高）的，原确认减值损失应当转回。对此应当尤为注意，要特别警惕企业是否存在利用持有至到期投资减值准备的计提和转回人为操纵利润的情形。

3）长期应收款分析

长期应收款反映企业融资租赁产生的应收款项、采用递延方式具有融资性质的因销售商品和提供劳务等产生的长期应收款项等。

案例2－16　YGE公司2011年度财务报告中披露了本期长期应收款，年末余额5 000 507.93元，年初余额7 106 235.01元，具体披露如表2－13所示。

表2－13　YGE公司长期应收款　单位：元

项　目	年末余额	年初余额
租赁房屋押金及土地使用费	3 140 657.53	4 142 864.80
保险押金	91 108.26	1 552 935.21
水、电、气、电话费押金	995 687.05	1 306 461.61
其他	773 055.09	103 973.39
合　计	5 000 507.93	7 106 235.01

4）长期股权投资分析

长期股权投资反映企业持有的对子公司、联营企业和合营企业的长期权益性投资及企业持有的对被投资单位不具有控制、共同控制或重大影响，并且在活跃市场中没有报价、公允价值不能可靠计量的权益性投资。

企业长期股权投资分析主要从以下方面进行。

（1）长期股权投资构成分析。

其主要从企业投资对象、投资规模、持股比例等方面进行分析。通过对其构成进行分析，可以了解企业投资对象的经营状况及其收益等方面的状况，从而有助于判断长期股权投资的质量。

案例 2－17 YGE 公司 2011 年度财务报告中，对长期股权投资按照投资对象进行了披露，如表 2－14 所示。

表 2－14 YGE 公司 2011 年长期股权投资列示

单位：元

项 目	核算方法	年初余额	增减变动	年末余额
对合营企业投资	权益法	92 003 551.00	－15 201 064.92	76 802 486.08
对联营企业投资	权益法	343 985 318.71	610 095 289.31	954 080 608.02
对其他企业投资	成本法	905 565 118.11	239 840 000.00	1 145 405 118.11
合 计		1 341 553 987.82	834 734 224.39	2 176 288 212.21

（2）长期股权投资初始成本的确认。

根据我国相关会计准则规定，长期股权投资初始投资成本分为企业合并取得和非合并取得，分别进行确定；其中企业合并取得又分为同一控制下的企业合并取得和非同一控制下的企业合并取得。

同一控制下企业合并取得的长期股权投资，应当在合并日按照取得被合并方所有者权益账面价值的份额作为长期股权投资的初始投资成本。长期股权投资的初始投资成本与支付的现金、转让的非现金资产以及所承担债务账面价值之间的差额，应当调整资本公积；资本公积不足冲减的，调整留存收益。这一会计处理方法的实质是按权益结合法核算企业合并业务。

非同一控制下的企业合并取得的长期股权投资，初始投资成本为购买方在购买日为取得对被购买方的控制权而付出的资产、发生或承担的负债及发行的权益性证券的公允价值，即以付出的资产等的公允价值作为初始投资成本。这一会计处理方法的实质是按购买法核算企业合并业务。

除企业合并形成的长期股权投资以外，其他方式取得的长期股权投资，应当结合长期股权投资的取得方式，按照取得投资时对价付出资产的公允价值确认初始投资成本。

分析时要特别注意企业长期股权投资初始投资成本的确认是否符合会计准则规定，尤其是企业合并形成的长期股权投资，是否正确地区分了同一控制下的企业合并和非同一控制下的企业合并。因为这一判断是长期股权投资初始投资成本确定的基础。

(3) 关注长期股权投资核算方法的选择。

长期股权投资核算方法包括成本法和权益法，核算方法的使用取决于投资企业与被投资企业的关系。

当投资企业能够对被投资单位实施控制时，日常核算应当采用成本法，待编制合并会计报表时再按权益法进行调整。另外，对于投资企业对被投资单位不具有共同控制或重大影响，并且在活跃市场上没有报价、公允价值不能可靠计量的长期股权投资，也采用成本法核算。

当投资单位对被投资单位具有共同控制或重大影响时，对长期股权投资的核算应采用权益法。权益法核算的内容包括以下 4 个方面。

① 长期股权投资的初始投资成本小于投资时应享有被投资单位可辨认净资产公允价值份额的，一方面，应增加长期股权投资的投资成本；另一方面，确认营业外收入。

② 投资企业取得长期股权投资后，应按照应享有或应分担的被投资单位实现的净损益份额，确认投资损益并调整长期股权投资的账面价值。

③ 投资企业按照被投资单位宣告分派的利润或现金股利计算应分得的部分，相应减少长期股权投资的账面价值。

④ 投资企业对于被投资单位除净损益以外所有者权益的其他变动，应当按照持股比例计算应享有的份额，相应调整长期股权投资的账面价值并计入所有者权益。可见，长期股权投资采用权益法核算时投资对象的选择非常重要。

5) 投资性房地产分析

投资性房地产，是指为赚取租金或资本增值，或两者兼有而持有的房地产，即企业持有房地产的目的不是自用，而是用于投资，主要包括已出租的土地使用权，持有并准备增值后转让的土地使用权和已出租的建筑物。

投资性房地产分析，首先应该注意企业对投资性房地产的分类是否恰当，即企业是否将投资性房地产与固定资产、无形资产的界限作了正确区分。作为投资性房地产，企业持有的目的是为了赚取租金或资本增值，或两者兼有；而企业自用的房地产，即为生产商品、提供劳务或者经营管理而持有的房地产和房地产开发企业作为存货的房地产，分别属于固定资产和存货，并非投资性房地产。另外，当有确凿证据表明投资性房地产的用途发生改变，满足下列条件之一的，应当将投资性房地产转换为其他资产或将其他资产转换为投资性房地产。

① 投资性房地产开始自用；

② 作为存货的房地产，改为出租；

③ 自用土地使用权停止自用，用于赚取租金或资本增值；

④ 自用建筑物停止自用，改为出租。

案例 2－18 YGE 公司 2011 年度财务报告中对投资性房地产进行了披露，如表 2－15 所示。

表 2-15 YGE 公司 2011 年投资性房地产列示 单位：元

项　目	年初余额	本年增加	本年减少	年末余额
账面原值合计	66 592 980.39	6 494 295.75		73 087 276.14
房屋、建筑物	66 592 980.39	6 494 295.75		73 087 276.14
累计折旧和摊销	15 571 473.70	3 374 276.10		18 945 749.80
房屋、建筑物	15 571 473.70	3 374 276.10		18 945 749.80
账面净值合计	51 021 506.69	6 494 295.75	3 374 276.10	54 141 526.34
房屋、建筑物	51 021 506.69	6 494 295.75	3 374 276.10	54 141 526.34

注：本年计提折旧额 3 033 325.56 元。

6）固定资产分析

固定资产是指同时具有以下特征的有形资产：为生产产品、提供劳务、出租或经营管理而持有；使用寿命超过一个会计年度。一般而言，固定资产属于企业的劳动资料，代表了企业的扩大再生产能力。固定资产具有占用资金数额大、资金周转时间长的特点，对其进行分析需要从以下几方面入手。

（1）固定资产与企业资产规模配比情况分析。

对固定资产分析首先要对其进行数量判断，其与资产规模的比例关系要结合行业、企业生产经营的特点和产品生命周期等进行综合考查。表 2-16 是各行业固定资产比重表，表 2-17 是 YGE 公司 2009—2011 年固定资产比重表。

表 2-16 各行业固定资产比重表

行　业	固定资产比重/%
商品流通	30
工业	40
饭店服务业	50
航天制造业	60

表 2-17 YGE 公司 2009—2011 年固定资产比重表

年　份	2009 年	2010 年	2011 年
固定资产比重/%	13.98	11.06	7.96

从表 2-17 可以看出，从 2009 年到 2011 年，YGE 公司固定资产占资产总额的比重逐年下降，相对行业固定资产比重平均水平而言，YGE 公司固定资产比例是偏低的。

（2）固定资产折旧和减值准备分析。

固定资产按照原值减去累计折旧和固定资产减值准备后的净额列示，如何计提折旧和如何计提固定资产减值准备具有一定的灵活性，会给固定资产的账面价值带来很大的影响。因此，在实务中，一些企业往往会利用政策选择的灵活性虚增或虚减固定资产的账面价值和利润，结果造成会计信息失真。因此，必须认真分析固定资产会计政策。

案例2-19 YGE公司2011年度财务报告信息披露，2011年分别按固定资产所包括的房屋及建筑物、机器设备、运输设备和其他设备的类别计提折旧，计提折旧额445 380 933.21元，年末累计折旧余额2 657 989 921.32元。

7）在建工程分析

在建工程反映企业期末各项未完工程的实际支出，包括交付安装的设备价值。在建工程本质上是正在形成中的固定资产，它是企业固定资产的一种特殊表现形式。在建工程占用的资金属于长期资金，但是投入前属于流动资金。如果工程管理出现问题，会使用大量的流动资金沉淀，甚至造成企业流动资金的周转困难。因此，在分析该项目时，应深入了解工程的工期长短，及时发现存在的问题。

对在建工程的分析，还要注意其转为固定资产的真实性和合理性。

案例2-20 YGE公司2011年度财务报告对在建工程的明细、在建工程增减变动以及在建工程减值准备进行了披露，如表2-18所示。

表2-18 在建工程情况 单位：元

项　目	年末余额	年初余额
服饰专卖店购房款	854 996 300.44	407 905 788.05
网新科技园	8 584 016.83	829 898.00
长丰热电厂厂房迁建工程	843 500.24	136 665.72
设备安装工程	152 136.77	75 061.51
新马国际集团仓库工程		520 564.24
办公大楼附属工程	17 260 531.31	
合　计	881 836 485.59	409 467 977.52

关于在建工程减值准备情况：截至2011年12月31日，YGE公司在建工程不存在可收回金额低于其账面价值之情况，故未计提在建工程减值准备。

8）工程物资分析

工程物资反映企业尚未使用的各项工程物资的实际成本，2011年度YGE公司年报中工程物资项目金额为零。

9）固定资产清理项目分析

固定资产清理反映企业因出售、毁损、报废等原因转入清理但尚未清理完毕的固定资产净值。

10）生产性生物资产分析

生物资产反映企业持有的生产性生物资产。《企业会计准则》规定：生物资产，是指有生命的动物和植物。生物资产分为消耗性生物资产、生产性生物资产和公益性生物资产。

消耗性生物资产，是指为出售而持有的或在将来收获为农产品的生物资产，包括生长中的大田作物、蔬菜、用材林及存栏待售的牲畜等；生产性生物资产，是指为产出农产品、提供劳务或出租等目的而持有的生物资产，包括经济林、薪炭林、产畜和役畜等；公益性生物资产，是指以防护、环境保护为主要目的的生物资产，包括防风固沙林、水土保持林和水源涵养林等。

企业至少应当于每年年度终了时对消耗性和生产性生物资产进行检查，有确凿证据表明生物资产发生减值的，应当计提消耗性生物资产跌价准备或生产性生物资产减值准备。

生物资产存在下列情形之一的，通常表明该生物资产发生了减值。

（1）因遭受火灾、旱灾、水灾、冻灾、台风、冰雹等自然灾害，造成消耗性或生产性生物资产发生试题损坏，影响该资产的进一步生长或生产，从而降低其产生经济利益的能力。

（2）因遭受病虫害或动物疫病侵袭，造成消耗性或生产性生物资产的市场价格大幅度持续下跌，并且在可预见的未来无回升的希望。

（3）因消费者偏好改变而使企业消耗性或生产性生物资产收获的农产品的市场需求发生变化，导致市场价格逐渐下跌。

11）油气资产分析

油气资产，是指油气开采企业所拥有或控制的井及相关设施和矿区权益。资产负债表中此项目反映企业持有的矿区权益和汽油井及相关设施的原价减去累计折耗和累计减值准备后的净额。

油气资产属于递耗资产。递耗资产是指通过开采、采伐、利用而逐渐耗竭，以致无法恢复或难以恢复、更新或按原样重置的自然资源，如矿藏等。开采油气所必需的辅助设备和设施（如房屋、机械等），作为一般固定资产管理。

油气资产的折耗，是指油气资产随着当期开发进展而逐渐转移到所开采产品（油气）成本中的价值。《企业会计准则》规定，企业应当采用产量法或年限平均法对油气资产计提折耗。企业采用的油气资产折耗方法，一经确定，不得随意变更。未探明矿区权益不计提折耗。

《企业会计准则》规定，在确认井及相关设施成本时，弃置义务应当以矿区为基础进行预计，主要涉及井及相关设施的弃置、拆移、填埋、清理和恢复生态环境等所发生的支出。

未探明矿区权益应当至少每年进行一次减值测试。按照单个矿区进行减值测试的，其公允价值低于账面价值的，应当将其账面价值减记至公允价值，减记的金额确认为油气资产减值损失；按照矿区组进行减值测试并计提减值准备的，确认的减值损失不分摊至单个矿区权益的账面价值。

12）无形资产分析

无形资产，是指企业拥有或控制的没有实物形态的可辨认非货币性资产。包括专利权、非专利技术、商标权、著作权、土地使用权等。

对无形资产的分析可以从以下几方面入手。

（1）无形资产的规模和构成。

无形资产是商品经济高度发达的产物，看似无形，却如同一双看不见的手，给企业的生存及发展以巨大的影响。随着知识经济时代的到来，无形资产对企业生产经营活动的影响越来越大。在知识经济时代，企业控制的无形资产越多，可持续发展能力和竞争能力越强，因此企业应该重视对无形资产的培育。另外，还要注意考查无形资产的类别比重，借以判断无形资产的质量。具体来说，专利权、商标权、著作权、土地使用权、特许权等无形资产的价值量较高，且其价值易于鉴定；而一旦企业的无形资产以非专利技术等不受法律保护的项目为主，则容易产生资产“泡沫”。

（2）无形资产摊销政策分析。

企业应当正确地分析判断无形资产的使用寿命，对于无法预见无形资产为企业带来经济利益期限的，应当视为使用寿命不确定的无形资产，对该类资产不应摊销；使用寿命有限的无形资产，则应当考虑与该无形资产有关的经济利益的预期实现方式，采用适当的摊销方法，将其应摊销金额在使用寿命内系统合理地摊销。分析时应审核无形资产的摊销是否符合企业会计准则的有关规定。尤其是无形资产使用寿命的确定是否正确，有无将本可确定使用寿命的无形资产不予摊销；摊销方法的确定是否考虑了经济利益的预期实现方式；摊销方法和摊销年限有无变更，变更是否合理等。

案例2－21 YGE公司2011年度财务报告中对无形资产的披露分为无形资产原值、累计摊销、无形资产减值准备和无形资产账面价值4个部分，如表2－19所示。

表2－19 YGE公司2011年度无形资产 单位：元

项 目	年初余额	本年增加	本年减少*	年末余额
无形资产账面原值	448 841 620.96	783 613.60	92 970 602.68	356 654 631.88
累计摊销	80 948 669.83	12 871 378.45	823 728.63	92 996 319.65
减值准备	367 892 951.13	783 613.60	105 018 252.50	263 658 312.23
无形资产账面价值	367 892 951.13	783 613.60	105 018 252.50	263 658 312.23

本年摊销额12 871 378.45元。

*其他减少主要系本年合并范围减少转出的无形资产。

年末用于抵押的无形资产账面价值为6 912 759.08元。

13）开发支出分析

开发支出反映企业在开发无形资产过程中能够资本化形成的无形资产成本的支出部分。本公司将内部研究开发项目的支出，区分为研究阶段支出和开发阶段支出。研究阶段的支出，发生时计入当期损益。开发阶段的支出，同时满足下列条件的，才能予以资本化，即：完成该无形资产以使其能够使用或出售在技术上具有可行性；具有完成该无形资产并使用或出售的意图。无形资产产生经济利益的方式，包括能够证明运用该无形资产生产的产品存在市场或无形资产自身存在市场，无形资产将在内部使用的，能够证明其有用性；有足够的技术、财务资源和其他资源支持，以完成该无形资产的开发，并有能力使用或出售该无形资产；归属于该无形资产开发阶段的支出能够可靠地计量。不满足上述条件的开发支出计入当期损益。

14）商誉分析

商誉是在非同一控制下的企业合并中，购买方付出的合并成本超出合并中取得的被购买方可辨认净资产公允价值的差额。商誉是一项特殊的资产，它只有在企业合并中才有可能产生并予以确认，代表被购买企业的一种超额获利能力。企业合并所形成的商誉，至少应当在每年年终进行减值测试。初始确认后的商誉，以其成本扣除累计减值准备后的金额计量。对该项目的分析，主要是结合企业会计政策的说明，判断商誉确认和商誉减值测试的正确性，从而分析商誉价值的真实性。

案例 2－22 YGE 公司 2011 年度财务报告对商誉的明细、增减变动以及减值准备进行了披露，如表 2－20 所示。

表 2－20 YGE 公司 2011 年度商誉

单位：元

被投资单位名称	年初余额	本年增加	本年减少	年末余额	年末减值准备
宁波长丰热电有限公司	9 526 327.15			9 526 327.15	
上海雅戈尔商业广场有限公司	35 670 361.17			35 670 361.17	
苏州网新创业科技有限公司	2 617 564.64			2 617 564.64	
合 计	47 814 252.96			47 814 252.96	

15）长期待摊销费用分析

长期待摊费用反映企业已经发生但应由本期和以后各期负担的分摊期限在一年以上的各项费用。长期待摊费用在一年内（含一年）摊销的部分，在资产负债表“一年内到期的非流动资产”项目填列。

长期待摊费用本身没有交换价值，不可转让，其实质上是按照权责发生制的原则对费用的资本化，该项目根本没有变现性，其数额越大，表明资产的质量越低，因此，对企业而言，这类资产数额应当越少越好，占资产的比重越低越好。

在分析长期待摊费用时，应注意企业是否存在根据自身需要将长期待摊费用当作利润的调节器。即在不能完成利润目标或相差很远的情况下，将一些影响利润的本不属于长期待摊费用核算范围的费用转入，而在利润完成情况超目标时，又会出现“以丰养欠”的考虑，加快长期待摊费用的摊销速度，将长期待摊费用大量提前转入摊销，以达到降低隐匿利润的目的，为以后各期经营业绩的提高奠定基础。

案例2－23　YGE公司2011年度财务报告中，对长期待摊费用的披露如表2－21所示。

表2－21　YGE公司2011年度长期待摊费用　　单位：元

项　目	年初余额	本年增加	本年摊销	其他减少	年末余额
经营租入固定资产改良支出	5 639 325.61	907 900.00	1 227 325.65	3 772 533.21	1 547 366.75
装修费	13 057 307.52	10 610 358.74	4 832 062.52	381 384.39	18 454 219.35
预付长期租赁费用	8 392 983.09		402 800.04		7 990 183.05
其他	59 212.95		44 707.84		14 505.11
合计	27 148 829.17	11 518 258.74	6 506 896.05	4 153 917.60	28 006 274.26

经营租入固定资产改良支出其他减少的原因系合并范围减少。

16）*递延所得税资产分析*

递延所得税资产反映企业确认可抵扣暂时性差异产生的递延所得税资产。资产负债表上资产方的递延所得税资产和负债方的递延所得税负债是指在采用资产负债表债务法对所得税进行核算时，因资产、负债按照会计准则规定确定的账面价值与按照税法规定确定的计税基础不同而产生的暂时性差异分别确认相关的递延所得税负债，可抵扣暂时性差异应当确认相关的递延所得税资产。例如，一项资产的账面价值为200万元，计税基础为150万元，两者之间的差额会形成未来期间的应税所得额50万元，增加未来期间的应纳税所得额即应交所得税，对企业形成经济利益的流出，故在取得资产时应当确认递延所得税负债。

递延所得税资产和递延所得税负债的确认体现了交易或事项发生后，对未来期间计税的影响，即会增加未来期间的应交所得税或是减少未来期间的应交所得税，在所得税会计核算方面贯彻了资产、负债等基本会计要素的界定。

值得注意的是，递延所得税资产的确认应当以未来期间可能取得的应纳税所得额为限。即企业有明确的证据表明其于可抵扣暂时性差异转回的未来期间能够产生足够的应纳税所得额，进而利用可抵扣暂时型差异的，则应当以可能取得的应纳税所得额为限，确认相关的递延所得税资产。在可抵扣暂时性差异转回的未来期间内，企业无法产生足够的应纳税所得额用以抵扣可抵扣暂时性差异的影响，使得与递延所得税资产相关的经济利益无法实现的，该部分递延所得税资产不应确认，但应在会计报表附注中进行披露。据此，如若企业在资产负债表中确认了递延所得税资产，则表明企业有明确的证据表明其于可抵扣暂时性差异转回的未来期间能够产生足够的应纳税所得额，进而利用可抵扣暂时性差异；如若企业在资产负债表中未确认递延所得税资产，则不一定表明企业不存在可抵扣暂时性差异，可能企业只是无法取得足够的应纳税所得额而未确认相关的递延所得税资产。

17）其他非流动资产分析

反映企业除了长期股权投资、固定资产、在建工程、工程物资、无形资产等资产以外的其他非流动资产。本项目应根据有关科目的期末余额填列。就数量判断，即为“其他”，即其他非流动资产的数额不应过大，如果他们数额较大，则需要进一步分析。

二、负债项目解读与分析

负债项目是指过去交易、事项形成的现时义务，履行该义务预期会导致经济利益流出企业。负债包括流动负债和非流动负债。

流动负债是指将在一年内或超过一年的一个营业周期内偿还的债务。它包括短期借款、应付票据、应付账款、预收账款、应付职工薪酬、应交税费、应付利息、应付股利、其他应付款、一年内到期的长期负债和预提费用等。其特点是偿还数量和金额确定，债权人明确。在对流动负债进行分析时，不仅要分析其构成的结构，判断企业的流动负债来自何方，分析其性质和数额、偿还紧迫程度如何、衡量企业的财务风险，还要把分析与企业的性质、经营形势相联系，分析企业的采购政策、付款政策、利润分配政策及其他经营的特点。对于商业企业，正常情况下是流动负债和销售收入或实现的利润都有所增长，而工业企业常常是长期负债和实现的利润都在增长，流动负债却无明显变化。

非流动负债是指偿还期限在一年或超过一年的一个营业周期以上的长期债务，包括长期借款、应付债券、长期应付款、专项应付款。这些债务无须在下一年或下一个营业经营周期等较短的时间内全额偿还，因此一般成为企业长期资金来源的一个重要组成部分。非流动负债一般金额大、偿还期长、企业使用成本高。由于非流动负债偿还时间较长，受货币时间价值的影响较大，非流动负债的价值一般应根据合同或契约规定的在未来必须支付的本金和所付利息之和按适当折现率折现后的折现值确定。

1. 流动负债分析

1）短期借款分析

短期借款反映企业借入尚未归还的一年期以内（含一年）的借款，包括短期流动资金借款、结算借款、票据贴现借款等。因短期借款期限较短，企业在借款时，应测算短期借款到期时的现金流量状况，确保届时企业有足够的现金偿还本息。

案例 2－24 YGE 公司 2011 年度财务报告披露，2011 年短期借款余额11 996 743 137.18 元，其中质押借款 5 738 334.05 元，占短期借款总额的 0.05%；保证借款 9 821 117 714.85 元，占短期借款总额的 81.86%；信用借款 1 969 887 088.28 元，占短期借款总额的 16.42%；贴现票据 200 000 000.00 元，占短期借款总额的 1.67%。

我国企业短期借款在流动负债总额中所占的份额较大，因此，在对短期借款进行分析时，应关注短期借款的数量是否与流动资产的相关项目相适应，有无不正常之处，还应关注借款的偿还时间，预测企业未来的现金流量，评判企业的短期借款偿还能力。

案例2-25　YGE公司2011年度财务报告（合计报表）披露，2011年短期借款余额11 996 743 137.18元，占流动资产的41.85%，且流动资产中的货币资金数额为4 355 722 568.12元，应收账款数额为682 189 607.84元，两者合计仅占短期借款数额的42%，企业的短期借款偿还能力较弱。

2）交易性金融负债

交易性金融负债反映企业承担的以公允价值计量的且其变动计入当期损益的为交易目的而持有的金融负债。

3）应付账款

应付账款反映企业因购买原材料、商品和接受劳务供应等而应付给供应单位的款项。应付账款是一种商业信用行为，与应付票据相比，需要以企业的商业信用作为保证。

分析应付账款时，要联系存货进行分析。在供货商赊销政策一定的条件下，企业应付账款的规模和企业采购规模有一定的对应关系，如企业产销平稳，应付账款的规模还应与营业收入保持一定的对应关系。通常企业应付账款的平均付款期会较为稳定，如果企业购销状况没有较大的变化，同时供货商没有放宽赊销的信用政策，而企业应付账款的规模不正常增加、平均付款期不正常延长，就表明企业的支付能力恶化。

案例2-26　YGE公司2009—2011年应付账款与存货、营业收入变动，如表2-22所示。

表2-22　YGE公司2009—2011年应付账款与存货、营业收入变动　单位：元

项目/年份	2009年	2010年	2011年
应付账款	666 811 807.56	467 421 795.80	1 030 124 801.63
存货	13 334 950 567.87	18 256 615 495.36	18 727 363 249.05
营业收入	10 780 542 357.33	12 278 622 223.27	14 513 590 505.84

从表2-22可以看出，YGE公司的应付账款、存货、营业收入除2010年外，增长趋势一致。

4）应付票据

反映企业因购买材料、商品和接受劳务等而开出、承兑的商业汇票，包括银行承兑汇票和商业承兑汇票。

我国票据法规定，商业汇票的偿付期限最长不得超过6个月，则此项负债在付款时间上具有法律约束力，是企业的一种到期必须偿付的“刚性”债务。企业的应付票据如果到期不能支付，不仅会影响企业的信誉，影响以后资金的筹集，而且还会招致银行的处罚。按照规定，如果商业承兑汇票到期，企业存款余额不足以支付票款，银行除退票外还要比照签发空头支票的规定，按票面金额的1%处罚金；如果银行承兑汇票到期，企业未能足额交存票款，银行将支付票款，再对企业执行扣款，并对尚未扣回的承兑金额每天按万分之五计收罚息。因此在进行财务报表分析时，应当认真分析企业的应付票据，了解应付票据的到期情

况，预测企业未来的现金流量，评价应付票据的偿还能力。

5）预收款项

预收款项是指企业按照合同规定向购货单位预收的款项。预收账款是一种特殊的债务，其在偿付时不是以现金偿付，而要以实物（存货）支付，所以，预收账款的偿还一般不会对现金流量产生影响。

预收账款是一种“良性”债务，对企业来说，预收账款越多越好。因为预收账款作为企业的一项短期资金来源，在企业发送商品或提供劳务前，可以无偿使用；同时，也预示着企业的产品销售情况很好，供不应求。

预收账款的另一个重要作用在于，由于预收账款一般是按收入的一定比例预交的，通过预收账款的变化可以预测企业未来营业收入的变动。

案例 2－27 YGE 公司 2011 年末预收账款余额 9 669 381 616. 74 元，比上年末的 7 717 797 986. 59 元增长 25. 28%，且年末余额中无预收持公司 5% 以上（含 5%）表决权股份的股东单位款项、无预收关联方款项。预示着该公司的产品销售情况良好。

6）应付职工薪酬

反映企业根据有关规定应付给职工的工资、职工福利、社会保险费、住房公积金、工会经费、职工教育经费、非货币性福利、辞退福利等各种薪酬。外商投资企业按规定从净利润中提取的职工奖励及福利基金，也在本项目中列示。应付职工薪酬包括职工在职期间和离职后提供给职工的全部货币性薪酬和非货币性福利。

分析应付职工薪酬时，应注意企业是否通过该项目调节利润，即要清楚应付职工薪酬是否为企业真正的负债。要警惕企业利用不合理的预提方式提前确认费用和负债，从而达到隐瞒利润、少缴税款的目的。当然，如果企业应付职工薪酬余额过大，尤其是期末数比期初数增加过大，则可能意味着企业存在拖欠职工工资的行为，而这有可能是企业资金紧张、经营陷入困境的表现。

7）应交税费

应交税费反映企业按照税法规定计算应缴纳的各种税费，包括增值税、消费税、营业税、所得税、资源税、土地增值税、城市建设维护税、房产税、土地使用税、车船使用税、教育费附加、矿产资源补偿费等。其中，企业代扣代交的个人所得税，也通过应交税费项目列示。会计实务中，一些税金不需要预计应交数的，如印花税、耕地占用税等，计入管理费用，不在本项目列示。

应交税费涉及的税种和收费项目较多，分析时，应当首先了解欠税的内容，有针对性地分析企业欠税的原因，如该项目为负数，则表明企业多交的应当退回给企业或由以后年度抵交的税金。

案例 2－28 YGE 公司 2011 年度财务报告中，YGE 公司按税项披露应交税费数额，2011 年末应交税费 1 132 950 373. 62 元，2009 年末应交税费 74 105 393. 77 元，具体如表 2－23所示。

表2－23　YGE公司2010—2011年应交税费　　单位：元

税　　项	2011年末	2010年末
增值税	33 632 061.01	18 767 189.33
营业税	－189 937 585.91	－272 274 530.85
城市维护建设税	－11 115 843.75	－17 966 171.95
企业所得税	861 606 585.72	409 787 768.47
个人所得税	1 019 694.37	993 768.42
房产税	413 513.00	14 305.76
土地增值税	449 016 254.24	－55 981 991.31
土地使用税	1 756 545.25	3 044 617.72
印花税	1 270 174.94	2 092 451.67
教育费附加	－17 426 939.72	－14 485 384.61
水利建设基金	2 565 162.69	24 564.21
残疾人保障金	28 940.00	55 798.00
人民教育基金	121 811.78	33 008.91
合　计	1 132 950 373.62	74 105 393.77

8）应付利息

反映企业按照规定应当支付的利息，包括分期付息到期还本的借款应支付的利息、企业发行的企业债券应支付的利息等。

案例2－29　YGE公司2011年度财务报告中，披露的应付利息年末余额10 731 617.27元，年初余额16 514 674.82元，具体如表2－24所示。

表2－24　YGE公司2010—2011年应付利息　　单位：元

项　　目	2011年末余额	2010年末余额
分期付息到期还本的长期借款利息	9 385 553.48	5 116 615.75
短期借款应付利息	741 063.79	10 742 058.35
一年内到期的非流动负债利息	605 000.00	656 000.72
合　计	10 731 617.27	16 514 674.82

9）应付股利

应付股利反映企业根据股东大会或类似机构审议批准的利润分配方案确定分配给投资者的现金股利或利润。

值得注意的是，股份有限公司可采用的股利分配方式有现金股利和股票股利。而股票股利实质上是股东权益结构调整的重大财务决策，不涉及现实负债问题，所以资产负债表上所反映的应付股利（利润）指的是企业应付未付的现金股利。

10）其他应付款

其他应付款反映企业除应付票据、应付账款、预收款项、应付职工薪酬、应付股利、应付利息、应交税费等经营活动之外的各项应付和暂收款项。如应付包装物租金、存入保证金等。

其他应付款既为“其他”，则在资产负债中该项目的数额与负债总额相比不应过大，且时间也不易过长；否则，其他应付款项目中就有可能隐含企业之间的非法资金拆借、转移营业收入等违规挂账行为。

案例 2-30 YGE 公司 2011 年度财务报告中可知，公司本年度其他应付款 1 115 882 572.60 元，占负债总额的 3.38%。可见，其他应付款与负债总额相比所占比重较小。

11）一年内到期的非流动负债项目

一年内到期的非流动负债，反映企业非流动负债中将于资产负债表日后一年内到期部分的金额，如将于一年内偿还的长期借款。

案例 2-31 YGE 公司 2011 年度财务报告中，披露了一年内到期的非流动负债，如表 2-25 所示。

表 2-25 YGE 公司一年内到期的非流动负债

单位：元

项目	年末余额	年初余额
抵押借款	660 000 000.00	
保证借款	1 164 472 400.00	448 586 012.00
信用借款	119 208 600.00	
合计	1 943 681 000.00	448 586 012.00

12）其他流动负债

反映企业除短期借款、交易性金融负债、应付票据、应付账款、应付职工薪酬、应交税费等流动负债以外的其他流动负债，如短期融资券。

2. 非流动负债

1）长期借款

长期借款是指企业向银行或者其他金融机构借入的、偿还期限在一年以上的款项。这些款项一般多用于满足企业购建或改建、扩建固定资产的需求，以及企业日常运营中对流动资产的正常需要等。在对企业长期借款进行分析时，应对长期借款的数额、增减变动及对企业财务状况的影响给予足够重视。

分析企业长期借款的质量状况时，应注意长期借款是否与企业固定资产、无形资产规模相适应，是否与企业当期收益相适应。此外，还应分析长期借款的合规性与合理性。

案例 2-32 YGE 公司 2009—2011 年长期借款与资产规模、收益变动，如表 2-26 所示。

表2-26 YGE公司2009—2011年长期借款与资产规模、收益变动

单位：元

项目/年份	2009年	2010年	2011年
长期借款	2 335 006 252.05	3 389 198 985.07	4 129 045 196.67
资产规模	32 227 474 936.32	41 934 001 116.14	48 262 700 064.47
营业利润	2 193 260 581.00	4 139 721 678.81	3 400 575 837.18

从表2-26可以看出，YGE公司长期借款数额与资产规模变化相适应。长期借款与利润变动基本一致，但2011年较为异常。

2）应付债券

应付债券是指企业在符合债券发行条件的前提下，按照一定的筹资策略所发行的、偿还期限在一年以上的各种债券，如普通债券及可转换公司债券等。

相对于长期借款而言，发行长期债券要经过一定的法定手续，但对款项的使用没有过多的限制。能够发行企业债券的单位只能是经济效益好的上市公司或特大型企业，往往经过金融机构严格的信用等级评估。所以，持有一定数额的应付债券，尤其是可转换公司债券，表明企业的商业信用较高。另外，某些可转换债券可在一定的时期后转换为股票而不需要偿还，反而减轻了企业的偿债能力。但也应该注意，应付债券的规模应当同无形资产、固定资产的规模相适应。另外，应付债券是企业面向社会募集的资金，债权人分散，如果企业使用资金不利或转移用途，将会波及企业债券的市价和企业的声誉。所以，在进行财务报表分析时，应对应付债券的数额、增减变动及其对企业财务状况的影响给以足够的关注。

3）长期应付款

除了长期借款和长期应付债券之外，企业对于其他的长期负债，通常是通过“长期应付款”项目进行反映的。一般情况下，长期应付款主要包括应付补偿贸易引进设备款、应付融资租赁款以及以分期付款方式购入固定资产发生的长期应付款项。

4）专项应付款

专项应付款是指企业取得政府（或其他渠道）拨入的、尚未完工核销的、具有专门或特定用途的款项，如专项用于技术改造、技术研究与开发的款项。企业在收到该款项时应将其作为负债，企业将该款项用于特定的工程项目，待工程项目完工形成长期资产时，专项应付款应转入资本公积。可见，专项应付款不仅一般无须偿还，还会在将来增加所有者权益，因此，专项应付款也可以看做是一项良性的债务，其数额越大，意味着未来的净资产会有较大增加。

案例2-33 YGE公司2011年度财务报告中，披露的2011年末专项应付款余额114 542 111.17元，比上年末大幅增长74.5倍，主要是拆迁补偿款本年增加所致。具体如表2-27所示。

表2-27 专项应付款

单位：元

项　目	年初余额	本年增加	本年减少	年末余额
863课题	13 936.17			13 936.17
技术中心创新能力建设项目	1 191 844.00		204 900.00	986 944.00
鄞州区人事局培训基地专项经费	150 000.00	150 000.00	114 500.00	185 500.00
拆迁补偿款		113 355 731.00		113 355 731.00
合　计	1 355 780.17	113 505 731.00	319 400.00	114 542 111.17

5）预计负债

预计负债反映企业确认的对外提供担保、未决诉讼、产品质量保证、重组义务、亏损性合同等预计负债。预计负债是因或有事项而确认的负债。或有事项是指过去交易或事项形成的，其结果须由某些不确定事项的发生或者不发生才能决定的不确定事项。如对外提供担保、未决诉讼、产品质量保证等。与或有事项相关的一些义务在满足一些条件时，应当确认为预计负债，并在资产负债表中列示；否则，则属于或有负债，或有负债只能在表外披露，不在表内确认。

6）递延所得税负债

递延所得税负债反映企业确认的应纳税暂时性差异产生的所得税负债。递延所得税负债产生的原因与递延所得税资产相同，都是采用资产负债表债务法核算所得税时产生的。应纳税暂时性差异在转回期间将增加未来期间的应纳税所得额和应交所得税，导致企业经济利益的流出，从其发生当期看，构成企业应支付税金的义务，应作为递延所得税负债确认。

除《企业会计准则》中明确规定可以不确认递延所得税负债的情况以外，企业对于所有应纳税暂时性差异均应确认相关的递延所得税负债。除直接计入所有者权益的交易或事项及企业合并外，在确认递延所得税负债时，应增加利润表中的所得税费用。

7）其他非流动负债项目

其他非流动负债项目反映企业除长期借款、应付债券等负债以外的其他非流动负债，如商标使用费等。

三、所有者项目解读与分析

所有者权益，是指企业所有者在企业资产中享有的经济利益。从资金价值的角度而言，相当于企业全部资产偿还债务之后的余值。其一般包括投入资本、资本公积、库存股和留存收益几部分。

1. 投入资本（股本）

投入资本（股本）是指企业所有者实际投入企业的资本，包括实收资本和资本公积。实收资本是指企业收到的、由投资者投入的、构成企业注册资本金的那部分投入资本，一般包括国家资本金、法人资本金和个人资本金等。对企业的实收资本分析要分析企业实收资本与注册资本的一致性；如果不一致，要分析是否存在注册资本不到位的现象。

2. 资本公积

资本公积是指企业所有者权益中不构成实收资本，也非来源于企业利润的那部分资本，它可能是来源于投资者投入资本中超过注册资本的那部分资本，也可能来源于其他单位或个人投入企业但不构成企业实收资本的那些资产的转化形式。资本公积通常包括资本溢价（股本溢价）和直接计入所有者权益的利得和损失（如拨款转入、可供出售金融资产的公允价值）。资本公积分析要关注资本公积的合理性。注意企业是否存在通过资本公积项目来改善财务状况的情况，因为有的企业在不具备法定资产评估的情况下，通过虚假的资产评估来虚增企业的所有者权益——资本公积，虚增固定资产、在建工程、存货、无形资产等资产项目，以此降低企业的资产负债率，欺骗债权人。

3. 库存股

反映企业持有的尚未转让或注销的本公司股票金额。

4. 留存收益

留存收益是指企业从净利润中提留下来的尚未以股利等形式分配给股东的那部分所有者权益，包括盈余公积和未分配利润两部分。对留存收益分析要了解留存收益总量变动及其原因和趋势，分析留存收益的构成及变化。留存收益的增加有利于增强企业的实力、保证财务资本的保全、降低财务风险、缓解财务压力。留存收益的变化取决于企业的盈亏状况和利润分配政策。

根据我国《公司法》规定，企业当年实现净利润后，应该按照一定顺序进行分配。以股份公司为例，通常的分配顺序为：

（1）弥补以前年度尚未弥补的亏损，但不得超过税法规定的弥补期限；

（2）缴纳所得税；

（3）提取法定公积金；

（4）提取任意公积金；

（5）向股东分配利润。

企业按规定从利润中提取的法定公积金和任意公积金，即构成了资产负债表中的盈余公积金金额，法定公积金按税后利润的10%提取，当公司的法定公积金累计额为公司注册资本的50%以上时可以不再提取。公司的法定公积金不足以弥补以前年度亏损的，在按照规定提取法定公积金之前，应当先用当年利润补亏。公司的公积金按规定可以用于弥补亏损、转增资本或扩大企业的生产经营。对于以任意公积金转增资本时，法律没有限制，但是用法定公积金转增资本时，《公司法》规定：法定公积金转为资本时，所留存的该项公积金不得少于转增前公司注册资本的25%。

所有者权益的分析还要注意以下几点。

（1）所有者权益是企业长期偿债能力的安全保证。

在资产的要求权需要偿还时，负债具有优先偿还权，因而所有者权益对于企业的偿债能力及风险承担具有重大的稳定作用，是反映其经济实力的基础，是确保企业存在、稳定和发展的基石。对于债权人来说，所有者权益在资本结构中所占的比重越高，其偿债越有保证，对债权人也越有利。总之，企业所有者权益增加，说明企业可动用资金增多，经济实力增强。企业通过内部发展筹集的资金越多，企业的经营管理水平和经济效益就越高；反之，企业通过外部筹集的资金越多，企业的经营风险就越大。

案例 2－34 YGE 公司 2009—2011 年资本结构分析，如表 2－28 所示。

表 2－28 YGE 公司 2009—2011 年资本结构分析

单位：元

项目	2009 年		2010 年		2011 年	
	金额	比重/%	金额	比重/%	金额	比重/%
负债总额	21 873 073 265.76	67.87	26 360 785 219.92	62.86	33 055 848 554.15	68.49
所有者权益	10 354 401 670.56	32.13	15 573 215 896.22	37.14	15 206 851 510.32	31.51
资产总额	32 227 474 936.32	100	41 934 001 116.14	100	48 262 700 064.47	100

从表 2－28 可以看出，YGE 公司的负债在资本结构中所占的比例呈上升趋势，而所有者权益在资本结构中所占的比例呈下降趋势，这对企业长期健康发展不利，应引起足够的重视。

（2）分析所有者权益内部的股东持股构成情况与企业未来发展的适应性。

在企业的股东构成中，控股股东有权决定一个企业的财务和经营政策；重大影响性股东对一个企业的财务和经营政策有参与决策的权利。因此，控股股东、重大影响性股东将决定一个企业的发展方向。在对企业的所有者权益进行分析时，必须关注企业的控股股东、重大影响性股东的背景情况、是否具有战略眼光、有没有能力将企业引向光明未来。

专业知识和技能训练

一、单项选择题

1. 资产负债表是反映企业在某一特定日期（　　）的财务报表。

A. 财务状况　B. 经营成果　C. 现金流量　D. 所有者权益变化

2. 资产负债表内各项目是按照（　　）排列的。

A. 变现速度　B. 流动性　C 盈利能力　D. 偿债能力

3. 变现能力最强的资产项目是（　　）。

A. 应收票据　B. 应收账款　C. 货币资金　D. 交易性金融资产

4. 我国的企业法人登记管理条例规定，除国家另有规定外，企业的（　　）应当与注册资本一致。

A. 未分配利润　B. 盈余公积　C. 资本公积　D. 实收资本

5. 对（　　）而言，资本结构分析的主要目的是优化资本结构和降低资本成本。

A. 经营者　B. 投资者　C. 债权人　D. 企业职工

二、多项选择题

1. 资产负债表的作用表现在（　　）。

A. 揭示资产总额及其分布　B. 揭示负债总额及其结构

C. 了解偿还能力　D. 反映现金支付能力

E. 预测财务状况发展趋势

2. 一份完整的资产负债表通常由（　　）组成。

A. 表首　B. 正表　C. 补充资料　D. 财务比率

E. 分析报告

3. 反映企业债权结算的资产类项目主要有（　　）。

A. 应收票据　B. 应收账款　C. 应收股利

D. 应收利息　E. 其他应收款

4. 资本公积有其特定的来源，主要包括（　　）。

A. 盈余公积转入　B. 资本溢价

C. 接受捐赠　D. 汇率变动差额

E. 从税后利润中提取

5. 对资产负债表进行综合分析的具体内容包括（　　）。

A. 总量变动及其发展趋势分析　B. 资产结构及其合理性分析

C. 资本结构及其稳健性分析　D. 偿债能力及其安全性分析

E. 营运能力及其效率性分析

三、判断题

1. 资产负债表能反映企业生产的消耗水平及经营成果。（　　）

2. 因为货币资金的流动性最强，所以对企业经营来说是越多越好。（　　）

3. 资本结构是指各种资本的构成及其比例关系，其实质是债务资本在资本结构中安排多大的比例。（　　）

4. 预计负债是因或有事项而确定的负债。（　　）

5. 盈余公积的数量越多，反映企业资本的积累能力、补亏能力、股利分配能力以及应对风险能力越强。（　　）

四、技能题

某企业资产负债表见表2－29。要求：（1）编制比较会计报表；（2）对企业财务状况做出分析评价。

表2－29　资产负债表

2011年12月31日　　单位：元

资　产	2011年	2010年	负债及所有者权益	2011年	2010年
流动资产			流动负债		
货币资金	1 510 000	1 450 000	短期借款	805 000	1 810 000
交易性金融资产	250 000	330 000	应付票据	230 000	160 000

续表

资　产	2011 年	2010 年	负债及所有者权益	2011 年	2010 年
应收票据	80 000	90 000	应当账款	1 280 000	950 000
应收账款	995 000	796 000	预收账款	140 000	124 000
预付账款	188 000	168 000	应付职工薪酬	180 000	210 000
其他应收款	46 000	30 000	应交税费	200 000	180 000
存货	2 900 000	2 400 000	应付股利	100 000	60 000
一年内到期的非流动资产	75 600	70 000	其他应付款	98 000	93 000
其他流动资产			一年内到期的非流动负债		
流动资产合计	6 044 600	5 334 000	其他流动负债		
非流动资产			流动负债合计	3 033 000	3 587 000
长期股权投资	1 000 000	2 000 000	非流动负债		
固定资产	10 450 000	9 500 000	长期借款	1 880 000	1 500 000
固定资产清理			应付债券	1 300 000	1 200 000
在建工程			长期应付款		
无形资产			专项应付款		
长期待摊费用	450 000	300 000	非流动负债合计	3 180 000	2 700 000
递延所得税资产	80 000	100 000	负债合计	6 213 000	6 287 000
其他非流动资产			所有者权益		
非流动资产合计			实收资本	9 400 000	8 600 000
	11 980 000	11 900 000	资本公积	800 000	800 000
			盈余公积	1 600 000	1 500 000
			未分配利润	11 600	47 000
			所有者权益合计	11 811 600	10 947 000
资产总计	18 024 600	17 234 000	负债及所有者权益总计	18 024 600	17 234 000

项 目 3

利润表解读与分析

本项目介绍了利润表及利润表项目的基本知识及解读分析方法。利润表又称为收益表或损益表，是反映企业在一定会计期间的（如一年、半年或一个月）经营成果的会计报表，它是反映企业财务成果的动态报表。利润是企业经营业绩的综合体现，也是进行利润分配的主要依据。利润表的编制依据是收入、费用与利润三者之间的相互关系，利润表的编制格式有单步式利润表和多步式利润表两种，我国企业的利润表采用多步式。

利润表分析包括利润表水平分析和利润表结构分析。利润表项目分析以营业收入为起点，对构成利润表的各项目进行分析，通过营业利润项目分析、利润总额项目分析、净利润项目分析，可以了解不同业务的获利水平，明确它们各自对企业总获利水平的影响方向和影响程度，最终揭示出收益的来源和构成。

任务 1　认知利润表

教学目标

1. 认识利润表的概念；
2. 理解利润表的作用；
3. 熟悉利润表的格式及结构；
4. 掌握利润表的填列方法。

一、利润表的概念

利润表又称为收益表或损益表，是反映企业在一定会计期间的（如一年、半年或一个月）经营成果的会计报表，它是反映企业财务成果的动态报表。通过利润表，可以反映企业在一定会计期间收入、费用、利润（或亏损）的数额、构成情况，帮助财务报表使用者全面了解企业的经营成果，当企业盈利时，不仅表现为企业收入的增加和利润的增加，还表现为企业的资产也增多了；反之，则表现为企业的收入和利润的减少，其相应的资产也减少了。分析企业的获利能力及盈利增长趋势，从而为其作出经济决策提供依据。

利润表揭示了企业经营业绩的主要来源与构成，如图 3－1 所示。

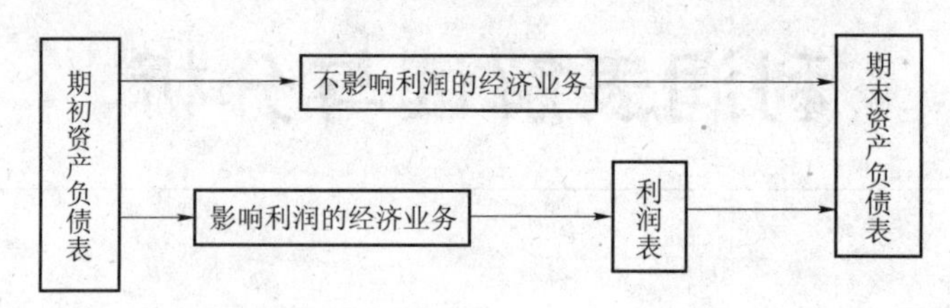

图 3－1　企业利润的实现过程

二、利润表的作用

利润是企业经营业绩的综合体现，又是进行利润分配的主要依据，因此，利润表是会计报表中的主要报表。

利润表的作用主要体现在以下几个方面。

（1）利润表提供的信息，可用于反映与评价企业的经营成果与获利能力，与企业未来的盈利趋势。

通过企业的营业收入、费用、利润等绝对量指标，或投资收益率、销售利润率等相对指标可以评价企业过去的营业成果。通过比较企业在不同时期，或同一行业中不同企业的有关指标，可以了解企业的获利能力大小，预测企业的未来经营趋势。

（2）利润表综合反映企业生产经营活动的各个方面，有利于企业管理当局改善经营管理。

利润表是由企业营业利润、投资净收益、营业外收支净额等项目构成的，它们反映企业生产经营活动的各个方面，通过利润表有关收入、成本费用项目的分析，可以发现企业管理中存在的问题，及时作出相应的决策，改善企业的经营管理。

（3）利润表是企业决策机构确定可供分配的利润或发放的股利和税务机关课征所得税的重要依据。

企业本期实现的净利润是企业分配利润或发放股利的重要来源。企业利润表中的净利润或亏损数也是企业调整计算应纳税所得额的重要依据。

由于利润表是企业经营业绩的综合体现，又是进行利润分配的主要依据，因此，利润表是会计报表中的主要报表。

三、利润表的结构及格式

利润表的结构，是指会计要素收入、费用和利润及其所包括的项目之间的内在关系。利润表依据权责发生制和配比原则的要求，以“收入－费用＝利润”的会计等式为基础，以一定的格式在利润表中排序。

不同国家和地区对有关利润的信息需求有所不同，所以对上述利润等式的分解运用也有所不同，一般存在着两种利润表的编制格式——单步式利润表和多步式利润表。按照我国企业会计制度的规定，我国企业的利润表采用多步式。

(1) 单步式利润表简单套用“收入－费用＝利润”这一数量关系，先分别计算所有的收入类综合与费用类总和，再将其简单相减得出当期利润总额，而不考虑收入与费用之间的因果配比关系。这种利润表形式简单，编制容易，也很直观，但不利于对利润构成进行分析，也不利于对不同时期经营成果的比较分析。

(2) 多步式利润表是将“收入－费用＝利润”这一基本公式，按照收入与费用之间的因果关系进行配比，先分步计算日常经营活动和非日常经营活动的盈亏得失，再汇总计算利润总额和净利润。多步式利润表有助于使用者分析了解企业经营所得与所耗，了解企业的经营效果。

根据《财务报表列报准则》的规定，企业对于费用的列报应当采用“功能法”，即按照费用在企业所发挥的功能进行分类列报，通常分为从事经营业务发生的成本、管理费用、销售费用和财务费用等。从企业而言，其活动通常可以划分为生产、销售、管理、融资等，每一种活动上发生的费用所发挥的功能并不相同，因此，按照费用功能法将其分开列报，有助于使用者了解费用发生的活动领域。例如，企业为销售产品发生了多少费用、为一般行政管理发生了多少费用、为筹措资金发生了多少费用等。这种方法通常能向报表使用者提供具有结构性的信息，能更清楚地揭示企业经营业绩的主要来源和构成，提供的信息更为相关。

企业还可以在附注中披露费用按照性质分类的相关信息，为企业预测未来现金流量提供补充。费用按照性质分类是指将费用按其性质分为耗用的原材料、职工薪酬费用、折旧费、摊销费等。

多步式利润表编制格式分以下三个步骤编制。

第一步，以营业收入为基础，减去营业成本、营业税金及附加、销售费用、管理费用、财务费用、资产减值损失，加上公允价值变动收益（减去公允价值变动损失）和投资收益（减去投资损失），计算出营业利润。

第二步，以营业利润为基础，加上营业外收入，减去营业外支出，计算出利润总额。

第三步，以利润总额为基础，减去所得税费用，计算出净利润（或净亏损）。

我国企业利润表格式如表3－1所示。

表3－1 利润表

企业01表

编制单位： 年 月 单位：元

项　目	本月数	本年累计数
一、营业收入		
减：营业成本		
营业税金及附加		

续表

项　　目	本月数	本年累计数
销售费用		
管理费用		
财务费用		
资产减值损失		
加：公允价值变动收益（损失以“－”号填列）		
投资收益（损失以“－”号填列）		
其中：对联营企业和合营企业的投资收益		
二、营业利润（亏损以“－”号填列）		
加：营业外收入		
减：营业外支出		
其中：非流动资产处置损失		
三、利润总额（亏损总额以“－”号填列）		
减：所得税费用		
四、净利润（净亏损以“－”号填列）		
五、每股收益：		
（一）基本每股收益		
（二）稀释每股收益		

四、利润表的填列方法

利润表的填制要求按照我国企业利润表的格式要求，表中一般设有“本月数”和“本年累计数”两栏，具体填列方法如下。

1）“本月数”的填列方法

利润表中的“本月数”栏反映各项目的本月实际发生数；在编报年度财务会计报告时，填列上年全年累计实际发生数；并将“本月数”栏改成“上年数”栏。如果上年度利润表的项目名称和内容与本年度利润表不相一致，应对上年度利润表项目的名称和数字按本年度的规定进行调整，填入报表的“上年数”栏。

2）“本年累计数”的填列方法

利润表中“本年累计数”栏，反映各项目自年初起至报告期末的累计实际发生额，可根据上月报表的“本年累计数”加上本月报表的“本月数”填列各项目。

3）利润表编制示列

案例3－1　YGR股份有限公司2011年度有关损益类科目本年累计发生净额见表3－2。

表3-2　损益类科目2011年度累计发生净额　　单位：元

科目名称	借方发生额	贷方发生额
主营业务收入		60 000
主营业务成本		
营业税金及附加	3 480	
销售费用		
管理费用	99 185 450. 65	
财务费用	178 606 398. 41	
资产减值损失	-39 997. 02	
公允价值变动收益		35 255 792. 31
投资收益		2 736 799 118. 83
营业外收入		4 326 538. 8
营业外支出	550 879. 13	
所得税费用	111 210 639. 92	

其中投资收益中对联营企业和合营企业的投资收益为9 507 272. 35元，营业外支出中非流动资产处置损失为40 329. 13元。

根据上述资料，编制YGR股份有限公司2011年度利润表，见表3-3。

表3-3　利润表　　企业02表

编制单位：YGR股份有限公司　　2011年　　单位：元

项　目	本期金额	上期金额（略）
一、营业收入	60 000	
减：营业成本		
营业税金及附加	3 480	
销售费用		
管理费用	99 185 450. 65	
财务费用	178 606 398. 41	
资产减值损失	-39 997. 02	
加：公允价值变动收益（损失以“-”号填列）	35 255 792. 31	
投资收益（损失以“-”号填列）	2 736 799 118. 83	
其中：对联营企业和合营企业的投资收益	9 507 272. 35	
二、营业利润（亏损以“-”号填列）	2 494 359 579. 10	
加：营业外收入	4 326 538. 80	
减：营业外支出	550 879. 13	
其中：非流动资产处置损失	40 329. 13	
三、利润总额（亏损总额以“-”号填列）	2 498 135 238. 77	
减：所得税费用	111 210 639. 92	
四、净利润（净亏损以“-”号填列）	2 386 924 598. 85	
五、每股收益：	（略）	
（一）基本每股收益		
（二）稀释每股收益		

任务2 利润表解读与分析

教学目标

1. 掌握利润表水平分析原理和方法；
2. 掌握利润表结构分析原理和方法。

一、利润表水平分析

利润表水平分析是指通过将企业报告期的利润与前期对比，揭示存在的问题和差异，为全面深入分析企业的利润情况奠定基础。

变动额度多少为异常应视企业收入基础确定，一般而言，变动额度如果超过20%则应视为异常，当然还必须结合项目的性质。

通过编制利润水平分析表可以实现对利润表的水平分析，可采用增减变动额和增减变动率两种方式。

利润表水平分析应抓住几个关键利润指标的变动情况。

1. 营业利润水平分析

营业利润是指企业从事生产经营活动所产生的利润，即营业收入减去营业成本、营业税金及附加、期间费用、资产减值损失、公允价值变动损失（或损益），再加上投资收益后的金额。它既包括企业的主营业务利润和其他业务利润，又包括企业公允价值变动净收益和对外投资的净收益，它反映了企业自身生产经营业务的财务成果。营业利润的计算公式为：

营业利润 = 营业收入 - 营业成本 - 营业税金及附加 - 营业费用 - 管理费用 - 财务费用 - 资产减值损失 + 公允价值变动收益（或减变动损失） + 投资收益（或减投资损失）

其中营业收入包括“主营业务收入”和“其他业务收入”。

2. 利润总额水平分析

利润总额是指税前利润，也就是企业在所得税前一定时期内经营活动的总成果，是反映企业全部财务成果的指标，它不仅反映企业的营业利润，而且反映企业的营业外收支情况。利润总额的计算公式为：

利润总额 = 营业利润 + 营业外收入 - 营业外支出

3. 净利润或税后利润水平分析

净利润是指在利润总额中按规定交纳了所得税后公司的利润留成，一般也称为税后利润，是企业所有者最终取得的财务成果，或可供企业所有者分配或者使用的财务成果。净利润的计算公式为：

净利润 = 利润总额 ×（1 - 所得税率）= 利润总额 - 所得税费用

案例3-2 A企业2010、2011年利润表资料如下。管理层认为，2011年营业收入上升利润总额下降不是正常情况，管理费大幅增加也不正常。

表3-4 A企业2010、2011年利润表资料

项　　目	2011年	2010年
一、营业收入	48 258	41 247
减：营业成本	32 187	26 801
营业税金及附加	267	164
销售费用	1 588	1 380
管理费用	4 279	2 867
财务费用	1 855	1 615
资产减值损失		
加：投资收益	1 250	990
二、营业利润	9 332	9 411
加：营业外收入	315	618
减：营业外支出	33	79
三、利润总额	9 614	10 015
减：所得税费用	3 172	3 305
四、净利润	6 442	6 710

要求：

（1）编制A企业利润水平分析表（计算结果保留2位小数）。

（2）对A企业利润水平分析表进行分析，给予管理层合理的解释。

分析步骤：

（1）编制A企业利润水平分析表，见表3-5。

表3-5 A企业利润水平分析表

项　　目	2011年	2010年	增加（减少）	
			增减额	增减%
一、营业收入	48 258	41 247	7 010	16.99
减：营业成本	32 187	26 801	5 386	20.10
营业税金及附加	267	164	103	62.8
销售费用	1 588	1 380	208	15.07
管理费用	4 279	2 867	1 412	49.25
财务费用	1 855	1 615	240	14.86
资产减值损失				
加：投资收益	1 250	990	260	26.26
二、营业利润	9 332	9 411	-79	-0.84
加：营业外收入	315	618	-368	-53.88
减：营业外支出	33	79	-46	-58.23
三、利润总额	9 614	10 015	-401	-4.00
减：所得税费用	3 172	3 305	-133	-4.02
四、净利润	6 442	6 710	-268	-3.99

（2）利润表水平分析。

① 核心指标变动结果：营业利润减少 79 万元，降低 0.84%；利润总额减少 401 万元，降低 4%；净利润减少 268 万元，降低率为 3.99%。

② 核心指标变动原因：营业利润减少，主因是各项成本费用大幅度增加所致，其共同减利 7 349 万元，虽营业收入比上年增加 7 010 万元，增长率为 16.99%，但低于营业成本增长率 20.10%；利润总额减少，主因是营业外收入减少引起，其减少 368 万元，降低率 53.88%；同时营业利润减少也是导致利润减少的不利因素，其减少 79 万元，降低率为 0.84%；净利润减少，主因是利润总额减少 401 万元所致。

③ 结论：尽管 2011 年营业收入上升 16.99%，但远低于成本费用上升幅度，所以导致利润总额下降。管理费用大幅上升 49.25% 有待针对明细项目的分析。

案例 3－3 华日公司 2011 年度有关利润的资料如表 3－6 所示。

表 3－6 华日公司 2011 年度简化利润表

单位：元

项　目	计　划	实　际
产品销售利润	962 112	1 070 740
其他销售利润	38 000	32 000
投资净收益	70 000	75 000
营业外净收支	－33 944	－28 514
利润总额	1 036 168	149 226

要求：根据上述资料，运用水平分析法对该公司 2011 年度利润的完成情况进行分析。

通过分析，该企业 2011 年度利润的完成情况，如表 3－7 所示。

表 3－7 华日公司 2011 年度利润水平分析表

单位：元

项　目	实　际	计　划	增减额	增减率（%）
产品销售利润	1 070 740	962 112	+108 628	+11.3
其他销售利润	32 000	38 000	－6 000	－15.8
投资净收益	75 000	70 000	+5 000	+7.1
营业外净收支	－28 514	－33 944	+5 430	+16.0
利润总额	149 226	1 036 168	+113 058	+10.9

通过表 3－7 计算可以看出，该公司 2011 年度利润任务完成情况较好，利润总额实际比计划超额完成 113 058 元，即增长 10.9%，主要原因在于产品销售利润增加了 108 628 元，超额 11.3%，投资净收益增加了 5 000 元，增长了 7.1%，营业外支出减少了 5 430 元，降低了 16%，此三项共使利润增加了 119 058 元，但由于其他销售利润减少了 6 000 元，所以 2011 年度利润总额只增加 113 058 元。

二、利润表结构分析

利润表结构分析是通过计算利润表中各项目占营业收入的比重或结构，反映利润表中的项目与营业收入关系情况及其变动情况，分析说明财务成果的结构及其增减变动的合理程度。通过各项目的比重，分析各项目在企业营业收入中的重要性。一般来说，项目比重越大，说明其重要程度越高，对总体的影响越大。将分析期各项目的比重与前期同项目的比重对比，研究各项目的比重变动情况，以及取得的业绩和存在的问题。

在利润表结构分析中，首先要看收入结构情况，如果营业收入中主营业务收入占比较大，说明企业的盈利主要来自主营业务，有利于企业的持续发展。而如果企业的营业收入中其他业务收入或者营业外收入的比重较大，那么说明企业的收入是不稳定的，不利于企业利润的积累和长远发展。利润结构中，如果一个企业的利润主要来自营业利润，说明企业的盈利状况是比较稳定和可持续的；而如果利润是来自投资净收益、营业外收入等项目，那么企业的利润可能会因为这些收益的消失而发生巨大变化。此外，对利润组成中的其他项目尽享粉饰也经常成为企业调解利润的手段。

案例3－4　欣欣公司2011年度利润表如表3－8所示。

表3－8　2011年度利润表

编制单位：欣欣公司　　　　单位：元

项　　目	2011年度	2010年度
产品销售收入	1 938 270	2 205 333
减：产品销售成本	1 083 493	1 451 109
产品销售税金及附加	79 469	92 624
产品销售利润	775 308	661 600
加：其他销售利润	5 488	4 320
减：管理费用	188 980	170 500
财务费用	69 500	58 000
营业利润	522 316	437 420
加：投资净收益	42 500	30 000
营业外收入	60 000	80 000
减：营业外支出	29 000	22 000
利润总额	595 816	525 420
减：所得税	196 619	173 389
净利润	399 197	352 031

要求：根据上述资料，运用垂直分析法对公司的利润结构进行分析。

分析步骤：

1. 编制欣欣公司利润垂直分析表（见表3－9）

表3－9　欣欣公司利润垂直分析表

单位：%

项　　目	2011年度	2010年度
产品销售收入	100.00	100.00
减：产品销售成本	55.90	65.80
产品销售税金及附加	4.10	4.20
产品销售利润	40.00	30.00
加：其他销售利润	0.28	0.20
减：管理费用	9.75	7.74
财务费用	3.59	2.63
营业利润	26.94	19.83
加：投资净收益	2.19	1.36
营业外收入	3.11	3.63
减：营业外支出	1.50	1.00
利润总额	30.74	23.82
减：所得税	10.14	7.86
净利润	20.60	15.96

2. 对欣欣公司利润表结构分析

从表3－9中可以看出该公司2011年度各项利润指标的构成情况，产品销售利润占销售收入的40%，比上年的30%上升了10%；营业利润的构成为26.94%，比上年度的19.83%上升了7.11%；利润总额的构成为30.74%，比上年度上升了6.92%；净利润构成为20.6%，比上年上升了4.64%。从公司的利润构成情况看，2011年度的盈利能力比上年度有所提高。具体分析如下：2011年度该公司的营业利润构成比上年有较大幅度的上升，这主要是由于产品销售利润构成上升导致的，而引起产品销售利润构成上升的原因，则是产品销售成本构成的下降，也就是说，成本的下降是营业利润构成提高的根本原因。但由于2011年度的管理费用和财务费用构成比上年度都有所提高，所以营业利润构成上升的幅度小于产品销售利润的上升幅度。从表3－9中还可以看出，2011年度公司对外投资略有改进，但营业外支出有增长趋势，值得注意。净利润构成上升幅度小于利润总额构成的上升幅度，这主要是交纳所得税的比重上升所致。

任务3　利润表项目解读与分析

教学目标

1. 掌握营业利润项目解读与分析；

2. 掌握利润总额项目解读与分析；
3. 掌握净利润项目解读与分析；
4. 理解每股收益的计算及其列报。

利润表项目分析以营业收入为起点，对构成利润表的各项目进行分析，通过分析收益的业务结构，可以了解不同业务的获利水平，明确它们各自对企业总获利水平的影响方向和影响程度，最终揭示出收益的来源和构成。

一、营业利润项目解读与分析

营业利润代表了企业的总体营业管理水平和政策，很大程度上决定着企业净利润的数量和收益的持久性。营业利润包括主营业务利润、其他业务利润、投资收益等方面的利润。一般来讲，主营业务利润应是利润形成的主要渠道，要想深入了解企业营业状况的好坏，还要深入地分析构成营业利润的每个项目。

1. 营业收入项目解读与分析

“营业收入”项目，反映企业经营主要业务和其他业务所确认的收入总额，包括主营业务收入和其他业务收入。

主营业务收入是指企业销售商品、提供劳务等主营业务取得的收入，企业取得的主营业务收入是其生产经营业务的最终环节，是企业生产经营成果能否得到社会承认的重要标志。

从数量上分析，将主营业务收入与资产负债表的资产总额配比。主营业务收入代表了企业的主要经营能力和获利能力，而这种能力应与企业的生产经营规模（资产总额）相适应。这种分析应当结合行业、企业生产经营规模，以及企业经营生命周期来开展。主营业务收入占资产总额的比重，处于成长或衰退阶段的企业较低，处于成熟阶段的企业较高；工业企业和商业企业较高，有些特殊行业（如航天、饭店服务业）较低。若两者不配比（过低或过高），还需要进行质量分析。

从质量上分析，应注意下列问题。

1）主营业务收入与资产负债表的应收账款配比

由此，观察企业的信用政策，是以赊销为主，还是以现金销售为主。一般而言，如果赊销比重较大，应进一步将其与本期预算、与企业往年同期实际、与行业水平（如国家统计局测算的指标）进行比较，评价企业主营业务收入的质量。

2）主营业务收入是否存在关联方交易

如果企业为集团公司或上市公司，有的公司为获取不当利益，往往利用关联方交易来进行企业所谓的“盈余管理”。关联交易不同于单纯的市场行为，存在通过地位上的不平等而产生交易上的不平等，来迎合自己利益需要的可能。在公司需要业绩成果时，关联交易的作用十分明显。一些上市公司由于在关联公司内部进行“搬砖头”式的关联销售，难有现金流入。对此，要关注会计报表附注对于关联方交易的披露，分析关联方交易之间商品价格的公平性。

分析其他业务收入时应注意其他业务收入与主营业务收入的配比。其他业务收入占主营业务收入的比重不应过大，若比重明显偏高，应关注会计报表附注，检查该企业是否存在关联方交易行为。这种关联方交易主要是企业向关联方企业出租固定资产、出租包装物、出让无形资产（如专利权、商标权、著作权、土地使用权、特许权、非专利技术）的使用权等尤其是非专利技术，分析这种交易的真实性、合理性。

2. 营业成本项目解读与分析

企业的营业成本由主营业务成本和其他业务成本构成。

1）主营业务成本

主营业务成本，是指企业销售商品、提供劳务等主营业务而发生的实际成本。它是为取得主营业务收入所发生的代价。通过对公司、企业费用项目的分析，会计信息使用者可以对公司、企业费用的发生情况、主要用途、费用规模有一个大致的了解，通过对成本的分析，可以对公司、企业产品成本水平有所了解，与销售价格相对比，还可以分析产品的盈利情况。可见，费用、成本信息和收入信息一样，对报表分析者具有十分重要的意义。

主营业务成本与主营业务收入配比。将两者之差除以主营业务收入，即得出重要的财务指标——毛利率。并以此结合行业、企业经营生命周期来评价主营业务成本的合理性。一般而言，工业企业和商业企业的毛利率在20%左右，饮食业的毛利率在40%左右。

2）其他业务成本

分析时应注意其他业务收入与其他业务成本的配比。由此，分析不同其他业务项目对其他业务利润的贡献程度。有时，个别企业发生两者不配比，即其他业务收入小于其他业务成本（如销售材料），则有认为转移企业资产之嫌。

3. 营业税金及附加项目解读与分析

营业税金与附加是指企业进行日常经营活动应负担的各种税金及附加，包括营业税、消费税、城市维护建设税、资源税和教育费附加，以及与投资性房地产相关的房地产税、土地使用税等相关税费。

分析营业税金及附加时，应将该项目与营业收入配比。因为企业在一定时期内取得的营业收入要按国家规定交纳各种税金及附加。如果两者不配比，则说明企业有“漏税”之嫌。但应注意，按照现行税制，增值税的交纳是采用“抵扣”的方法，进行比较时，应予以剔除。

4. 销售费用项目解读与分析

销售费用，是指企业在销售商品和材料、提供劳务等过程中发生的各项费用以及专设销售机构的各项经费。销售费用是一种期间费用，它是随着时间推移而发生的与当期产品的管理和产品销售直接相关，而与产品的产量、产品的制造过程无直接关系，因而在发生的当期从损益中扣除。分析销售费用时，应注意销售费用与营业收入配比。通过该比率的行业水平比较，考查其合理性。

5. 管理费用项目解读与分析

管理费用，是指企业行政管理部门为组织和管理生产经营活动而发生的各种费用。分析时应注意以下几个方面。

1）管理费用应与营业收入配比

一般情况下，费用越低收益越高，企业就越赚钱，事实并非如此。管理层可以通过调整某些费用在不同时期内的支出时间，从而达到影响报告收益的目的。应当分解企业当前经营状况、以前各期间水平以及对未来的预测来评价支出的合理性，而不是单纯强调绝对值的下降。

2）重视会计报表附注中关于关联方交易的披露

这种关联方交易是企业向关联方企业租入固定资产、无形资产的使用权，以及向上级单位或母公司上缴的“管理费”等，分析这种交易的真实性、合理性，警惕人为转移企业资产。

6. 财务费用项目解读与分析

财务费用，是指企业为筹集生产经营所需资金而发生的费用。具体包括的项目内容有：利息支出（减利息收入）、汇兑损失（减汇兑收益）、金融机构手续费，以及筹集生产经营资金发生的其他费用等。

分析财务费用时，应注意以下几个方面。

1）财务费用应与营业收入配比

通过该比率的行业水平、企业规模，以及本企业经营生命周期、历史水平分析，考查其合理性与合法性（如企业之间的私下信贷交易产生的财务费用）。

2）关注财务风险

有大量外汇业务的企业通过汇兑损益，掌握外汇市场风险对企业的影响程度。

3）重视财务费用赤字

对于大多数企业而言，财务费用不会出现赤字。这种情况出现在当企业的存款利息收入大于贷款利息费用的时候，如果数额较大，也不正常。

7. 资产减值损失项目分析与解读

资产减值损失是指企业计提各项资产减值准备所形成的损失。

对资产减值损失分析时应注意以下问题。

（1）资产减值损失与资产负债表中相关项目（如存货、长期股权投资、固定资产等）的配比，并考虑企业各项资产减值情况。

（2）各项资产减值情况与会计报表附注中相关会计政策配比，分析和评价所采用的相应会计政策的合理性。

（3）各项资产减值情况与企业以往情况、市场情况，以及企业水平配比，以观察和分析其变动趋势。

8. 公允价值变动收益项目分析与解读

公允价值变动收益是指企业交易性金融资产、交易性金融负债，以及采用公允价值模式计量的投资性房地产、衍生工具、套期保值业务等公允价值变动形成的应计入当期损益的利得或损失。

对公允价值变动收益分析时应注意以下问题：

（1）公允价值变动收益与资产负债表中相关项目（如交易性金融资产、交易性金融负债、投资性房地产等）的配比，并考虑企业各项资产实际的价值变动情况。

（2）各项资产价值变动情况与市场实际情况配比，观察和分析其变动趋势。

9. 投资收益项目分析与解读

投资收益，是指企业对外投资所得的收益或损失，是企业对外投资的结果。企业保持适度规模的对外投资，表明企业具备较高的理财水平。因为，这意味着企业生产经营取得利润之外，还有第二条获取收益的途径。

对投资收益分析时应注意以下问题。投资收益与资产负债表中的投资项目配比。即要求投资收益应与企业对外投资的规模相适应，一般投资收益率应高于同期银行存款利率。当然，对外投资是一把“双刃剑”，一方面可以为企业带来盈利；另一方面也可以带来投资损失。如果投资收益连续几个会计期间低于同期银行存款利率，或为负数，则需要进一步分析对外投资的目的及合理性。

二、利润总额项目解读与分析

利润总额代表了企业当期综合的盈利能力和为社会所作的贡献。同时，利润总额也直接关系到各种利益分配问题，例如，投资人、职工、国家（税收），对于影响利润总额的非生产经营性因素应进一步分析评价。

1. 营业外收入项目分析与解读

营业外收入，是指企业发生的与生产经营无直接关系的各项收入。

对营业外收入判断时应注意以下两方面问题。

（1）营业外收入是一种利得。营业外收入通常属于那种不经过经营过程就能够取得或不曾期望获得的收益。因此，其数额一般很少。如果数额较大，则需要进一步分析，是否为关联方交易，操纵企业利润。

（2）营业外收入与营业外支出不存在配比关系。

2. 营业外支出项目分析与解读

营业外支出，是指企业发生的与本企业生产经营无直接关系的各项支出。

既然是营业外发生的开支，其数额不应过大，否则是不正常的，应加以关注：

（1）是否企业的经营管理水平较低；

（2）是否为关联方交易，转移企业资产；

（3）是否有违法经营行为，如违反经济合同、滞延纳税、非法走私商品等；

（4）是否有经济诉讼和纠纷等。

三、净利润项目解读与分析

净利润是企业所有者最终取得的财务成果，也是可供企业所有者分配或使用的财务成果。它是企业正常生产经营、非正常生产经营共同的结果，虽然里面有一些偶然、非正常因素的影响，但毕竟是企业现实的、最终的能为所有者所有的资源。对于净利润项目的分析，在利润总额的基础上，还有考虑所得税费用项目的分析。

所得税是根据企业应纳税所得额的一定比例上缴的一种税金。对企业而言，所得税是应当计入当期损益的费用，即企业为盈利所必须负担的代价（国家税收）。

对所得税费用分析时应注意会计与税法的差异。随着我国会计制度改革和税制改革的逐步深入，企业按照会计制度核算的会计利润与按照税法计算的应纳税所得额之间的差距也逐步扩大。企业纳税是以应纳税所得额为标准，而应纳税所得额是在企业会计利润（利润总额）基础上调整确定的，所以应考查所得税费用与利润总额的配比关系。

四、每股收益的计算及其列报

普通股或潜在普通股已公开交易的企业及正处于公开发行普通股或潜在普通股过程中的企业，应当在利润表中分项列示基本每股收益和稀释每股收益。

1. 基本每股收益

企业应当按照归属于普通股股东的当期净利润，除以发行在外普通股的加权平均数计算基本每股收益。计算公式如下：

$$\text{基本每股收益}=\frac{\text{归属于普通股股东的当期净利润}}{\text{当期发行在外普通股的加权平均数}}$$

$$\begin{aligned}\text{发行在外普通股加权平均数}=&\text{期初发行在外普通股股数}+\text{当期新发行普通股股数}\times\\&\text{已发行时间}\div\text{报告期时间}-\text{当期回购普通股股数}\times\\&\text{已回购时间}\div\text{报告期时间}\end{aligned}$$

已发行时间、报告期时间和已回购时间一般按照天数计算；在不影响计算结果合理性前提下，也可以采用简化的计算方法，如按月计算。

2. 稀释每股收益

企业存在稀释性潜在普通股的，应当分别调整归属于普通股股东的当期净利润和发行在外普通股的加权平均数，并据以计算稀释每股收益。计算稀释每股收益时，假设稀释性潜在普通股于当期期初（或发行日）已经全部转换为普通股，如果潜在普通股为当期发行的，则假设在发行日就全部转换为普通股，据此计算稀释每股收益。

潜在普通股是指赋予其持有者在报告期或以后期间享有取得普通股权利的一种金融工具或其他合同。目前，我国企业发行的潜在普通股主要有可转换公司债券、认股权证、股份期权等。稀释性潜在普通股，是指假设当期转换为普通股会减少每股收益的潜在普通股。

（1）分子的调整。计算稀释每股收益时，应当根据下列事项对归属于普通股股东的当期净利润进行调整：当期已确认为费用的稀释性潜在普通股的利息；稀释性潜在普通股转换时将产生的收益或费用；相关所得税的影响。

（2）分母的调整。计算稀释每股收益时，当期发行在外普通股的加权平均数应当为计算基本每股收益时普通股的加权平均数与假定稀释性潜在普通股转换为已发行普通股而增加的普通股股数的加权平均数之和。

案例3-5 某公司2011年1月2日发行面值800万元、年利率4%的可转换债券，每100元债券可转换为1元面值普通股90股。2011年发行在外普通股4 000万股，公司税后利润4 500万元，假定该企业适用的所得税税率为25%，则基本每股收益和稀释每股收益的计算如下：

基本每股收益＝4 500/4 000＝1.125（元）

稀释的每股收益：

净利润的增加＝800×4%×（1－25%）＝24（万元）

普通股股数的增加＝（800÷100）×90＝720（万股）

稀释的每股收益＝（4 500＋24）÷（4 000＋720）

＝0.96（元）

专业知识和技能训练

一、思考题

1. 简述利润表的概念和作用。

2. 我国企业利润表是多步式还是单步式？

3. 编制多步式利润表分为哪几个步骤？从利润表能否直接得出营业利润、利润总额和净利润的金额？

4. 利润表各项目的编制方法与资产负债表有什么主要区别？

5. 利润表中的“营业收入”和“营业成本”是否仅包括企业销售商品、提供劳务或让渡资产使用权产生的收入和发生成本？

6. 利润表中“资产减值损失”是否仅包括长期股权投资、固定资产、在建工程和无形资产等长期资产发生的减值损失？

二、单项选择题

1. 利润表是反映企业在一定会计期间（ ）的财务报表。

A. 经营成果 B. 财务状况 C. 现金流量 D. 所有者权益变动

2. （ ）是构成企业最终财务成果的最主要因素。

A. 利润总额 B. 营业利润 C. 净利润 D. 投资净收益

3. 我国企业的利润表一般采用（ ）格式。

A. 账户式　B. 报告式　C. 多步式　D. 单步式

4. 为销售本企业商品而专设的销售机构的职工薪酬应计入（　）。

A. 财务费用　B. 营业外支出　C. 管理费用　D. 销售费用

5. 企业按照相关准则的规定而应当计入当期损益的各项资产或负债公允价值变动的净收益或净损失，应计入（　）。

A. 营业外支出　B. 资产减值损失

C. 公允价值变动净收益　D. 投资净收益

6.（　）是指企业在日常活动中形成的，会导致所有者权益增加的，与所有者投入资本无关的经济利益的总流入。

A. 主营业务收入　B. 投资净收益　C. 劳务收入　D. 收入

7. 对（　）项目进行分析时，应注意其计算的准确性和缴纳的及时性。

A. 营业税金及附加　B. 投资净收益

C. 公允价值变动净收益　D. 净利润

8.（　）支出应计入管理费用，而且要根据其发生额与当期营业收入的比例关系，将超标准支付部分进行纳税调整。

A. 所得税　B. 业务招待费　C. 营业税　D. 修理费

9.（　）不仅包含了主营业务利润，而且包含了其他业务利润。

A. 营业收入　B. 利润总额　C. 净利润　D. 营业利润

10. 每股收益是（　）中的项目。

A. 资产负债表　B. 利润表　C. 现金流量表　D. 所有者权益变动表

三、多项选择题

1. 下列各项目中，属于利润表的内容的是（　）。

A. 递延所得税资产　B. 资产减值损失

C. 投资净收益　D. 每股收益

E. 经营活动现金流量

2. 对利润表项目进行阅读与分析应主要对（　）进行阅读与分析。

A. 收入类项目　B. 费用类项目　C. 利润类项目

D. 工时消耗　E. 品种结构

3. 从销售费用的基本构成及功能看，有些与企业的业务规模有关，它们是（　）。

A. 运输费　B. 包装费　C. 保险费　D. 销售佣金

E. 展览费

4. 对利润项目的阅读与分析，主要包括（　）。

A. 营业收入　B. 投资净收益　C. 营业利润　D. 利润总额

E. 净利润

5. 如果企业的（　）主要由非营业利润获得，则该企业利润实现的真实性和特殊性应引起报表分析人员的重视。

A. 利润总额　B. 净利润　C. 营业利润　D. 投资收益

E. 公允价值变动净收益

6. 已获利息倍数的大小与下列（　）因素有关。

A. 营业利润　B. 利润总额　C. 净利润　D. 利息支出

E. 所得税

7. 对利润总额进行分析，主要侧重于对组成利润总额的（　）项目进行比较分析。

A. 营业利润　B. 营业外收入　C. 营业外支出

D. 营业收入　E. 所得税

8. 对净利润分析的内容，包括对形成净利润的（　）等方面的分析。

A. 营业外支出　B. 资产减值损失　C. 各项目的增减变动

D. 各项目的结构变动　E. 变动较大的重点项目

9. 利润表的作用表现在（　）方面。

A. 发现管理中问题　B. 评价经营业绩

C. 揭示利润变动趋势　D. 帮助投资人决策

E. 为企业融资提供依据

10. 财务费用是指企业为筹集生产经营所需资金而发生的各项费用，集体包括（　）。

A. 利息支出　B. 汇兑损失　C. 手续费　D. 所得税

E. 职工教育经费

四、判断题

1. 利润表反映企业在一定会计期间经营成果的静态时点报表。（　）

2. 利润表中体现的企业盈利能力的大小，实现净利润的高低，是企业能否在资本市场上融资以及影响融资规模的重要依据。（　）

3. 利润表的表首是利润表的主体部分，它能反映企业收入、费用和利润各项目的内容及相互关系。（　）

4. 职工教育经费计入企业当期的管理费用。（　）

5. 技术开发费计入企业当期的销售费用。（　）

6. 当企业营业利润较小时，应着重分析主营业务利润的大小、多种经营的发展情况以及期间费用的多少。（　）

7. 如果企业的营业利润主要来源于投资收益，则应肯定企业以前的投资决策的正确性，但要分析企业内部管理存在的问题，以提高企业经营活动内在的创新能力。（　）

8. 对利润表的综合分析，要通过编制比较会计报表分别做利润增减变动的分析和利润构成变动的分析。（　）

9. 基本每股收益是净利润的抵减项目。（　）

10. 对利润总额的构成情况进行分析，应重点突出对营业外支出项目的分析。（　）

五、计算题

1. 根据晨光公司2010年和2011年收入类各项目的数据资料，计算填列表3－10，并对该公司的收入情况做出简要分析。

表3－10 晨光公司2010年和2011年收入类各项目的数据资料

项目	2010年		2011年		差异	
	金额（万元）	比重（%）	金额（万元）	比重（%）	金额（万元）	比重（%）
主营业务收入	92 825.7		108 253.8			
其他业务收入	26 947.6		22 065.3			
投资收益	105.2		1 513.0			
营业外收入	395.7		572.2			
收入合计	120 274.2		132 404.3			

2. 根据以下资料，计算A公司资产负债表和利润表的空缺值（见表3－11、表3－12）。

表3－11 资产负债表

编制单位：A公司　　2011年12月31日　　单位：万元

资　产	金　额	负债及所有者权益	金　额
货币资金		流动负债	
应收票据	50	长期负债（10%为应付公司债）	
应收账款		负债合计	
存货		实收资本	300
流动资产合计		资本公积	100
固定资产净值		盈余公积	400
		未分配利润	200
		所有者权益	1 000
资产总计		负债及所有者权益总计	

表3－12 利润表

编制单位：A公司　　2011年度　　单位：万元

项　目	金　额
营业收入	
营业成本	
营业毛利	800
管理费用	
财务费用（公司债券利息）	
利润总额	
所得税（25%）	
净利润	

补充资料：

（1）产权比率 = 负债 ÷ 所有者权益 = 1∶2；

（2）应收账款平均收账期 27 天，期初应收账款余额 260 万元；

（3）存货周转率 8 次，期初存货余额 430 万元；

（4）已获利息倍数 20 倍；

（5）毛利率 20%；

（6）速动比率为 1.4；

（7）管理费用占营业收入的 10%。

六、案例分析题

佰俐公司 2011 年度利润表见表 3－13。

表 3－13 利润表

编制单位：佰俐公司 2011 年度 单位：万元

项 目	上年数	本年数
一、营业收入	18 600	21 000
减：营业成本	10 700	12 200
营业税金及附加	1 080	1 200
销售费用	1 620	1 900
管理费用	800	1 000
财务费用	200	300
加：投资净收益	300	300
二、营业利润	4 500	4 700
加：营业外收入	100	150
减：营业外支出	600	650
三、利润总额	4 000	4 200
减：所得税	1 000	1 050
四、净利润	3 000	3 150

要求：（1）编制比较利润报表；

（2）对该公司 2011 年度的财务状况作出分析评价。

项 目 4

现金流量表解读与分析

本项目介绍了现金流量表的概念和作用、现金流量表的趋势分析和结构分析以及现金流量表补充资料的分析方法。

现金流量表是反映企业在一定会计期间现金和现金等价物流入和流出的报表，是一张动态报表。现金流量表可以揭示企业现金流入流出的来源与去向、现金增减变动的原因和结果，有助于评价企业的支付能力、偿债能力和周转能力，预测企业未来的现金流量和财务前景，评价企业收益质量及经营绩效。现金流量表由现金流量表主表和现金流量表补充资料两大部分组成，编制方法可分为直接法和间接法。

通过对现金流量表的水平分析、结构分析，以及现金流量表中经营活动现金流量、投资活动现金流量、筹资活动现金流量三大块内容的分析，可以全面了解企业现金流入流出的来源与去向、现金增减变动的原因和结果。

任务 1　认知现金流量表

教学目标

1. 认识现金流量表的概念；
2. 理解现金流量表的作用；
3. 熟悉现金流量表的结构。

一、什么是现金流量表

现金流量表是指反映企业在一定会计期间现金和现金等价物流入和流出的报表，是一张动态报表。其中，现金是指企业库存现金以及可以随时拥有支付的存款，包括库存现金、银行存款、其他货币资金；现金等价物是指企业持有的期限短（一般指从购买日起 3 个月内到期)、流动性强、易于转换为已知金额现金、价值变动风险很小的投资。权益性投资变现金额具有不确定性，因而不属于现金等价物。企业应当根据具体情况确定现金等价物的范围，一经确定不得随意变更。

现金流量，是指现金和现金等价物的流入和流出。企业从银行提取现金、用现金购买短期到期的国库券等现金和现金等价物之间的转换不产生现金流量。与此相关的是现金净流量，亦称现金及现金等价物流量净额、现金及现金等价物净增加额，其计算公式为：

现金净流量 = 现金流入量 - 现金流出量

资产负债表是反映企业期末资产和权益状况的会计报表。现金流量表是反映企业一定时期内现金流动情况的报表。现金的流动必然会导致企业资产和权益发生变化，因此，现金流量表和资产负债表的联系可以从下面的公式中看出：

资产负债表现金期末余额 = 资产负债表现金年初余额 + 现金流量表现金净增加额

二、现金流量表的作用

现金流量表与有形的、实实在在的现金流量息息相关，它是根据收付实现原则予以编制的，与基于权责发生制为基础编制的资产负债表和利润表形成鲜明的对比关系，以现金的流入和流出反映企业在一定期间内的经营活动、投资活动和筹资活动的动态情况，反映企业现金流入和流出的全貌，进而占据着财务报告体系中的“第三把交椅”。具体来讲，现金流量表主要发挥如下一些作用。

1. 揭示企业现金流入流出的来龙去脉

现金流量表能够告诉读者一定期间内企业宝贵的现金“从哪里来，到哪里去”的信息，即便于报表使用者了解公司一定会计期间内现金流入与流出的主要来源与去向、现金增减变动的原因和结果。

2. 有助于评价公司的支付能力、偿债能力和周转能力

现金流量表能够告诉读者企业手头宽裕或紧张程度，使其基本的支付能力和应付眼下债务的能力得以体现，如果经营活动的现金流量充足，则意味着企业充满着活力，并在靠自身经营来赚钱。靠自身创造出现金流，在风险面前的免疫力就会增强，其支付能力和偿债能力也就有了坚实的基础和后盾。

3. 有助于预测企业未来现金流量和财务前景

评价过去是为了预测未来。通过现金流量表反映的企业过去一定期间内的现金流量及其他生产经营指标，可以掌握企业经营活动、投资活动和筹资活动所形成的现金流量，了解企业先进的来源和用途是否合理，了解经营活动生产的现金流量有多少，企业在多大程度上依赖外部资金，据以预测企业在未来生产现金的能力，并为分析和判断企业的财务前景提供信息。

4. 有助于评价企业收益质量及经营绩效

由于利润表按照权责发生制原则编制，不能反映企业经营活动产生了多少现金，更无法反映投资活动和筹资活动对企业财务状况的影响。借助现金流量表提供的信息，可以弥补这种缺陷，解释企业净利润与相关现金流量产生差异的原因及差距的大小，进而对利润的质量予以透视，进一步深入考查企业的经营绩效。

三、现金流量表的结构

现金流量表由两大部分组成：现金流量表主表和现金流量表补充资料。这两个组成部分展示了现金流量表编制的两种方法，即直接法和间接法，其主要区别在于如何计算和反映经营活动的现金流量净额。其中，直接法是指通过现金收入和现金支出的主要类别列示经营活动的现金流量，会计实务中通常以营业收入为起算点，通过调整与经营活动有关的各项目的增减变动，计算经营活动的现金流量。而间接法则是以净利润为起算点，通过调整不涉及现金（但涉及利润）的收入、费用、资产减值损失等有关经营活动的项目和不涉及利润（但涉及经营活动现金流量）的应收、应付款项目，以及存货等有关项目的增减变动，并剔除与经营活动无关（但与净利润相关）的投融资项目金额，计算出经营活动的现金流量。

现行企业会计准则规定，现金流量表主表应当分别以经营活动、投资活动和筹资活动列报现金流量。具体到每一种活动类型，现金流量还应当分别按照现金流入和现金流出额列报。现金流量表主表及其补充资料的基本格式和结果见表4－1和表4－2。

表4－1 现金流量表

编制单位： 年 月 单位：元

项 目	本期金额	上期金额
一、经营活动生产的现金流量：		
销售商品、提供劳务收到的现金		
收到的税费返还		
收到其他与经营活动有关的现金		
经营活动现金流入小计		
购买商品、接受劳务支付的现金		
支付给职工以及为职工支付的现金		
支付的各项税费		
支付其他与经营活动有关的现金		
经营活动现金流出小计		
经营活动产生的现金流量净额		
二、投资活动产生的现金流量：		
收回投资收到的现金		
取得投资收益收到的现金		
处置固定资产、无形资产和其他长期资产收回的现金净额		

续表

项　目	本期金额	上期金额
处置子公司及其他营业单位收到的现金净额		
收到其他与投资活动有关的现金		
投资活动现金流入小计		
购建固定资产、无形资产和其他长期资产支付的现金		
投资支付的现金		
取得子公司及其他营业单位支付的现金净额		
支付其他与投资活动有关的现金		
投资活动现金流出小计		
投资活动产生的现金流量净额		
三、筹资活动产生的现金流量：		
吸收投资收到的现金		
取得借款收到的现金		
收到其他与投资活动有关的现金		
筹资活动现金流入小计		
偿还债务支付的现金		
分配股利、利润或偿付利息支付的现金		
支付其他与投资活动有关的现金		
筹资活动现金流出小计		
筹资活动产生的现金流量净额		
四、汇率变动对现金及现金等价物的影响		
五、现金及现金等价物净增加额		
加：期初现金及现金等价物余额		
六、期末现金及现金等价物余额		

表4－2　现金流量表补充资料

单位：元

补充资料	本期金额	上期金额
1. 将净利润调节为经营活动现金流量：		
净利润		
加：资产净值准备		
固定资产折旧、油气资产折耗、生产性生物资产折旧		
无形资产摊销		
长期待摊费用摊销		
处置固定资产、无形资产和其他长期资产的损失（收益以“－”号填列）		
固定资产报废损失（收益以“－”号填列）		
公允价值变动损失（收益以“－”号填列）		

续表

补充资料	本期金额	上期金额
财务费用（收益以“－”号填列）		
投资损失（收益以“－”号填列）		
递延所得税资产减少（收益以“－”号填列）		
递延所得税负债增加（收益以“－”号填列）		
存货的减少（收益以“－”号填列）		
经营性应收项目的减少（收益以“－”号填列）		
经营性应付项目的增加（收益以“－”号填列）		
其他		
经营活动产生的现金流量净额		
2. 不涉及现金收支的重大投资和筹资活动		
债务转为资本		
一年内到期的可转换公司债券		
融资租入固定资产		
3. 现金及现金等价物净变动情况：		
现金的期末余额		
减：现金的期初余额		
加：现金等价物的期末余额		
减：现金等价物的期初余额		
现金及现金等价物净增加额		

任务2　现金流量表解读与分析

教学目标

1. 理解现金流量表水平分析；
2. 掌握现金流量表结构分析。

一、现金流量表水平分析

现金流量表水平分析，即通过对现金流量表的每个项目前后期的增减变动来观察企业现金流的变动情况，对异常变动的原因和后果进行分析。

二、现金流量表结构分析

现金流量表结构分析是指对现金流量的各个组成部分及其互相关系的分析。现金流量表的结构分析包括流入结构、流出结构和流入流出比分析。

1. 现金流入流出比分析

流入流出比分析分为经营活动流入流出比、投资活动流入流出比和筹资活动流入流出比。通过流入和流出结构的历史比较及同业比较，可以得到更有意义的信息。对于一个健康的正在成长的公司来说，经营活动现金净额应是正数，投资活动的现金流量是负数，筹资活动的现金流量是正负相间的。

2. 现金流入结构分析

通过对现金流量表中现金流入的结构分析，可以了解企业现金流入的构成比例及其来源。

现金流入结构分为总流入结构和内部流入结构。总流入结构反映企业经营活动的现金流入量、投资活动的现金流入量和筹资活动的现金流入量分别占现金总流入量的比重。内部流入结构反映的是经营活动、投资活动和筹资活动等各项业务活动现金流入中具体项目构成情况。现金流入结构分析可以明确企业的现金究竟来自何方，增加现金流入应在哪些方面采取措施等。

3. 现金流出结构分析

现金流出结构分为总流出结构和内部流出结构。现金总流出结构是反映企业经营活动的现金流出量、投资活动的现金流出量和筹资活动的现金流出量分别在全部现金流出量中所占的比重。现金内部流出结构反映的是经营活动、投资活动和筹资活动等各项业务活动现金流出中具体项目的构成情况。现金流出结构可以表明企业的现金究竟流向何方，要节约开支应从哪些方面入手等。

一般情况下，购买商品、接受劳务支付的现金往往要占到较大的比重，投资活动和筹资活动的现金流出量比重则因企业的投资政策、筹资政策和状况不同而存在很大的差异。

案例 4-1 ABC 公司 2011 年度现金流量表结构分析。

ABC 公司 2011 年度现金流量表结构分析，包括流入结构、流出结构和流入流出比例分析。

ABC 有限责任公司 2011 年现金流量统计如下（单位：元）：

现金流入总量 232 756 903.85

经营活动流入量 226 899 657.52

投资活动流入量 176 636.74

筹资活动流入量 5 680 609.59

现金流出总量 214 381 982.13

经营活动流出量 198 160 756.02

投资活动流出量 8 102 698.84

筹资活动流出量 8 118 527.27

（1）流入结构分析。

在全部现金流入量中，经营活动所得现金占 97.48%，投资活动所得现金占 0.08%，筹

资活动所得现金占2.44%。由此可以看出ABC公司其现金流入产生的主要来源为经营活动，其投资活动、筹资活动基本对于企业的现金流入贡献很小。

（2）流出结构分析。

在全部现金流出量中，经营活动支出现金占92.43%，投资活动支出现金占3.78%，筹资活动支出现金占3.79%。ABC公司其现金流出主要在经营活动方面，其投资活动、筹资活动占用流出现金很少。

（3）流入流出比例分析。

从ABC公司的现金流量表可以看出：

经营活动中：现金流入量226 899 657.52元；

现金流出量198 160 756.02万元。

该公司经营活动现金流入流出比为1.15，表明1元的现金流出可换回1.15元现金流入。

投资活动中：现金流入量176 636.74万元；

现金流出量8 102 698.84万元。

该公司投资活动的现金流入流出比为0.02，公司投资活动引起的现金流出较小，表明ABC公司正处于发展时期。

筹资活动中：现金流入量5 680 609.59万元；

现金流出量8 118 527.27万元。

筹资活动流入流出比为0.70，表明还款明显大于借款。说明ABC公司较大程度上存在借新债还旧债的现象。

将现金流出与现金流入量和流入流出比例分析相结合，可以发现该公司的现金流入与流出主要来自于经营活动所得，用于经营活动所支，其部分经营现金流量净额用于补偿投资和筹资支出；公司进行固定资产投资，无形资产投资等现金需要主要来源于经营活动所得，其投资活动基本上没有产生现金流入，说明ABC公司在企业资产改造方面的力度较强；而ABC公司在2011年筹资活动中加大了借款以偿还其原有债务，同时更大一部分用于支付借款利息，其不足部分使用了经营活动的现金所得，因偿还债务所支付的现金为1 000 000.00，补充资料中财务费用为7 116 889.31，可以看出ABC公司基本上没有分配股利、利润。

任务3　现金流量表项目解读与分析

教学目标

1. 掌握经营活动现金流量项目解读与分析；
2. 掌握投资活动现金流量项目解读与分析；
3. 掌握筹资活动现金流量项目解读与分析；
4. 理解现金流量表的编制方法。

一、经营活动现金流量项目解读与分析

经营活动是指企业投资活动和筹资活动以外的所有交易和事项。经营活动产生的现金流量是指企业在某一段时间内由于投资活动和筹资活动以外的所有交易和事项产生的现金流入量及现金流出量。对于工商企业而言，经营活动主要包括销售商品、提供劳务、购买商品、接受劳务、支付税费等。

1. 经营活动流入的现金

1）销售商品、提供劳务收到的现金

该项目反映企业销售商品和提供劳务实际收到的现金，包括本期销售商品或提供劳务收到的现金、以前期间销售本期才收回的现金和本期预收以后期间的商品款或劳务款。本期发生的销售退回支付的现金直接在本项目中扣除。企业代理销售业务收到的现金也在本项目中反映。本项目可以根据“库存现金”、“银行存款”、“应收账款”、“应收票据”、“预收账款”、“主营业务收入”、“其他业务收入”等科目的记录分析填列。

根据账户记录分析计算该项目的金额，通常可以采用以下公式：

销售商品、提供劳务收到的现金 = 当期销售商品、提供劳务收到的现金 + 当期收回前期的应收账款和应收票据 + 当期预收的款项 − 当期销售退回支付的现金 + 当期收回前期核销的坏账损失

2）收到的税费返还

该项目反映企业收到返还的各种税费，如收到的增值税、营业税、所得税、教育费附加返还等。本项目可以根据“库存现金”、“银行存款”、“营业外收入”、“其他应收款”等科目的记录分析填列。

3）收到的其他与经营活动有关的现金

该项目反映企业除了上述项目外，收到的其他与经营活动有关的现金流入，如罚款收入、流动资产损失中由个人赔偿的现金、经营租赁租金等。若某项其他与经营活动有关的现金流入金额较大，应单列项目反映。本项目可以根据“库存现金”、“银行存款”、“营业外收入”等科目的记录分析填列。

2. 经营活动流出的现金

1）购买商品、接受劳务支付的现金

该项目反映企业购买商品、接受劳务实际支付的现金（包括增值税进项税额），包括本期购买材料、商品、接受劳务支付诉现金，以及本期支付前期购买商品，接受劳务的未付款项以及本期预付款项，减去本期发生的购货退回收回的现金。企业代购代销业务支付的现金，也在本项目反映。本项目可以根据“库存现金”、“银行存款”、“应付账款”、“应付票据”、“预付账款”、“主营业务成本”、“其他业务成本”等科目的记录分析填列。

根据账户记录分析计算该项目的金额，通常可以采用以下公式：

购买商品、接受劳务支付的现金 = 当期购买商品、接受劳务支付的现金 + 当期支付前期

的应付账款和应付票据 + 当期预付的账款 - 当期因购货退回收到的现金

2）支付给职工以及为职工支付的现金

该项目反映企业实际支付给职工以及为职工支付的现金。支付给职工的现金包括本期实际收付给职工的工资、奖金、各种津贴与补贴等。企业代扣代缴的职工个人所得税，也在本项目反映。企业为职工支付的现金是企业为职工购买各种社会保险、商业保险而发生的现金支出。企业支付给离退休人员的各种费用（包括支付的统筹退休金以及未参加统筹的退休人员的费用），在“支付的其他与经营活动有关的现金”项目中反映；支付的在建工程人员的工资及其他奖金，在“构建固定资产、无形资产和长期资产所支付的现金”项目中反映。本项目可以根据“应付职工薪酬”、“库存现金”、“银行存款”等科目的记录分析填列。

3）支付的各项税费

该项目反映企业按规定支付的各种税费，包括企业本期发生并支付的税费，以及本期支付以前各期发生的税费和本期预交的税费，包括所得税、增值税、营业税、消费税、印花税、房产税、土地增值税、车船税、教育费附加、矿产资源补偿费等，但不包括计入固定资产价值、实际支付的耕地占用税，也不包括本期退回的增值税、所得税。本期退回的增值税、所得税在“收到的税费返还”项目反映。本项目可以根据“应交税费”、“库存现金”、“银行存款”等科目的记录分析填列。

4）支付的其他与经营活动有关的现金

该项目反映企业除上述各项流出外，支付的其他与经营活动有关的现金流出，如罚款支出、支付的差旅费、业务招待费、保险费、经营租赁支付的现金和捐赠支出等。若其他与经营活动有关的现金流出金额较大，应单列项目反映。本项目可以根据“库存现金”、“银行存款”、“管理费用”、“营业外支出”等科目的记录分析填列。

3. 经营活动现金流量分析

经营活动产生的现金流量是现金流量的一项重要指标，通过现金流量表中反映的经营活动产生的现金流入和流出，可以说明企业经营活动对现金流入和流出净额的影响程度，判断企业在不动用对外筹得资金的情况下，是否足以维持生产经营、偿还债务、支付股利、对外投资等。

1）经营活动现金流量净额小于零

经营活动现金流量净额小于零，说明企业通过正常的商品购销活动所带来的现金流入量不足以支付因经营活动而引起的货币流出，需要采用筹资或拖延债务支付、收回投资等方式来解决经营所需的现金流出。

企业正常经营活动的现金支付，可通过以下4种方式解决：

（1）消耗企业现存的货币积累；

（2）挤占本来可以用于投资活动的现金，推迟投资活动的进行；

（3）在不能挤占本来可以用于投资活动的现金的条件下，进行额外贷款融资，以满足经营活动的现金需要；

（4）在没有贷款融资的条件下，只能采用拖延债务支付或加大经营活动引起的负债规模来解决。

在企业开始从事经营活动的初期，由于经营产生的各个环节处于“磨合”状态，设备与人力资源的利用率相对较低，材料消耗量相对较高，从而导致企业在这一时期的经营活动表现为现金流量“入不敷出”的状态，这在企业发展初期是不可避免的。但是，如果企业进入正常生产经营期间这种状态仍然存在，则说明企业通过经营活动创造现金流量的能力不足。

2）经营活动现金流量净额等于零

经营活动现金流量净额等于零，意味着企业通过正常的商品购销活动所带来的现金流入量，恰好能够支付上述经营活动而引起的货币流出，企业经营活动现金流量处于“收支平衡”的状态。因此，企业正常的经营活动不需要额外补充流动资金，也不需要通过投资活动及筹资活动来贡献现金。

必须注意的是，在企业账面反映的成本消耗中，有相当一部分属于按权责发生制原则的要求确认的成本，如固定资产的折旧费用，折旧费用是按权责发生制要求将固定资产的取得成本，在使用的收益期间合理分摊，并不需要付出现金。显然，当企业经营活动产生的现金流量等于零时，企业经营活动产生的现金流量不能为这些非付现成本的资源损耗将来更新提供货币补给。从长期来看，经营活动产生的现金流量等于零的状态，根本不可能维持企业经营活动的持续进行。

3）经营活动现金流量净额大于零

经营活动现金流量净额大于零，说明企业通过正常的商品购销活动所带来的现金流入量不但能够支付因经营活动而引起的货币流出，而且还能为企业的投资等活动提供现金流量支持，表明企业生产的产品产销对路，销售回款能力较强，成本费用控制在较适宜的水平上。企业经营活动产生的现金流量良好，表明企业经营活动健康稳定，对企业规模的扩大起到重要的支持作用。

二、投资活动现金流量项目解读与分析

投资活动是指企业长期资产的购建和不包括在现金等价物范围内的投资及其处置活动。长期资产是企业拥有的固定资产、在建工程、无形资产、其他资产等持有期限在一年以上的各种资产。而已经包括在现金等价物范围内的投资则被视为现金。现金流量表中的投资活动不仅包含对外的投资行为，还包括对内的各种长期资产的购建。

投资活动产生的现金流量是企业在某一段时间内由于投资活动而产生的现金流入量和流出量。

1. 投资活动流入的现金

1）收回投资所收到的现金

该项目反映企业出售、转让或到期收回除现金等价物以外的对其他企业的权益工具、债

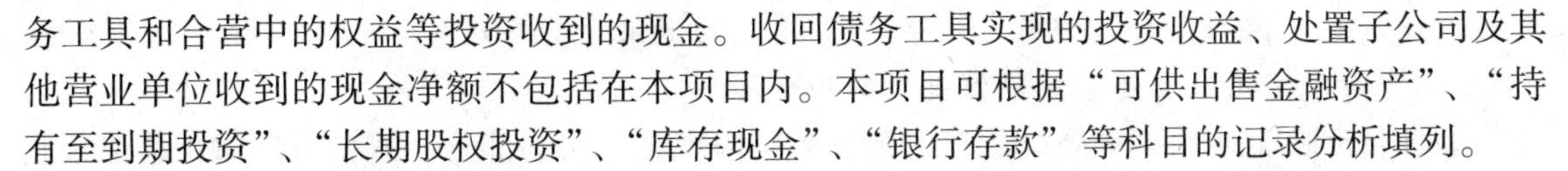

务工具和合营中的权益等投资收到的现金。收回债务工具实现的投资收益、处置子公司及其他营业单位收到的现金净额不包括在本项目内。本项目可根据“可供出售金融资产”、“持有至到期投资”、“长期股权投资”、“库存现金”、“银行存款”等科目的记录分析填列。

2）取得投资收益所收到的现金

该项目反映企业除现金等价物以外的对其他企业的权益工具、债务工具和合营中的权益投资分回的现金股利和利息，不包括股票股利。本项目的投资收益与利润表中的投资收益金额不一定相等，因为利润表中的投资收益是按权责发生制为基础确定的，不论收益是否收到现金，均包含在内。而本项目中的投资收益只包括收到的现金投资收益，不包括股票股利收益。本项目可以根据“库存现金”、“银行存款”、“投资收益”等科目的记录分析填列。

3）处置固定资产、无形资产和其他长期资产收回的现金净额

该项目反映企业在出售、报废固定资产、无形资产和其他长期资产时收回的现金（包括因资产毁损收到的保险赔偿款），减去为处置这些资产而支付的有关费用后的净额。如所收回的现金净额为负数，则应在“支付其他与投资活动有关的现金”项目反映。本项目可以根据“固定资产清理”、“库存现金”、“银行存款”等科目的记录分析填列。

4）处置子公司及其他营业单位收到的现金净额

该项目反映企业处置子公司及其他营业单位所取得的现金，减去相关处置费用以及子公司及其他营业单位持有的现金和现金等价物后的净额。本项目可以根据“长期股权投资”、“银行存款”、“库存现金”等科目的记录分析填列。

5）收到的其他与投资活动有关的现金

该项目反映上述各项流入以外，收到的其他与投资活动有关的现金流入。如企业收回购买股票和债券时支付的已宣告发放但尚未领取的现金股利或已到付息期但尚未领取的债券利息。若其他与投资活动有关的现金流入金额较大，应单列项目反映。本项目可以根据“应收股利”、“应收利息”、“银行存款”、“库存现金”等科目的记录分析填列。

2. 投资活动流出的现金

1）购建固定资产、无形资产和其他长期资产所支付的现金

该项目反映企业本期购买、建造固定资产、取得无形资产和其他长期资产实际支付的现金，以及用现金支付的应由在建工程和无形资产负担的职工薪酬，不包括为购建固定资产而发生的借款利息资本化部分，以及融资租入固定资产支付的租赁费。企业支付的借款利息和融资租入固定资产支付的租赁费，在筹资活动产生的现金流量中反映。本项目可以根据“固定资产”、“在建工程”、“无形资产”、“库存现金”、“银行存款”等科目的记录分析填列。

2）投资所支付的现金

该项目反映企业取得除现金等价物以外的对其他企业的权益工具、债务工具和合营中的权益投资所支付的现金，以及支付的佣金、手续费等交易费用，但取得子公司及其他营业单位支付的现金净额除外。本项目可以根据“可供出售金融资产”、“持有至到期投资”、“长

期股权投资”、“库存现金”、“银行存款” 等科目的记录分析填列。

3）取得子公司及其他营业单位支付的现金净额

该项目反映企业购买子公司及其他营业单位以现金支付的部分，减去子公司及其他营业单位持有的现金和现金等价物后的净额。本项目可以根据“长期股权投资”、“库存现金”、“银行存款”等科目的记录分析填列。

4）支付的其他与投资活动有关的现金

该项目反映企业除上述各项以外所支付的其他与投资活动有关的现金流出，如企业购买股票时实际支付的价款中包含的已宣告而尚未领取的现金股利，购买债券时支付的价款中包含的已到期尚未领取的债券利息等。若某项其他与投资活动有关的现金流出金额较大，应单列项目反映。本项目可以根据“应收股利”、“应收利息”、“银行存款”、“库存现金” 等科目的记录分析填列。

3. 投资活动现金流量分析

投资活动是企业现金流动的主要形式之一。对投资活动现金流量的分析，主要应关注投资活动的现金流出与企业发展战略之间的吻合程度。

1）投资活动产生的现金流量小于零

投资活动产生的现金流量小于零，意味着企业在构建固定资产、无形资产和其他长期资产、权益性投资及债券性投资等方面所支付的现金之和大于企业因收回投资，分得股利或利润，取得债券利息收入，处置固定资产、无形资产和其他长期资产而收到的现金净额之和。表明企业扩大再生产的能力较强，参与资本市场运作、实施股权及债权投资能力较强。一般情况下，企业投资活动所需要的现金支付，可以用下列 5 种方式解决：

（1）消耗企业现存的货币积累；

（2）挤占本来可以用于经营活动的现金，削减经营活动的现金消耗；

（3）利用经营活动积累的现金进行补充；

（4）在不能挤占本来可以用于经营活动的现金的条件下，进行额外贷款融资，以满足投资活动的现金需要；

（5）在没有贷款融资的条件下，只能采用拖延债务支付或加大投资活动引起的负债规模来解决。

2）投资活动产生的现金流量大于零

投资活动产生的现金流量大于零，意味着企业在投资活动方面的现金流入量大于流出量。这种情况，或者是由于企业在本会计期间的投资回收活动的规模大于投资支出的规模而产生的，表明企业投资收效显著，投资回报及变现能力较强；或者是由于企业在经营活动与筹资活动方面急需资金而不得不处理手中的长期资产以求变现等原因而引起的。

三、筹资活动现金流量项目解读与分析

筹资活动是指导致企业资本及债务规模和构成发生变化的活动。这里所说的资本，既包

括实收资本（股本），也包括资本溢价（股本溢价）；这里所说的债务，指对外举债，包括向银行借款、发行债券以及偿还债务等。通常情况下，应付账款、应付票据等商业应付款等属于经营活动，不属于筹资活动。

此外，对于企业日常活动之外的、不经常发生的特殊项目，如自然灾害损失、保险赔款、捐赠等，应当归并到相关类别中，并单独反映。比如，对于自然灾害损失和保险赔款，属于流动资产损失，应当列入经营活动产生的现金流量；属于固定资产损失，应当列入投资活动产生的现金流量。

筹资活动现金流量是指企业在某一段时间内由于权益性资本及借款规模和构成发生变化所产生的现金流入量和现金流出量。

1. 筹资活动流入的现金

1）吸收投资收到的现金

该项目反映通过发行股票、债券等方式筹集资金时收到的现金净额。股份有限公司公开募集股份，须委托金融机构进行公开发行，由金融机构直接支付手续费、宣传费、咨询费、印刷费等费用，从发行股票取得的现金收入中直接扣除，以净额列示。以发行股票方式筹集资本而有企业直接支付的审计、咨询等费用，不在本项目中反映，而在“支付的其他与筹资活动有关的现金”项目中反映。本项目可以根据“实收资本（或股本）”、“库存现金”、“银行存款”等科目的记录分析填列。

2）取得借款收到的现金

该项目反映企业举借各种短期、长期借款实际收到的现金。本项目可以根据“短期借款”、“长期借款”、“库存现金”、“银行存款”等科目的记录分析填列。

3）收到其他与筹资活动有关的现金

该项目反映企业除上述各项目外所收到的其他与筹资活动有关的现金流入等。若某项其他与筹资活动有关的现金流入金额较大，应单列项目反映。本项目可以根据“银行存款”、“库存现金”、“营业外收入”等科目的记录分析填列。

2. 筹资活动流出的现金

1）偿还债务支付的现金

该项目反映企业以现金偿还债务的本金，包括偿还银行或其他金融机构等的借款本金、偿还债券本金等。企业偿还的借款利息、债券利息不包括在本项目中，企业应将其列入“分配股利、利润或偿付利息支付的现金”项目中。另外，企业通过产品或劳务等非现金方式偿付的债务也不在本项目中，企业应将其在报表的附注中说明。本项目可以根据“短期借款”、“长期借款”、“应付债券”、“库存现金”、“银行存款”等科目的记录分析填列。

2）分配股利、利润或偿还利息所支付的现金

该项目反映企业实际支付的现金股利、支付给其他投资单位的利润，以及用现金支付的借款利息、债券利息等。本项目可以根据“应付股利”、“应付利息”、“财务费用”、“库存现金”、“银行存款”等科目的记录分析填列。

企业以股票或财产股利的方式支付的利润不在本项目中反映。目前我国暂未使用财产区里的分红方式。

3）支付的其他与筹资活动有关的现金

该项目反映企业除上述各项目外所支付的其他与筹资活动有关的现金流出，如以发行股票、债券等方式筹集资金而由企业直接支付的审计、咨询等费用，融资租入固定资产支付的租赁费，以分期付款方式购建固定资产以后各期支付的现金等。其他与筹资活动有关的现金，如果价值较大的，应单列项目反映。本项目可以根据“营业外支出”、“长期应付款”、“银行存款”、“库存现金”等科目的记录分析填列。

3. 筹资活动现金流量分析

对筹资活动现金流量分析，主要应关注筹资活动的现金流量与经营活动、投资活动现金流量之间的适应程度。在企业经营活动、投资活动需要现金支持时，企业应通过筹资活动及时、足额地筹到相应的资金；在企业经营活动、投资活动产生大量现金时，企业应及时清偿相应的贷款，避免不必要的利息支出。

1）筹资活动产生的现金流量大于零

筹资活动产生的现金流量大于零，意味着企业在吸收权益性投资、发行债券及借款等方面所收到的现金之和大于企业在偿还债务、支付筹资费用、分配股利或利润、偿还利息等方面所支付的现金之和。表明企业通过银行及资本市场筹资的能力较强。同时，应密切关注资金的使用效果，防止企业未来无法支付到期的债务本息而陷入债务危机。

企业处于发展的起步阶段时需要大量资金，在企业经营活动的现金流量小于零的情况下，企业现金流量的需求主要通过企业的筹资活动来解决。因此，分析企业筹资活动产生的现金流量大于零是否正常时，关键要看企业的筹资活动是否已纳入企业的发展规划，要看它是企业管理层为扩大投资和经营活动而采取的主动筹资行为，还是企业因投资活动和经营活动的现金流出失控而采取的不得已的筹资行为。

2）筹资活动产生的现金流量小于零

筹资活动产生的现金流量小于零，意味着企业在吸收权益性投资、发行债券及借款等方面所收到的现金之和小于企业在偿还债务、支付筹资费用、分配股利或利润、偿付利息等方面所支付的现金之和。这种情况或者是由于企业在本会计期间集中发生偿还债务、支付筹资费用、分配股利或利润、偿付利息等业务而产生的，或者是因为企业经营活动与投资活动在现金流量方面运转较好，有能力完成各项支付而产生的。但是，企业筹资活动产生的现金流量小于零，也可能是企业在投资和企业扩张方面没有更多作为的一种表现。

四、汇率变动对现金及现金等价物的影响

该项目反映企业外币现金流量以及境外子公司的现金流量折算为人民币时，所采用的现金流量发生日的即期汇率或按照系统合理的方法确定的、与现金流量发生日即期汇率近似汇率折算的人民币金额与“现金及现金等价物净增加额”中的外币现金净增加额按期末汇率

折算的人民币金额之间的差额。

在编制现金流量表时，可逐笔计算外币业务发生的汇率变动对现金的影响，也可不必逐笔计算而采用简化的计算方法，即通过现金流量表补充资料中“现金及现金等价物净增加额”数额与现金流量表中“经营活动产生的现金流量净额”、“投资活动产生的现金流量净额”、“筹资活动产生的现金流量净额”三项之和比较，其差额即为“汇率变动对现金及现金等价物的影响”项目的金额。

五、现金流量表补充资料

除现金流量表反映的信息外，企业还应在附注中披露将净利润调节为经营活动现金流量、不涉及现金收支的重大投资和筹资活动、现金及现金等价物净变动情况等信息。

1. 将净利润调节为经营活动现金流量

现金流量表采用直接法反映经营活动产生的现金流量，同时，企业还应采用间接法反映经营活动产生的现金流量。间接法，是指以本期净利润为起点，通过调整不涉及现金的收入、费用、营业外收支以及经营性应收应付等项目的增减变动，调整不属于经营活动的现金收支项目，据此计算并列报经营活动产生的现金流量的方法。在我国，现金流量表补充资料应采用间接法反映经营活动产生的现金流量情况，以对现金流量表中采用直接法反映的经营活动现金流量进行核对和补充说明。

采用间接法列报经营活动产生的现金流量时，需要对四大类项目进行调整：① 实际没有支付现金的费用；② 实际没有收到现金的收益；③ 不属于经营活动的损益；④ 经营性应收应付项目的增减变动。

1）资产减值准备

该项目反映企业本期实际计提的各项资产减值准备，包括坏账准备、存货跌价准备、长期股权投资减值准备、持有至到期投资减值准备、投资性房地产减值准备、固定资产减值准备、在建工程减值准备、无形资产减值准备、商誉减值准备、生产性生物资产减值准备、油气资产减值准备等。本项目可以根据“资产减值损失”科目的记录分析填列。

2）固定资产折旧、油气资产折耗、生产性生物资产折旧

该项目反映企业本期累计计提的固定资产折旧、油气资产折耗、生产性生物资产折旧。本项目可根据“累计折旧”、“累计折耗”等科目的贷方发生额分析填列。

3）无形资产摊销

该项目反映企业本期累计摊入成本费用的无形资产价值。本项目可以根据“累计摊销”科目的贷方发生额分析填列。

4）长期待摊费用摊销

该项目反映企业本期累计摊入成本费用的长期待摊费用。本项目可以根据“长期待摊费用”科目的贷方发生额分析填列。

5）处置固定资产、无形资产和其他长期资产的损失

该项目反映企业本期处置固定资产、无形资产和其他长期资产发生的净损失（或净收益）。如为净收益以“-”号填列。本项目可以根据“营业外支出”、“营业外收入”等科目所属有关明细科目的记录分析填列。

6）固定资产报废损失

该项目反映企业本期发生的固定资产盘亏净损失。该项目可以根据“营业外支出”、“营业外收入”科目所属有关明细科目的记录分析填列。

7）公允价值变动损失

该项目反映企业持有的交易性金融资产、交易性金融负债、采用公允价值模式计量的投资性房地产等公允价值变动形成的净损失。如为净收益以“-”号填列。本项目可以根据“公允价值变动损益”科目所属有关明细科目的记录分析填列。

8）财务费用

该项目反映企业本期实际发生的属于投资活动或筹资活动的财务费用。属于投资活动、筹资活动的部分，在计算净利润时已扣除，但这部分发生的现金流出不属于经营活动现金流量的范畴，所以，在将净利润调节为经营活动现金流量时，需要予以加回。本项目可以根据“财务费用”科目的本期借方发生额分析填列；如为收入，以“-”号填列。

9）投资损失

该项目反映企业对外投资实际发生的投资损失减去收益后的净抽失。本项目可以根据利润表“投资收益”项目的数字填列；如为投资收益，以“-”号填列。

10）递延所得税资产减少

该项目反映企业资产负债表“递延所得税资产”项目的期初余额与期末余额的差额。本项目可以根据“递延所得税资产”科目发生额分析填列。

11）递延所得税负债增加

该项目反映企业资产负债表“递延所得税负债”项目的期初余额与期末余额的差额。本项目可以根据“递延所得税负债”科目发生额分析填列。

12）存货的减少

该项目反映企业资产负债表“存货”项目的期初与期末余额的差额。期末数大于期初数的差额，以“-”号填列。

13）经营性应收项目的减少

该项目反映企业本期经营性应收项目（包括应收票据、应收账款、预付账款、长期应收款和其他应收款等经营性应收项目中与经营活动有关的部分及应收的增值税销项税额等）的期初与期末余额的差额。期末数大于期初数的差额，以“-”号填列。

14）经营性应付项目的增加

该项目反映企业本期经营性应付项目（包括应付票据、应付账款、预收账款、应付职工薪酬、应交税费和其他应付款等经营性应付项目中与经营活动有关的部分及应付的增值税

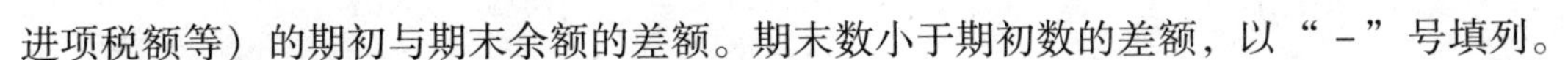

进项税额等）的期初与期末余额的差额。期末数小于期初数的差额，以“－”号填列。

2. 不涉及现金收支的重大投资和筹资活动

该项目反映企业一定会计期间内影响资产和负债但不形成该期现金收支的所有重大投资和筹资活动的信息。这些投资和筹资活动是企业的重大理财活动，对以后各期的现金流量会产生重大影响，因此，应单列项目在补充资料中反映。目前，我国企业现金流量表补充资料中列示的不涉及现金收支的重大投资和筹资活动项目主要有以下几项：

（1）“债务转为资本”项目，反映企业本期转为资本的债务金额；

（2）“一年内到期的可转换公司债券”项目，反映企业一年内到期的可转换公司债券的本息；

（3）“融资租入固定资产”项目，反映企业本期融资租入固定资产的最低租赁付款额扣除应分期计入利息费用的未确认融资费用后的净额。

3. 现金及现金等价物净变动情况

该项目反映企业一定会计期间现金及现金等价物的期末余额减去期初余额后的净增加额（或净减少额），是对现金流量表中“现金及现金等到价物净增加额”项目的补充说明。该项目的金额应与现金流量表“现金及现金等价物净增加”项目的金额核对相符。

案例4－2　东方公司现金流量表见表4－3，补充资产见表4－4。

表4－3　现金流量表

企业03表

编制单位：东方公司　　2011年度　　单位：元

项　　目	本期金额	上期金额
一、经营活动产生的现金流量		
销售商品、提供劳务收到的现金	2 712 000	（略）
收到的税费返还	36 000	
收到的其他与经营活动有关的现金	0	
经营活动现金流入小计	2 748 000	
购买商品、接受劳务支付的现金	936 000	
支付给职工及为职工支付的现金	600 000	
支付的各项税费	372 000	
支付的其他与经营活动有关的现金	100 000	
经营活动现金流出小计	2 008 000	
经营活动产生的现金流量净额	740 000	
二、投资活动产生的现金流量		
收回投资所收到的现金	0	
取得投资收益所收到的现金	40 000	

续表

项　目	本期金额	上期金额
处置固定资产、无形资产和其他长期资产收到的现金净额	150 000	
处置子公司及其他营业单位收到的现金净额	0	
收到的其他与投资活动有关的现金	0	
投资活动现金流入小计	190 000	
购建固定资产、无形资产和其他长期资产支付的现金	70 000	
投资支付的现金	0	
取得子公司及其他营业单位支付的现金净额		
支付的其他与投资活动有关的现金	0	
投资活动现金流出小计	70 000	
投资活动产生的现金流量净额	120 000	
三、筹资活动产生的现金流量		
吸收投资所收到的现金	0	
取得借款收到的现金	200 000	
收到的其他与筹资活动有关的现金	0	
筹资活动现金流入小计	200 000	
偿还债务所支付的现金	0	
分配股利、利润或偿付利息所支付的现金	50 000	
支付的其他与筹资活动有关的现金	0	
筹资活动现金流出小计	50 000	
筹资活动产生的现金流量净额	150 000	
四、汇率变动对现金及现金等价物的影响	0	
五、现金及现金等价物净额增加额	1 010 000	
加：期初现金及现金等价物余额	3 320 000	
六、期末现金及现金等价物余额	4 330 000	

表4-4　现金流量表补充资产

单位：元

补充资产	本期金额	上期金额
1. 将净利润调节为经营活动现金流量：		
净利润	528 000	（略）
加：计提的资产减值准备	8 000	
固定资产折旧	720 000	
无形资产摊销	4 000	
长期待摊费用摊销	0	

续表

补充资产	本期金额	上期金额
处置固定资产、无形资产和其他长期资产的损失（收益以“－”号填列）	－40 000	
固定资产报废损失（收益以“－”号填列）	0	
公允价值变动损失（收益以“－”号填列）	0	
财务费用（收益以“－”号填列）	20 000	
投资损失（收益以“－”号填列）	－180 000	
递延所得税资产减少（增加以“－”号填列）	0	
递延所得税负债增加（减少以“－”号填列）	0	
存货的减少（增加以“－”号填列）	－484 200	
经营性应收项目的减少（增加以“－”号填列）	40 000	
经营性应付项目的增加（减少以“－”号填列）	124 110	
其他	0	
经营活动产生的现金流量净额	740 000	
2. 不涉及现金收支的投资和筹资活动		
债务转为资本	0	
一年内到期的可转换公司债券	0	
融资租入固定资产	0	
3. 现金及现金等价物净额增加情况		
现金的期末余额	4 330 000	
减：现金的期余额	3 320 000	
加：现金等价物的期末余额	0	
减：现金等价物的期初余额	0	
现金及现金等价物净增加额	1 010 000	

专业知识和技能训练

一、思考题

1. 简述现金流量表的概念和作用。

2. 简述现金流量表的基本分类。

3. 现金流量分为哪几类？企业编制经营活动现金流量的方法是什么？

4. 如何采用分析填列法编制现金流量表？如何采用工作底稿法、T形账户法编制现金流量表？

二、单项选择题

1. （　　）是指企业持有的期限短、流动性强、易于转换为已知金融现金、价值变动风险很小的投资。

A. 现金　　B. 现金等价物　　C. 短期投资　　D. 应收票据

2. 现金流量表是以（　　）为基础编制的。

A. 现金　　B. 经营活动　　C. 筹资活动　　D. 投资活动

3. 现金流量表示按照（　　）编制的。

A. 权责发生制　　B. 收付实现制　　C. 历史成本　　D. 公允价值

4. 现金流量表的核心是（　　）。

A. 经营活动　　B. 投资活动　　C 筹资活动　　D. 现金流量

5. 企业当期收到的税费返还应列为现金流量表中的（　　）现金流入量。

A. 经营活动　　B. 投资活动

C. 筹资活动　　D. 汇率变动影响

6. 处置固定资产、无形资产和其他长期资产收回的现金净额应计入（　　）现金流入量。

A. 经营活动　　B. 投资活动

C. 筹资活动　　D. 汇率变动影响

7. 分配股利、利润或偿还利息支付的现金应计入（　　）现金流出量。

A. 经营活动　　B. 投资活动

C. 筹资活动　　D. 汇率变动影响

8. 将净利润调整为经营活动现金流量时，应以净利润为基础（　　）资产减值准备、固定资产折旧等。

A. 加　　B. 减　　C. 乘　　D. 除

9. 现金到期债务比的分子是（　　）。

A. 流动负债　　B 债务总额　　C. 到期债务　　D. 经营现金净流量

10. 现金获利能力的分母是（　　）。

A. 全部资产总额　　B. 营业收入

C. 流通在外的普通股股权　　D. 净利润

三、多项选择题

1. 现金流量的结构分析包括的内容是（　　）。

A. 现金流入的结构分析　　B. 现金流出的结构分析

C. 现金净流量的结构分析　　D. 汇率变动的结构分析

E. 总流量的结构分析

2. 对企业收益质量进行分析，通常需要计算（　　）指标。

A. 现金到期债务比　　B. 净收益营运指数

C. 全部资产现金回收率　　D. 现金营运指数

E. 现金获利能力

3. 决定企业收益质量的因素有很多，但最主要的因素有（　　）。

A. 现金流量的结果　　B. 现金流量的规模

C. 会计政策的选择　　D. 会计政策的运用

E. 收益与经营风险的关系

4. 运用现金流量表中的信息分析企业的偿债能力，通常采用的指标有（　　）。

A. 现金到期债务比　　B. 现金流动负债比

C. 现金债务总额比　　D. 销售（或营业）现金的比率

E. 每股营业现金净流量

5. 运用现金流量表中的信息分析企业获取现金的能力，通常采用的指标有（　　）。

A. 全部资产现金回收率　　B. 现金获利能力

C. 每股收益　　D. 销售（或营业）现金的比率

E. 每股营业现金净流量

四、判断题

1. 现金是企业的血液。（　　）

2. 现金流量表是按权责发生制编制的。（　　）

3. 企业的银行存款与现金等价物之间的资金转换，不视为现金的流入或流出。（　　）

4. 企业存放在银行和金融机构中不可提前支取的定期存款不视为现金。（　　）

5. 评价企业的经营只需要看懂利润表。（　　）

6. 企业经营活动产生的现金流量直接反映企业创造现金能力。（　　）

7. 汇率变动对现金的影响数，应作为调整项目，在现金流量表中单独列示。（　　）

8. 运用现金流量表中的信息分析企业的偿债能力时，通常采用的三个指标的分子都是经营现金净流量。（　　）

9. 一般情况下，企业的非经营收益越多，收益质量就越好。（　　）

10. 处置子公司及其他营业单位收到的现金净额属于筹资活动现金流入量。（　　）

五、计算题

某公司有关财务资料如下：

（1）负债总额为23 000万元，其中流动负债占80%，年内到期的长期负债为1 500万元；

（2）经营净现金流量为6 600万元；

（3）公司当年净利润为7 500万元。

要求：① 计算该公司的现金到期债务比、现金流动负债比、现金债务总额比；

② 计算该公司的净利润现金保证比率；

③ 若目前市场利率为15%，则该公司理论上还可以借入多少资金？

六、案例分析题

1. 欣欣公司2003年年末资产总额为6 000万元，股东权益总额为3 500万元，流动负债为1 500万元，长期负债为1 000万元；其中现金及现金等价物为800万元，本年度到期的长期借款和短期借款及利息为800万元。股东权益中普通股股本总额为2 000万元，每股面值为10元。该公司本年度实现净利润为1 200万元，股利支付率为40%，全部以现金股利支付。公司当年经营活动的现金流量业务如下：销售商品、提供劳务取得现金4 000万元；购买商品、接受劳务支付现金1 800万元；职工薪酬支出300万元；支付所得税400万元；其他现金支出200万元。该公司经营活动现金净流量占公司全部现金净流量的80%，销售收现比90%。欣欣公司本年度资本性支出为1 600万元。

要求：(1) 计算现金比率；

(2) 计算现金流动负债比、现金债务总额比、现金到期债务比；

(3) 计算每股经营现金净流量；

(4) 计算现金股利保障倍数；

(5) 计算现金满足投资比率；

(6) 根据以上计算的比率，简要评价该公司的支付能力及收益质量。

2. 一个盈利的公司会破产吗？一个公司的发展决策因缺少现金而会停止吗？回答是肯定的。全美便利连锁店（简称NCS）就是一例。NCS是一家管理着3个州（加利福尼亚州、佐治亚州和得克萨斯州）、7个市场、988个连锁店的上市公司。这些店的经营范围是新鲜食品、传统快餐、软饮料和酒精饮料、烟草制品、杂粮、保健品和美容用品，约80%的商店装备有半自动的加油设施。

经过从加油站发展到便利连锁商店的残酷竞争，NCS开始试行一种新的战略，即采用“邻近店原则”，把每个店的产品和当地客户的购货方式和地理情况直接联系起来。1991年，该公司把这种战略推广到品牌合作者，如必胜客的店堂内，与必胜客合作共同推出在店内新鲜外卖快餐，同时该公司还投产了它的“NCS品名”的快餐生产线。

尽管公司首席执行官V. H. PetE. VanHom试图提高其经营业绩，但是NCS还是遇到财务危机。与1990年同期盈利100万美元相比，1991年第三季度NCS损失了310万美元。营业额与1990年同期相比，从2.92亿元减少到2.67亿元，下降比例为8.5%，此时，现金已为零。1991年11月，公司逾期未付银行贷款达390万美元，并停止支付优等股股利。1991年12月6日这一周，NCS披露已经无力偿还在1991年12月1日到期的130万美元的抵押贷款。1991年12月9日NCS在无法从其主要的供货商处获得信用后，便向法院申请破产保护。根据破产法，申请破产的公司在法庭监护下经营，制订还款计划，收入首先用来还债。NCS的破产申请书上显示：资产2.775亿美元。

NCS破产前5年，相关的财务数据如表4-5所示。

表4-5　NCS破产前5年相关的财务数据　　单位：万美元

项目＼时间	1991年	1990年	1989年	1988年	1987年
销售收入	173 958	1 062 183	1 077 150	917 533	831 112
毛利	270 578	293 056	277 211	253 302	223 442
净利润（净损失）	(10 456)	4 963	(8 858)	6 745	(5 445)
经营活动现金流	15 090	6 704	23 585	36 122	31 599
净现金变动	11 448	1 112	(5 190)	3 762	5 580

如表4-5所示，NCS净利润在5年中变化很大，经营活动现金流则每年逐渐递减。公司在实施新的发展战略过程中，将大量现金花费在建造新商店和商店装修上，使现金流向问题恶化，同时经济衰退以及休斯敦的犯罪风波在不同程度上使NCS商店收到打击，然而现金周转恶化是导致NCS最终破产的主要因素。

1993年2月，经法院批准以及债权人和公司股东的投票，该公司通过了一项改组计划，公司对现有股东以10股旧股换5股新股的方式进行股权置换。经过一年多的调整，公司在1994年末盈利0.68亿美元，经营活动产生现金净流量为2.5亿美元。

要求：分析上述案例，结合我国某些ST、PT公司的经营状况，阐述现金流量信息对判断企业经营风险与财务风险的重要性。

项目5

所有者权益变动表解读与分析

本项目介绍了所有者权益变动表的结构和内容及所有者权益变动表主要项目的分析方法。

所有者权益变动表是指反映构成所有者权益各组成部分当期增减变动情况的报表。所有者权益变动表能够反映企业抵御财务风险的能力、企业自有资本的质量、企业股利分配政策及现金支付能力，有利于全方面反映企业的经营业绩。

我国目前所有者权益变动表采用的是矩阵式结构，包括股本或实收资本、资本公积、盈余公积和未分配利润四个组成部分。所有者权益变动表的分析分为水平分析和垂直分析两方面。所有者权益变动表的水平分析是将所有者权益各个项目的本年数与基准数（可以是上年数）进行对比分析，从静态角度揭示公司当期所有者权益各个项目绝对数变动情况，从而反映所有者权益各个项目增减变动的具体原因和存在问题的一种分析方法。所有者权益变动表的垂直分析是将所有者权益变动表各个项目的本期发生数与所有者权益变动表本期年末余额进行比较（即各个项目金额占本年年末余额的比重），从而揭示公司当年所有者权益内部结构的情况。

任务1　认知所有者权益变动表

教学目标

1. 认识所有者权益变动表的概念；
2. 理解所有者权益变动表的作用；
3. 熟悉所有者权益变动表的结构；
4. 理解所有者权益变动表的填列方法。

所有者权益是指企业资产扣除负债后，由所有者享有的剩余权益，公司的所有者权益又称为股东权益。所有者权益是所有者对企业资产的剩余索取权，它是企业资产中扣除债权人权益后应由所有者享有的部分，既可反映所有者投入资本的保值增值情况，又体现了保护债权人债权的理念。

所有者权益的来源包括所有者投入的资产、直接计入所有者权益的利得和损失、留存收益等。通常由实收资本（或股本）、资本公积（含资本溢价或股本溢价、其他资本公积）、盈余公积和未分配利润构成。

《企业会计准则第 30 号——财务报表列报》中明确提出，财务报表中除了资产负债表、利润表、现金流量表和附注之外，还必须包括所有者权益变动表，该表主要反映构成所有者权益的各组成部分当期的增减变动情况。

一、什么是所有者权益变动表

伴随着资本市场的不断完善和日趋成熟、高新技术飞速发展及广泛应用，企业的生产经营活动日趋复杂，新的获利点不断涌现。而传统会计制度框架体系下编制的利润表，对于这些新的、非传统收益来源的反映似乎是捉襟见肘、无能为力。面临广大信息使用者对于利润表提供企业全面业绩的能力的质疑，发达国家近年来开始采取一些补救措施，一种新型的财务业绩报告应运而生，即所谓的“全面收益”的报告。

收益作为反映企业业绩的综合计量指标，构成企业会计的重心，利润表作为企业业绩的综合报告工具，成为企业会计最重要的产品。然而，植根于传统会计制度框架的利润表已不能完全反映现代企业的多种收益表现形式，对于当前上市，公司盈余操纵行为也显得无所作为，这在复杂多变的社会经济形式下暴露出很大的局限性。随着人们对传统收益报告对于企业整体获利情况反映能力的质疑和批评，近年来经过多方面反复的考虑、设计和论证，国际社会出现了一个新型的财务业绩报告形式——全面收益观或权益变动表，引起了理论和实务界的广泛关注。但是由于传统收益观念的束缚，会计准则制定机构基于社会各层面利益的考虑，并妥协于企业“收益平滑化”的需要，允许一些财富变动项目绕过收益表而仅仅体现为资产负债表中的权益变化，以至于体现企业财富增加的净资产变动和净利润之间缺乏明朗化的联系，彻底的全面收益观还没有实现。此类调和与折中的结果，就导致了我国企业会计上第四张报表——所有者权益变动表的出现，它所体现的就是一种近似的全面收益观。

全面收益观概念源于经济学的收益观。所谓全面收益观，或称综合收益，可以理解为某一报告期内，除与业主之间的交易外，由于一切原因导致的权益增减变动。根据新企业会计准则，全面收益不仅包括净利润，还包括直接计入所有者权益的利得和损失。全面收益观念既提出对传统会计原则与惯例的质疑和挑战，也对会计计量基础的权责发生制和配比原则提供了更充分、更有益的诠释，代表着会计理论和实务的一个发展方向。

所有者权益变动表是指反映构成所有者权益各组成部分当期增减变动情况的报表。所有者权益变动表应当全面反映一定时期所有者权益变动的情况，不仅包括所有者权益总量的增减变动，还包括所有者权益增减变动的重要结构性信息，特别是要反映直接计入所有者权益的利得和损失，让报表使用者准确理解所有者权益增减变动的根源。

在所有者权益变动表中，企业至少应当单独列示反映下列信息的项目：① 净利润；② 其他综合收益；③ 会计政策变更和差错更正的累积影响金额；④ 所有者投入资本和向所有者分配利润等；⑤ 提取的盈余公积；⑥ 实收资本或股本、资本公积、盈余公积、未分配利润的期初和期末余额及其调节情况。

二、所有者权益变动表的作用

所有者权益变动表的作用主要体现在以下几个方面。

1. 反映企业抵御财务风险的能力，为报表使用者提供企业盈利能力方面的信息

所有者权益是企业的自有资本，也是企业生产经营、承担债务责任、抵御财务风险的物质基础。所有者权益的增减变动直接反映着企业经济实力的强弱变化，即企业承担债务责任、抵御财务风险的能力变化。而所有者权益的增减主要来源于企业利润的增长，所以所有者权益变动表也间接地反映出企业的盈利能力，从而为报表使用者提供企业盈利能力方面的信息。

2. 反映企业自有资本的质量，解释所有者权益变动的原因，为报表使用者正确评价企业经营管理工作提供信息

所有者权益的增减变动有多种原因，该表全面地记录了影响所有者权益变动的各个因素的年初和年末余额。通过每个项目年末和年初的对比，以及各项目构成比例的变化，揭示所有者权益变动的原因及过程，从而为报表使用者判断企业自有资本的质量、正确评价企业的经营管理工作提供信息。

3. 反映企业股利分配政策及现金支付能力，为投资者投资决策提供全面信息

所有者权益变动表既有资产负债表的内容（所有者权益），又有利润表中的项目内容（净利润），还包括利润分配的内容。同时，企业向股东支付股利取决于公司的股利分配政策和现金支付能力。现金支付能力的信息来源于现金流量表。因此，该表通过翻译利润分配情况，不仅向投资者或潜在投资者提供了有关股利分配政策和现金支付能力方面的信息，而且通过这一过程将“四大”会计报表有机地联系在一起，为报表使用者全面评价企业的财务状况、经营成果和企业发展能力提供了全面的信息。

4. 为公允价值的广泛运用创造条件

公允价值的引入是新准则最大的亮点。这表明公允价值将得到更加广泛的运用。公允价值的运用能反映在物价、利率、汇率波动情况下的企业资产、负债和所有者权益的真实价值，突出体现以公允价值为基础的“资产负债表”的新会计理念，从而也不可避免地产生未实现的利得或损失。所有者权益变动表的出现使得企业未实现的利得或损失得到充分体现，也为公允价值的广泛运用创造条件。

5. 有利于全方面反映企业的经营业绩

所有者权益变动表既能反映企业以历史成本计价已确认实现的收入、费用、利得和损失，又能反映以多种计量属性计价的已确认但未实现的利得和损失，解决了金融衍生工具、外币换算、资产重估等产生的收益却无法在表内披露、确认的难题，也真实准确地反映由于会计政策变更和前期差错更正对所有者权益的影响数额，另外也反映由于股权分置、股东分配政策等财务政策对所有者权益的影响。

所有者权益变动表使得会计报告的内容更丰富，反映企业经营业绩的信息更加广泛和真实，进而满足报表使用者对企业会计信息披露多样化的需求。

三、所有者权益变动表的结构

根据企业会计准则的规定，所有者权益变动表不仅包含了以往会计报表中反映的、有关所有者权益总量的增减变动信息，还包含了导致所有者权益总量变动的、各构成要素发生金额变动的一些主要的结构性信息，便于报表使用者了解企业的所有者权益增减变化，分析变动是源自持续性的日常经营活动盈亏，还是源自偶然性或非获利性的利得和损失，便于对企业的现状和所有者权益的未来走向作出恰当的评价和预期。

为了清楚地表明构成所有者权益的各组成部分当期的增减变动情况，所有者权益变动表应当以矩阵的形式列示：一方面，列示导致所有者权益变动的交易或事项，改变了以往仅仅按照所有者权益的各组成部分反映所有者权益变动情况，而是从所有者权益变动的来源对一定时期所有者权益变动情况进行全面反映；另一方面，按照所有者权益各组成部分（包括实收资本、资本公积、盈余公积、未分配利润和库存股）及其总额列示交易或事项对所有者权益的影响。此外，企业还需要提供比较所有者权益变动表，所有者权益变动表还就各项目再分为“本年金额”和“上年金额”两栏分别填列。所有者权益变动表的具体格式如表5－1所示。

表5－1　所有者权益变动表

会企04表

编制单位：　　　　年度　　　　单位：元

项　目	本年金额						上年金额					
	实收资本（或股本）	资本公积	减：库存股	盈余公积	未分配利润	所有者权益合计	实收资本（或股本）	资本公积	减：库存股	盈余公积	未分配利润	所有者权益合计
一、上年年末余额												
加：会计政策变更												
前期差错更正												
二、本年年初余额												
三、本年增减变动金额（减少以“－”号填列）												

续表

项目	本年金额						上年金额					
	实收资本（或股本）	资本公积	减：库存股	盈余公积	未分配利润	所有者权益合计	实收资本（或股本）	资本公积	减：库存股	盈余公积	未分配利润	所有者权益合计
（一）净利润												
（二）直接计入所有者权益的利得和损失												
1. 可供出售金融资产公允价值变动净额												
2. 权益法下被投资单位其他所有者权益变动的影响												
3. 与计入所有者权益项目相关的所得税影响												
4. 其他												
（一）和（二）小计												
（三）所有者投入资本												
1. 所有者投入资本												
2. 股份支付计入所有者权益的金额												
3. 其他												
（四）利润分配												
1. 提取盈余公积												
2. 对所有者（或股东）的分配												
3. 其他												
（五）所有者权益内部结转												
1. 资本公积转增资本（或股本）												
2. 盈余公积转增资本（或股本）												
3. 盈余公积弥补亏损												
4. 其他												
四、本年年末余额												

从表5－1可以看出，所有者权益变动表属于动态报表，从左到右列示了所有者权益的组成项目，自下而上反映了各项目年初至年末的增减变动过程。

从反映的时间看，所有者权益变动表列示两个会计年度所有者权益各项目的变动情况，便于对前后两个会计年度的所有者权益总额和各组成项目进行动态分析；从反映的项目来看，所有者权益变动表反映的内容包括所有者权益各项目本年年初余额的确定、本年度取得的影响所有者权益增减变动的收益和利得或损失、所有者投入或减少资本引起的所有者权益的增减变化、利润分配引起的所有者权益各项目的增减变化、所有者权益内部项目之间的相互转化。

所有者权益变动表各项目之间的关系为：

本年年末余额 = 本年年初余额 + 本年增减变动金额

其中：

本年年初余额 = 上年年末余额 + 会计政策变更 + 前期差错更正

本年增减变动金额 = 净利润 + 直接计入所有者权益的利得和损失 +
所有者投入和减少资本 + 利润分配 + 所有者权益内部结转

四、所有者权益变动表的填列方法

1）“上年年末余额”项目

反映企业上年资产负债表中实收资本（或股本）、资本公积、库存股、盈余公积、未分配利润的年末余额。

2）“会计政策变更”、“前期差错更正”项目

分别反映企业采用追溯调整法处理的会计政策变更的累积影响金额和采用追溯重述法处理的会计差错更正的累积影响金额。

3）“本年增减变动额”项目

（1）“净利润”项目，反映企业当年实现的净利润（或净亏损）金额。

（2）“直接计入所有者权益的利得和损失”项目，反映企业当年直接计入所有者权益的利得和损失金额。

①“可供出售金额资产公允价值变动净额”项目，反映企业持有的可供出售金融资产当年公允价值变动的金额。

②“权益法下被投资单位其他所有者权益变动的影响”项目，反映企业对按照权益法核算的长期股权投资，在被投资单位除当年实现的净损益以外其他所有者权益当年变动中应享有的份额。

③“与计入所有者权益项目相关的所得税影响”项目，反映企业根据《企业会计准则第18号——所得税》规定应计入所有者权益项目的当年所得税影响金额。

（3）“所有者投入和减少资本”项目，反映企业当年所有者投入的资本和减少的资本。

①“所有者投入资本”项目，反映企业接受投资者投入形成的实收资本（或股本）和资本溢价或股本溢价。

②“股份支付计入所有者权益的金额”项目，反映企业处于等待期中的权益结算的股份支付当年计入资本公积的金额。

(4)“利润分配”项目，反映企业当年的利润分配金额。

①“提取盈余公积”项目，反映企业按照规定提取的盈余公积。

②“对所有者（或股东）的分配”项目，反映对所有者（或股东）分配的利润（或股利）金额。

(5)“所有者权益内部结转”项目，反映企业构成所有者权益的组成部分之间的增减变动情况。

①“资本公积转增资本（或股本)”项目，反映企业以资本公积转增资本或股本的金额。

②“盈余公积转增资（或股本)”项目，反映企业以盈余公积转增资本或股本的金额。

③“盈余公积弥补亏损”项目，反映企业以盈余公积弥补亏损的金额。

任务2 所有者权益变动表解读与分析

教学目标

1. 熟悉所有者权益变动表明细项目解读；
2. 掌握所有者权益变动表分析。

一、所有者权益变动表明细项目解读

1. 会计政策变更

会计政策，是指企业在会计实务工作中，进行会计确认、会计计量和会计报告时所采用的相关会计原则和会计处理方法。如发出或使用存货的计价方法、收入与费用的确认原则、借款费用的处理方式，非货币性交易的计量与确认，以及投资性房地产的后续计量、长期股权投资的计量与核算方法等。

通常，为了保证财务信息的可比性，会计制度要求企业原则上应该保持所采用的会计政策在各期的一致性，不得随意变更，但随着经济环境的变化，一些原有的会计方法已不能适应新形势下报表使用者对财务信息可靠性与相关性的要求，因此，企业为更好地提供更相关、更可靠的会计信息，遵循相关法律法规或国家统一的会计制度对会计政策变更的规定，可改变其会计政策与会计处理方法，一般常采用追溯调整法进行账务处理。即对涉及会计政策变更的相关交易和事项，视同其初次发生时即采用新的会计政策进行处理，并调整报表期初数据。因此，所有者权益变动表中“会计政策变更”一项，指的是企业当前由于所采用的会计政策或会计处理方法的变动，而对账面上所有者权益数值产生的累积影响。该项目不涉及企业当期的盈亏，不属于企业当期实质性的权益变动，是因处理方式的变化而导致对账面的相应调整。

2. 前期差错更正

前期差错，是指企业当期发现的，属于以前各期由于会计政策运用错误、计量错误、曲

解或忽视了当时的客观事实等行为而导致的报表信息的错报或漏报。根据会计制度的规定，企业对于不重要的前期会计差错，可以采用未来适用法进行简化处理（即直接调整发现当期的相关项目），对于重大会计差错，应当同会计政策的变更一致，采用追溯调整法进行相应的账务处理，并调整报表中相关项目的期初金额。对以前各期由于差错更正产生的留存收益的累积影响金额，也直接调整报表的期初数据。因此，所有者权益变动表中“前期差错更正”一项，是指企业当期由于发现了以前会计期间出现的上述会计差错，而对账面上所有者权益数值产生的累积影响。该项目也不涉及企业当期的经营活动，不属于当期实质性的权益变动，而仅仅是对前期存在的重大差错导致的账面数据错误的相应调整。

3. 净利润

净利润是直接来自于年度利润表中的数据。理论上常指企业实现所有者权益保值增值的基础和根本途径。

4. 直接计入所有者权益的利得和损失

除经营活动实现的盈亏之外，企业所有者权益的变动也可能源于非日常营运所形成的利得或损失，主要包括以下方面。

1）可供出售的金融资产公允价值变动净额

根据《企业会计准则第22号——金融工具的确认和计量》要求，企业原则上应按照公允价值对金融资产进行后续计量，其中“可供出售金融资产”的公允价值变动所形成的利得或损失，不列入企业利润，而是直接计入所有者权益中的“资本公积”项目（发生的减值损失和外币金融资产形成的汇总损益除外），这一变动金额仅仅表示企业持有的该项金融资产，因公允价值变动而产生的当期影响数额，但由于公允价值的不固定性，并不一定表示企业最终实现的所有者权益的增加或减少。

2）权益法下被投资单位其他所有者权益变动的影响

长期股权投资在采用权益法核算时，当被投资单位所有者权益发生了变动，投资企业都将依据在被投资单位的持股比例，计算自身应享有的份额，并相应调整长期股权投资的账面价值。如果被投资单位所有者权益的变动是由于经营盈亏引起的，投资企业将按持股比例确认投资收益，最终通过“净利润”科目影响自身所有者权益水平，但如果被投资单位所有者权益的变动是由于接受捐赠等其他原因造成的，投资企业将按照持股比例直接调整“资本公积”项目，从而也影响其所有者权益数值。显然，“权益法下被投资单位所有者权益变动的影响”，是由于被投资单位非日常性的经营盈亏形成的，一定程度上带有被动性和偶然性的色彩。同时，这种影响也仅仅是账面上的数值变动，对投资方所有者权益究竟有多少实质性的影响，还取决于市场对该被投资单位价值的整体评价。

3）与计入所有者权益相关的所得税影响

该项目反映了企业与计入所有者权益相关的交易或事项所对应的递延所得税资产或递延所得税负债变动所引起的权益调整。如当“可供出售金融资产”的公允价值发生改变，便形成了一项所得税应纳税暂时性差异或可抵减暂时性差异，这些差异所产生的递延所得税资产或递延所得税负债列入企业的资本公积项目。从而其改变也就影响所有者权益的数值。

4）其他

除上述三种形式之外，企业因其他非日常营运所形成的利得或损失如接受现金或非现金捐赠、资产重估增值等导致的所有者权益变动。

5. 所有者投入和减少的资本

无论是投资者追加投资（包括发行股票、配股或以现金及其他非货币性资产投资），以及企业因债务重组等原因将债务转为股权，或是企业以股份支付的结算方式换取职工提供的劳务等，本质上都属于投资者对企业的权益性投资，因此，会造成企业“股本”（或实收资本）及“资本公积”等所有者权益项目的相应增加。而当企业出于各种原因减资或进行股份回购时，便会造成企业“股本（或实收资本）”、“资本公积”和“未分配利润”等项目的相应减少。

6. 利润分配

利润分配是企业对当前及以往实现利润的使用，包括按规定提取盈余公积、向股东分配股息等。其中，提取盈余公积或向股东分配股票股利，并不会引起所有者权益总额的变化，而只是使所有者权益内部各组成要素之间的结构发生相应的改变。如果向股东分派现金股利，则在减少所有者权益总额的同时，也等额减少了企业的货币资金。

7. 所有者权益内部结转

所有者权益内部结转主要反映所有者权益内部各组成要素之间的项目结构，包括资本公积或盈余公积转增资本、以盈余公积弥补亏损等，所有者权益总额并未因此发生改变，也丝毫不影响企业的现金流。

二、所有者权益变动表分析

对所有者权益变动表的分析可以从水平分析和垂直分析两方面入手。

所有者权益变动表的水平分析是将所有者权益各个项目的本年数与基准数（可以是上年数）进行对比分析，从静态角度揭示公司当期所有者权益各个项目绝对数变动情况，从而反映所有者权益各个项目增减变动的具体原因和存在问题的一种分析方法。一般用变动额和变动率两个指标来反映所有者权益各个项目的本年数（报告期）与上年数（基期）的变动情况。

所有者权益变动表的垂直分析是将所有者权益变动表各个项目的本期发生数与所有者权益变动表本期年末余额进行比较（即各个项目金额占本年年末余额的比重），从而揭示公司当年所有者权益内部结构的情况。从静态角度判断所有者权益变动表各个项目构成的合理性，同时将报告期各个项目所占的比重与基期各个项目所占的比重进行对比分析，从动态角度反映所有者权益表的各个项目变动情况，找出影响所有者权益变动的主要项目，为报表使用者进行经济决策提供新的思路。

案例 5－1 YGE 公司 2010—2011 年度所有者权益变动表分析

YGE 公司 2010—2011 年度所有者权益变动表水平与垂直分析如表 5－2 所示。

表5－2　YGR公司2010—2011年所有者权益变动表水平和垂直分析

单位：元

项目	2011年				2010年			
	实际数	变动额	变动率	比重	实际数	变动额	变动率	比重
一、上年年末余额	15 206 851 510.32	-366 364 385.9	-2.35%	113.59%	15 573 215 896.22	5 665 746 038.00	57.18%	102.41%
加：会计政策变更						-446 927 487.65	-100%	
前期差错更正						-4 325.17	-100%	
二、本年年初余额	15 206 851 510.32	-366 364 385.9	-2.35%	113.59%	15 573 215 896.22	5 218 814 226.00	50.40%	102.41%
三、本年增减变动金额（减少以“－”号填列）	-1 819 464 402.18	-1 453 100 016.28	-396.62%	-13.59%	-366 364 385.90	-5 585 178 612.00	-107.02%	-2.41%
（一）净利润	2 058 501 531.74	-875 818 985.9	-29.85%	-15.38%	2 934 320 517.64	-559 859 814.20	-16.02%	19.30%
（二）其他综合收益	-2 571 733 422.60	-698 371 823.8	-37.28%	-19.21%	-1 873 361 598.77	-4 298 202 734.00	-177.26%	-12.32%
（一）和（二）小计	-513 231 890.86	-1 574 190 819.73	-148.37%	-3.83%	1 060 958 918.87	-4 858 062 548.00	-82.08%	6.98%
（三）所有者投入或减少资本	-116 239 691.80	11 932 593.4	9.31%	-0.01%	-128 172 285.20	-183 959 766.20	-329.75%	-0.84%
1. 所有者投入资本								
2. 股份支付计入所有者权益的金额								
3. 其他	-116 239 691.80	11 932 593.4	9.31%	-0.01%	-128 172 285.20	-183 959 766.20	-329.75%	-0.84%
（四）利润分配	-1 183 702 930.92	115 448 088.7	8.89%	-8.84%	-1 299 151 019.57	-543 156 297.40	-71.85%	-8.54%
1. 提取盈余公积								
2. 对所有者（或股东）的分配	-1 183 265 885.08	115 587 645.3	8.90%	-8.84%	-1 298 853 530.33	-582 375 571.80	-81.28%	-8.54%
3. 其他	-437 045.84	-139 556.60	-46.91%	—	-297 489.24	39 219 274.43	99.25%	—
（五）所有者权益内部结转								
1. 资本公积转增资本（或股本）								
2. 盈余公积转增资本（或股本）								
3. 盈余公积弥补亏损								
4. 其他								
（六）其他	-6 289 888.60	-6 289 888.60	—	-0.05%				
四、本年年末余额	13 387 387 108.14	-1 819 464 402.18	-11.96%	100%	15 206 851 510.32	-366 364 385.90	-2.35%	100%

通过水平分析可以看出，2010 年、2011 年 YGE 公司所有者权益分别下降 2.35% 和 11.96%，其原因基本相同。

2010 年所有者权益下降主要表现在 3 个项目的变动上。其一是净利润和其他综合收益大幅度下降。净利润和综合收益合计同期减少 4 858 062 548.00 元，降幅达 82.08%；其二是所有者投入资本减少 183 959 766.20 元；其三是利润分配的影响，该公司 2010 年支付了 2009 年度股利 1 298 853 530.33 元，比 2009 年支付 2008 年度股利增加了 582 375 571.80 元。

2011 年所有者权益下降也主要表现在 3 个项目的变动上。其一是净利润和其他综合收益大幅度下降。净利润和其他综合收益合计同期减少 1 574 190 819.73 元，降幅高达 148.37%，其主要原因是国家调控房地产市场，公司三大主业之一的地产业受到不利影响，促使公司业绩下滑；其二是所有者投入资本减少 116 239 691.80 元；其三是利润分配的影响，该公司 2011 年支付了 2010 年度股利 1 183 265 885.08 元。

通过垂直分析可以看出，该公司 2010 年、2011 年期末余额主要来自于上年年末余额，且本年度所有者权益新增额是负值的，占比分别为 -2.41% 和 -13.59%，

其主要原因一是所有者投入资本减少，二是公司业绩下滑，三是高分配政策，2009 年、2010 年利润分配方案分别为 10 派 5 和 10 派 5.5，支付上年度股利额超出了当年实现的净利润和其他综合收益合计额。

专业知识和技能训练

一、单项选择题

1. 所有者权益是企业（　　）所享有的剩余权益。

A. 债权人　　B. 债务人　　C. 所有者　　D. 经营者

2. 根据最新企业会计准则的规定，企业必须对外报送的财务报表由三张改为四张，增报的是（　　）。

A. 资产负债表　　B. 利润表

C. 现金流量表　　D. 所有者权益变动表

3. 所有者权益变动表在一定程度上体现了企业（　　）的特点。

A. 综合收益　　B. 收益质量　　C. 收益形成　　D. 利润去向

4. 所有者权益变动表是（　　）报表。

A. 月份　　B. 年度　　C. 季度　　D. 本年度

5. 所有者权益变动表的核心部分是（　　）。

A. 上年末余额　　B. 对上年末余额的调整

C. 本年增减金额　　D. 所有者权益内部转移

6. （　　）既能增加注册资本和股东权益，又可增加公司的现金资产，是对公司发展

最有利的增股方式。

A. 资本公积转增资本　　B. 盈余公积转增资本

C. 利润分配转入　　D. 发行新股

7. 新准则引入公允价值后，会大量出现公允价值与账面价值的差额，这个差额体现在（　　）项下。

A. 实收资本　　B. 资本公积

C. 盈余公积　　D. 未分配利润

8. 因为财务报表所规定的内容具有一定的（　　），在信息披露上受到一定限制，所以需要编写财务报表附注。

A. 灵活性　　B. 固定性　　C. 可拓展性　　D. 相关性

9. （　　）是对企业的经营管理、科技开发实力、工艺设备及技术水平等方面进行的分析。

A. 企业分析　　B. 行业分析

C. 宏观经济环境分析　　D. 宏观经济政策分析

10. 财务报表附注的形式多种多样，企业可根据需要选择，如果你所在企业要说明的内容很多，你会选择（　　）。

A. 脚注说明　　B. 备抵与附加账户

C. 尾注说明　　D. 括弧说明

二、多项选择题

1. 对财务报表附注进行分析应从（　　）等方面来进行。

A. 企业分析　　B. 行业分析

C. 宏观经济环境分析　　D. 宏观经济政策分析

E. 附注中重点项目的分析

2. 宏观经济环境分析的主要内容包括（　　）。

A. 经济周期变动分析　　B. 经济指标变动分析

C. 财政政策变动分析　　D. 货币金融政策变动分析

E. 行业的生命周期分析

3. 宏观经济政策分析的主要内容包括（　　）。

A. 经济周期变动分析　　B. 经济指标变动分析

C. 财政政策变动分析　　D. 货币金融政策变动分析

E. 行业的生命周期分析

4. 财务报表附注的编制形式有（　　）。

A. 脚注说明　　B. 备抵与附加账户

C. 尾注说明　　D. 括弧说明

E. 补充说明

5. 对所有者权益变动表重点项目进行分析包括的内容有（　　）。

A. 股本变动情况的分析　　B. 资本公积变动情况的分析

C. 盈余公积变动情况的分析　　D. 利润分配的分析

E. 报表附注的分析

6. 股本增加包括（　　）等多种渠道。

A. 资本公积转增资本　　B. 盈余公积转增资本

C. 利润分配转让　　D. 发行新股

E. 资本溢价

7. 在所有者权益变动表中，本年增减变动的金额是核心内容，具体包括（　　）。

A. 所有者投入和减少的资本　　B. 利润分配

C. 所有者权益内部转移　　D 净利润

E. 直接计入所有者权益的利得和损失

8. 不引起所有者权益总额变动的项目是（　　）。

A. 利润分配　　B. 减资

C. 资本公积转增资本　　D. 盈余公积转增资本

E. 盈余公积亏损

9. 盈余公积减少的情况一般包括（　　）。

A. 转增资本　　B. 弥补亏损

C. 派送新股　　D. 资本溢价

E. 其他资本公积

10. 对股本盈利能力进行分析，应重点计算的指标是（　　）。

A. 股本收益率　　B. 公积金与股本权益比率

C. 每股盈利　　D. 净收益营运指数

E. 每股净资产

三、判断题

1. 任何行业都要经历一个由成长到衰退的发展演变过程，所以对企业的财务报表附注进行分析时，必须结合行业的生命周期。（　　）

2. 财务报表附注是企业财务报表的重要组成内容，所以要求各企业选用的财务报表附注编制形式应统一、规范。（　　）

3. 看一份企业的年报，必须关注它的附注资料。（　　）

4. 所有者权益是企业自有资本的来源，它的数量多少、内部结构变动对企业的财务状况及发展趋势影响不大。（　　）

5. 企业的股利分配政策及现金支付能力都能通过所有者权益变动表现出来。（　　）

6. 所有者权益变动表在一定程度上体现了企业综合收益的特点。（　　）

7. 所有者权益变动表的核心部分是“会计政策变更”和“会计差错更正”的调整数。（　）

8. 利得也是企业在经营中取得的经常性收入。（　）

9. 资本公积转增资本和盈余公积转增资本都会稀释股票的价格。（　）

10. 财务报表附注是财务报表的重要组成部分，它是对报表中已经列示或尚未列示项目的补充、完善和说明。（　）

项 目 6

财务报告附注解读与分析

项目概要

本项目介绍了财务报告附注及其分部报告的基本知识及解读分析方法。

财务报告附注是财务报告不可或缺的重要组成部分，是对资产负债表、利润表、现金流量表及股东权益变动表等财务报表中列示项目的解释，以及对未能在这些报表中列示项目的补充和说明。为迎合用户信息需求，附注变得越来越充实，也越来越庞大，附注时代即将来临。

按照现行企业会计准则规定，财务报告附注应披露企业的基本情况、财务报表的编制基础、遵循《企业会计准则》的声明、会计核算基本假设、重要会计政策和会计估计的说明、会计政策和会计估计变更的说明、报表重要项目说明和重要事项说明等内容。

分部报告信息，能够帮助信息使用者更好地理解企业的经营业绩，有助于正确评估企业的风险和报酬，以便更好地把握企业整体的经营情况，对未来的发展趋势作出合理的预期。对于存在多种经营或跨地区经营的企业，在披露分部报告信息时，应以对外提供的财务报告为基础，将报告分部区分为地区分部和业务分部两种类型。业务分部是指企业内可区分的、能够提供单项或一组相关产品或劳务的组成部分。地区分部是指企业内可区分的、能够在一个特定的经济环境内提供产品或劳务的组成部分。在披露分部信息时，将报告分部区分为主要报告形式和次要报告形式进行相应的信息披露。作为主要报告形式，按规定应当披露较为详细的分部信息；而作为次要报告形式，则可以披露较为简化的分部信息。

任务 1　认知财务报告附注

教学目标

1. 了解财务会计报告附注的概念；
2. 理解附注时代来临的原因。

财务报告附注是对资产负债表、利润表、现金流量表及股东权益变动表等财务报表中列示项目的解释，以及对未能在这些报表中列示项目的补充和说明。附注相对于报表而言，同样具有重要性。就财务报表本身而言，它是会计确认和计量的产物，其格式的固定性以及数字和货币计量单位为主要表述手段的特征，注定其揭示的信息具有一定的局限性。而且在新经济时代，以历史成本为计量基础的财务报告模式正面临着很大的挑战，人们对于那些定性的、不确定的以及非价值的信息的披露要求越来越高，不拘一格的财务报告附注将会起到越来越重要的作用。证券业一名资深人士曾经说过，表外信息可能比报表本身更重要，建议阅读和分析一家上市公司财务报告时，首先阅读和分析财务报告附注。

任务2 财务报告附注解读

教学目标

1. 了解财务会计报告附注的内容、作用；
2. 掌握财务会计报告附注主要内容的解读。

一、财务报告附注的作用

财务报告附注主要起着两大方面的作用：一是方便财务报告信息使用者理解财务报表的内容，而对财务报表的编制基础、编制依据、编制原则和方法及主要项目等所作的解释；二是披露财务报表未能揭示的重要信息，以进一步扩大财务报告的信息量，增强其有用性。譬如，一种经济业务，可能存在不同的会计原则和会计处理方法，也就是说有不同的会计政策可供选择。如果不交代财务报表中的这些项目是采用什么原则和方法确定的，就会给财务报告使用者理解财务报表带来一定的困难，这就需要在财务报告附注中加以说明。又如，财务报表由于形式的限制，只能按大类设置项目，至于各项目内部的情况及项目背后的情况往往难以在表内反映。以资产负债表中的应收账款为例，它只是一个年末余额，至于各项应收账款的账龄情况就无从得知，而这方面信息对于财务报告使用者了解企业信用资产质量却是必要的，所以往往需要在财务报告附注中提供应收账款账龄方面的信息。

二、财务报告附注的主要内容及解读

按照现行企业会计准则规定，财务报告附注应披露以下内容。

1. 企业的基本情况

企业的基本情况包括4个方面的内容：一是企业注册地、组织形式和总部地址；二是企业的业务性质和主要经营活动；三是母公司及集团最终母公司名称；四是财务报告的批准报出日和财务报告报出日。

2. 财务报表的编制基础

财务报表的编制基础包括会计年度、记账本位币、会计计量基础、现金和现金等价物的构成等内容。

3. 遵循《企业会计准则》的声明

企业应当声明编制的财务报表符合《企业会计准则》的要求，真实、完整地反映了企业的财务状况、经营成果和现金流量等有关信息。

4. 会计核算基本假设

会计核算是基于一定的会计假设之上的，财务报表的编制也是以这些基本会计假设为前提。如果企业编制的财务报表符合基本会计假设，则不需加以说明。如果编制的财务报表未遵守基本会计假设，则必须予以披露，并说明理由。

5. 重要会计政策和会计估计的说明

会计政策是指企业在会计核算时所运用的会计原则和采用的会计处理方法。企业选择不同的会计政策，对于企业财务状况、经营成果等的影响也会不同，会计信息的相关性也会产生差异，因此，企业应根据自身的特点选择最恰当的会计政策以真实反映其经营成果和财务状况。如存货计价采用先进先出法，还是加权平均法、个别计价法；固定资产折旧采用平均年限法、工作量法，还是双倍余额递减法或年数总和法；长期投资采用成本法还是权益法；等等。企业应当在财务报告附注中披露重要会计政策的确定依据。

会计估计是指企业对其结果不确定的交易或事项以最新可利用的信息为基础所作的判断。在会计实务中充满着不确定性和职业判断，这使得会计估计比较流行和充满了灰色区域。企业应当在财务报告附注中披露会计估计所采用的关键假设和不确定因素的确定依据。例如，固定资产、无形资产的折旧或摊销期限的确定；应收账款坏账风险估计，期末计提一定比例的坏账准备金。

6. 会计政策和会计估计变更的说明

会计政策和会计估计变更是比较敏感的事项，企业不得随意变更会计政策和会计估计，否则属于滥用会计政策和会计估计，应视同重大差错处理。但经营环境发生变化后，企业可以变更会计政策或会计估计。其中会计政策变更，包括会计确认、计量基础和列报项目变更等，如采用成本模式计量的资产改为公允价值计量；会计估计变更，包括会计确认、计量基础和列报项目所选择的、为取得与资产负债表项目有关的金额或数据所采用的处理方法。在财务报告附注中，企业应当说明变更的内容、理由、变更的影响后果。

7. 报表重要项目说明

报表重要项目说明具有注释的作用。企业在财务报告中以文字和数字相结合，尽可能采用列表方式披露财务报表重要项目的明细构成或当期增减变动情况，并与财务报表项目彼此互相参照。如对于应收账款，财务报告附注中可以编制账龄分析表，对于不同的拖欠款项，提供计提坏账准备的具体明细，使得报告信息使用者对应收账款存在的信用风险和真实价值得出自己的理解和判断。诸如此类的重要项目还包括：① 交易性金融资产；② 应收账款；

③ 存货；④ 长期股权投资；⑤ 固定资产；⑥ 职工薪酬；⑦ 股本；⑧ 应交税费；⑨ 短期借款和长期借款；⑩ 营业收入。

8. 重要事项说明

由于财务报表本身具有局限性，一些对报表信息使用者的决策有重大影响的事项无法在表内进行反映，如关联交易事项、或有事项和资产负债表日后事项（非调整事项）等。如果忽略这些事项，就不能全面了解企业的财务状况和财务风险，这可能使报表信息使用者产生误解或使决策发生重大偏差。

1）关联交易事项

关联交易事项信息越来越引人注目，其主要原因在于：关联方之间由于存在着股权关系或利益关系，完全可以不按市场正常价格，而是通过“内部操纵”而完成关联交易，以达到某种目的。例如，当某个关联方在一定时期需要表现较多利润时，其他关联方就有可能通过向需要表现较多利润的关联方以低于市场正常价格提供产品和劳务，或以高于市场正常价格从需要表现较多利润的关联方购买产品和劳务，从而将其“包装”为外在盈利能力远远超过其实际盈利能力的企业。显然，此种交易并不是企业正常交易的结果，从而使报表披露的财务状况和经营成果不真实。当然，在关联方的交易中，也有相当一部分属于正常交易。关联方交易是否正常，财务信息的使用者，应当通过企业在报表附注中披露的交易内容，特别是定价政策等信息来判断，尤其关注交易金额大、占同类交易比例高的关联交易事项。

为准确把握企业的财务状况与经营业绩，会计制度规定：在企业与关联方发生交易的情况下，企业在财务报表附注中应说明关联方交易的性质、交易类型、交易金额或相应比例，未结算项目的金额或相应比例及定价策略。

案例 6－1　YGR 公司在 2010 年财务报告中披露的关联交易情况如表 6－1 所示。

表 6－1　日常经营关联交易明细表

单位：万元

关联方	关联关系	交易类型	交易内容	交易定价原则	交易金额	占同类交易比例（%）	结算方式
宁波宜科科技实业股份有限公司	联营公司	购买商品	麻纱等	协议价	430.55	0.25	现金
中基宁波集团股份有限公司	联营公司	购买商品	煤炭	协议价	819.97	7.75	现金
上海凯石投资管理有限公司	母公司控股子公司	其他流出	投资咨询服务	协议价	11 343.12	99.30	现金
上海凯石证券投资咨询有限公司	母公司控股子公司	其他流出	投资咨询服务	协议价	80.00	0.70	现金

续表

关联方	关联关系	交易类型	交易内容	交易定价原则	交易金额	占同类交易比例（%）	结算方式
嵊州盛泰色织科技有限公司	联营公司	购买商品	面料等	协议价	47 917.26	33.34	现金
嵊州盛泰针织有限公司	联营公司	购买商品	服装加工等	协议价	10.58	0.01	现金
中基宁波集团股份有限公司	联营公司	销售商品		协议价	40.24	0.02	现金
宁波宜科科技实业股份有限公司	联营公司	销售商品		协议价	378.38	20.49	现金
嵊州盛泰色织科技有限公司	联营公司	销售商品		协议价	1 701.35	0.79	现金
嵊州盛泰针织有限公司	联营公司	销售商品		协议价	19 620.73	9.09	现金
合计				/	82 342.18		/

表6－2　资产收购、出售关联交易明细表

单位：万元

关联方	关联关系	交易类型	交易内容	交易定价原则	转让价格	结算方式	转让收益
宁波盛泰纺织厂	其他关联人	收购股权	宁波雅戈尔日中纺织印染有限公司12.53%股权	协议价	78 613 024.85	现金	
宁波盛泰纺织厂	其他关联人	股权转让	嵊州盛泰针织有限公司22.47%股权	协议价	3 694 367.40	现金	－1 793 795.49
宁波盛泰纺织厂	其他关联人	股权转让	嵊州盛泰色织科技有限公司22.47%股权	协议价	18 999 767.45	现金	－3 870 959.24
嵊州盛泰针织有限公司	联营公司	股权转让	出售新马（中国）有限公司100%股权	协议价	25 327 100.00	现金	－503 071.13
嵊州盛泰针织有限公司	联营公司	股权转让	宁波雅戈尔日中制衣有限公司100%股权	协议价	1 497 038.09	现金	－1 036.38

续表

关联方	关联关系	交易类型	交易内容	交易定价原则	转让价格	结算方式	转让收益
嵊州盛泰色织科技有限公司	联营公司	股权转让	喀什雅戈尔日中纺织有限公司100%股权	协议价	6 525 411.45	现金	-321 745.95
嵊州盛泰色织科技有限公司	联营公司	股权转让	库尔勒雅戈尔纺织有限公司60%股权	协议价	6 141 265.32	现金	264 164.31
嵊州盛泰色织科技有限公司	联营公司	股权转让	新疆雅戈尔棉纺织有限公司60%股权	协议价	40 285 359.31	现金	1 161 547.89
嵊州盛泰色织科技有限公司	联营公司	股权转让	库尔勒雅居房地产有限公司100%股权	协议价	54 946 836.82	现金	-12 341.73
宁波市鄞州新华投资有限公司	母公司全资子公司	收购股权	宁波宜科科技实业股份有限公司17.00%股权	协议价	363 171 061.44	现金	

2）或有事项

或有事项是指由过去的交易或事项形成的一种状况，这种状况的发生是由未来不确定事件的发生或不发生来加以证实的，而不是由企业所控制。如未决诉讼和仲裁、对外提供担保等形成的或有负债，这些事项的发生会导致企业将来经济利益的流出，并对企业财务产生不利影响。

案例6-2　2011年YGR公司存在以下或有事项。

YGR公司于2002年与上海鸿利投资有限公司（以下简称“上海鸿利”）和上海瑞康投资有限公司（后更名为上海瑞攀实业有限公司，以下简称“上海瑞攀”）签订股权转让协议，出让公司持有的天一证券有限责任公司（以下简称“天一证券”）全部股权，并已收到全部股权转让款14 760万元（已扣除分红款750万元），后因受让方的原因股权转让未被中国证监会核准。

2009年1月16日，浙江省宁波市中级人民法院受理了上海鸿利和上海瑞攀诉本公司股权转让纠纷一案。上海鸿利和上海瑞攀请求法院判决本公司偿还股权转让款14 760万元及至股权转让款还清日止的利息。

2009年7月16日浙江省宁波市中级人民法院以（2009）浙甬商初字第17-2号和（2009）浙甬商初字第18-2号进行了裁定，天一证券有限责任公司及其高管人员因涉嫌经济犯罪已被宁波市公安局立案侦查，所涉犯罪的事实认定对本案有可能产生重大影响，依照《中华人民共和国民事诉讼法》第一百三十六第一款第（六）项之规定，作出本案中止诉讼裁定。

2010 年 11 月 22 日浙江省宁波市中级人民法院以（2009）浙甬商初字第 17－3 号和（2009）浙甬商初字第 18－3 号进行了裁定，准许上海鸿利和上海瑞攀撤回起诉。

2010 年 12 月 16 日，上海鸿利和上海瑞攀重新就该股权转让纠纷提起诉讼，请求法院判决本公司偿还股权转让款 14 760 万元及至股权转让款还清日止的利息。2011 年 1 月 30 日，该案件被浙江省宁波市中级人民法院受理。

该公司已就该案件提交相关证据。截至 2010 年年报披露日，法院尚未开庭审理。

3）非调整事项

资产负债表日后事项，是指资产负债表日后截止到财务报告批准报出前所发生的有利或不利事项，主要是为了防止报表信息过时而给予的“补充”和“调整”，尤其是非调整事项，在报表内并没有体现，也不需要对资产负债表日编制的财务报表进行调整，但它们代表公司报表的“最新动向”，如不加以说明，财务报告使用者忽视了这一点，可能会作出错误的决策。如在资产负债日后到报出前所发行的股票、债券以及对其他企业的巨额投资和自然灾害导致的资产损失等，将对公司未来的业绩产生影响。

对于分部信息，这是一个相对独立的具有重要意义的附注资料，本书另文加以解读和评析。

任务 3　分部报告解读与分析

教学目标

1. 了解分部报告的作用、内容及报告分部的确定；
2. 掌握分部报告的分析方法。

一、附注披露分部报告的意义

随着现代经济的飞速发展，企业面临的市场竞争越来越激烈，市场风险不断增大，在这种环境中，企业越来越清醒地意识到只有做大做强才能在市场竞争中站稳脚跟。因此，各企业纷纷通过兼并等手段拓展经营领域，实行多种经营的战略，从而成为跨行业经营企业。同时，随着世界经济的一体化，企业的活动范围也不再受到国家或地区的限制，而成为跨地区企业甚至跨国企业。而各行业、各地区的情况千差万别，存在着不同的风险和收益，如果企业仍作为一个整体对外披露其合并财务报表，必然掩盖了企业内部不同的风险和收益，不能满足信息使用者的要求。因此，分部报告应运而生。企业提供部分信息，能够帮助信息使用者更好地理解企业的经营业绩，有助于正确评估企业的风险和报酬，以便更好地把握企业整体的经营情况，对未来的发展趋势作出合理的预期。试想一家跨 A 和 B 两个产业的企业，某年度 A 产业的盈利是 6 000 万元，而在 B 产业上该企业亏损了 4 000 万元。仅从企业的合

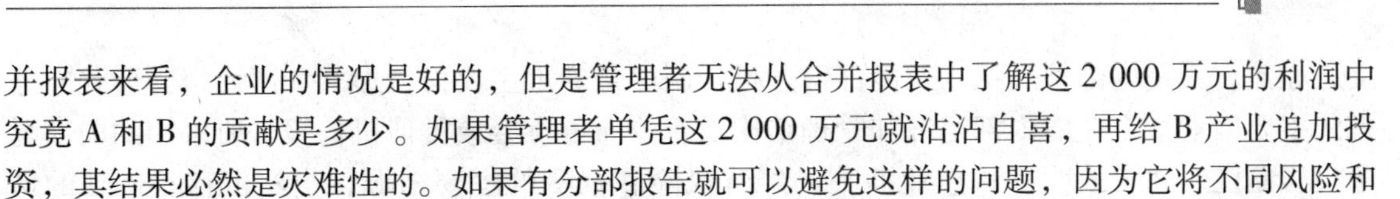

并报表来看，企业的情况是好的，但是管理者无法从合并报表中了解这2 000万元的利润中究竟A和B的贡献是多少。如果管理者单凭这2 000万元就沾沾自喜，再给B产业追加投资，其结果必然是灾难性的。如果有分部报告就可以避免这样的问题，因为它将不同风险和报酬的产业和地区分开，所披露的信息可以帮助企业管理者和投资者了解各产业或地区的经营成果和财务状况，及时发现经营中存在的问题，着眼于核心竞争能力的培育，在经营产业或地区上有所取舍，从而促使经营策略更加科学合理。

二、报告分部的确定

对于存在多种经营或跨地区经营的企业，在披露分部报告信息时，应以对外提供的财务报告为基础，将报告分部区分为地区分部和业务分部两种类型。分部的划分是分部报告的基础，也是直接影响分部信息质量的因素。从理论上讲，影响分部划分的中心问题是风险和收益，即将风险和收益相同和相似的组成部分作为一个分部，而具有不同风险和收益的组成部分则成为近来争论的焦点。新企业会计准则充分考虑了这一原则，对于业务分部和地区分部的划分给出了一些具有可行性的操作指南。

根据新企业会计准则的规定，业务分部是指企业内可区分的、能够提供单项或一组相关产品或劳务的组成部分。该组成部分承担了不同于其他组成部分的风险和报酬。对于某些企业而言，某一业务部门可能是一个业务分部，也可能由若干个业务部门组成一个业务分部；企业可能将生产某一种产品或提供某种劳务的部门作为一个业务分部，也可能将生产若干种（一组）相关产品或提供一组劳务的部门作为一个业务分部。通常情况下，一个企业的内部组织和管理结构，以及向董事会或者类似机构的内部报告制度，是企业确定分部的基础。

与业务分部的划分相类似，地区分部是指企业内可区分的、能够在一个特定的经济环境内提供产品或劳务的组成部分。该组成部分承担了不同于在其他经济环境内提供产品或劳务的组成部分的风险和报酬。作为某个地区分部的生产或经营区域，应当具有相同或相似的风险和报酬率。这一区域可以是单一国家（或地区），也可以是两个或两个以上具有相同或相似经营风险和报酬的国家（或地区）的组合；可以是一个国家内的一个行政区域，也可以是一个国家两个或两个以上行政区域的组合。对于在具有重大不同风险和报酬环境中经营的区域，则不能将其作为同一个地区分部处理。

三、分部报告的信息内容

企业本着重要性标准确定报告分部，并在披露分部信息时，将报告分部区分为主要报告形式和次要报告形式进行相应的信息披露。作为主要报告形式，按规定应当披露较为详细的分部信息；而作为次要报告形式，则可以披露较为简化的分部信息。企业确定分部信息披露的主要报告形式和次要报告形式的原则在于以下两个方面。一是以风险和报酬的主要来源和性质为基础确定主要报告形式和次要报告形式。如果企业的风险和报酬主要是受其提供的产品和劳务的差异影响的，披露分部信息的主要形式应当是业务分部，次要形式是地区分部；

反之亦然。二是内部管理结构及内部财务报告制度是确定主要报告形式和次要报告形式应考虑的主要因素。企业的内部组织和管理结构及企业向董事会或类似机构报告所采用的内部财务报告制度，通常表明了该企业面临的经营风险和报酬的主要来源，当然也存在例外的情形，可以根据具体情况予以具体分析。

四、主要报告分部信息披露

在主要报告形式情况下，不论作为报告分部的是业务分部还是地区分部，都应当按规定披露下列分部信息。

1. 分部收入

分部收入包括归属于分部的对外交易收入和对其他分部交易收入。分部收入主要由可归属于分部的对外交易收入构成，通常为营业收入。企业在披露分部收入时，对外交易收入和对其他分部交易收入应当分别披露。可以归属分部的收入来源于两个渠道：一是可以直接归属于分部的收入，即直接由分部的业务交易而产生；二是可以间接归属于分部的收入，即将企业交易产生的收入在相关分部之间进行分配，按属于某分部的收入金额确认为分部收入。分部收入通常不包括利息收入和股利收入（日常活动具有金融性质的除外）、营业外收入、处置投资产生的净收益（日常活动具有金融性质的除外）、采用权益法核算的长期股权投资在被投资单位发生的净利润中应承担的份额等项目。首先，在一般情况下，企业是以企业整体为基础来计划和管理投资、融资行为的，与某个分部的经营无直接关联。因此，利息和股利收入通常不是其个别分部的日常经营活动的一部分，因预付或借给其他分部款项而确认的利息收入也是如此。但是，如果分部经营主要是金融性质的活动，分部收入就将包括利息收入、股利收入以及出售投资和清偿债务实现的利得等。其次，由于分部利润（亏损）采用的是日常经营收入的概念，与日常经营收入无关的营业外收入就不应包括在内。再次，企业处置投资产生净收益，包括出售投资获得的收益及债务清偿所获得的收益两部分，同样不属于企业的营业收入范畴，因此也不应包括在分部收入中，但分部日常活动具有金融性质的除外。

2. 分部费用

分部费用包括可以归属于分部的对外交易费用和对其他分部交易费用。主要由可归属于分部的对外交易费用构成，通常包括营业成本、营业税金及附加、销售费用等。企业在披露分部费用时，折旧费、摊销费及其他重大的非现金费用应当单独披露。与分部收入的确认相同，这里可以归属分部的费用也来源于两个渠道：一是可以直接归属于分部的费用，即直接由分部的业务交易而发生；二是可以间接归属于分部的费用，即将企业交易发生的费用在相关分部之间进行分配，按属于某分部的费用金额确认为分部费用。与分部收入的确定相对应，分部费用通常也不包括利息费用（分部日常活动具有金融性质的除外）、营业外支出、处置投资发生的净损失（分部日常活动具有金融性质的除外）、采用权益法核算的长期股权投资在被投资单位发生的净损失中应承担的份额、所得税费用，以及企业整体相关的管理费用和其他费用等。这里应特别说明的是，企业所得税通常是企业整体税收政策所考虑的内容而非某一分部活动所考虑的，因此，分部费用通常不包括所得税费用。至于那些与企业整体相关的管理费用和其他费用，由于这些费用通常与整个企业相关，而非与某个特定分部相关，因此不应当包括在分部费用中。当然也有例外情形，如企业代某个所属分部所支付的费用，当这些费用与分部的经营活动相关且能直接归属于或能按合理的基础分配给该分部时，则属于分部费用。

3. 分部利润（亏损）

分部利润（亏损）与企业的利润（亏损）总额或净利润（净亏损）包括的内容不同。分部利润（亏损）特指分部收入减去分部费用后的余额。至于那些不属于分部收入的总部的收入和营业外收入等，以及不属于分部费用的所得税、营业外支出等，在计算分部利润（亏损）时不考虑。企业在披露分部信息时，分部利润（亏损）应当单独进行披露。如果企业需要提供合并财务报表的，分部利润（亏损）应当在调整少数股东损益前确定。

4. 分部资产

分部资产包括企业在分部的经营中使用的、可直接归属于该分部的资产，以及能够以合理的基础分配给该分部的资产。分部资产的披露金额应当按照扣除相关累计折旧或摊销额及累计减值准备后的金额确定，即按照分部资产的账面价值来确定。具体披露分部资产总额时，当期发生的在建工程成本总额、购置的固定资产和无形资产的成本总额应当单独披露。对于不属于任何一个分部的资产应当做为其他项目单独披露。

5. 分部负债

分部负债是指分部经营活动形成的可归属于该分部的负债，不包括递延所得税负债。与分部资产的确认条件相同，分部负债的确认也应当符合下列两个条件：一是可直接归属于该分部；二是能够以合理的基础分配给该分部。分部负债应当包括但不限于以下项目：应付账款、其他应付款、预收账款、预计负债等。分部负债通常不包括下列项目：借款、应付债券、融资租入固定资产所发生的相关债务、在经营活动之外为融资目的而承担的负债、递延所得税负债等。一般情况下，企业发生的借款或发行的债券通常是以整个企业为基础而发生或发行的，不可能直接归属于某个分部。但是，如果某个分部的分部费用包括利息支出，那么其分部负债中就应包含该项借款或应付债券。对于不属于任何一个分部的负债，应当作为其他项目单独披露。

五、次要报告分部信息披露

1. 业务分部为主要报告形式下次要信息披露

根据新企业会计准则的规定，分部信息的主要报告形式是业务分部的，企业应当就次要报告形式披露下列信息：

（1）对外交易收入占企业对外交易收入总额10%或以上的地区分部，以外部客户所在地为基础披露对外交易收入；

（2）分部资产占所在地区分部资产总额10%或以上的地区分部，以资产所在地为基础披露分部资产总额。

2. 地区分部为主要报告形式下次要信息披露

分部信息的主要报告形式是地区分部的，企业应当就次要报告形式披露下列信息：

（1）对外交易收入占企业对外交易收入总额10%或以上的业务分部，应当披露对外交易收入；

（2）分部资产占所有业务分部资产总额10%或以上的业务分部，应当披露分部资产总额。

六、业务分部报告分析

业务分部是指企业可区分的、能够提供单项或一组相关产品或劳务的组成部分。该组成部分承担了不同于其他组成部分的风险和报酬。如果企业以业务分部为基础确定报告分部，则风险和报酬主要受企业产品和劳务差异的影响，披露分部信息的主要形式是业务分部。

通常情况下，一个企业的内部组织和管理机构，以及向董事会或类似机构的内部报告制度，是企业确定分部的基础。企业在确定业务分部时，应当结合企业内部管理要求，并考虑下列因素。

（1）各单项产品或劳务的性质，包括产品或劳务的规格、型号、最终用途等。

（2）生产过程的性质，包括采用劳动密集或资本密集方式组织生产、使用相同或相似设备和原材料、采用委托生产或加工方式等。

（3）产品或劳务的客户类型，包括大宗客户、零散客户等。

（4）销售产品或提供劳务的方式，包括批发、零售、自产自销、委托销售、承包等。

（5）生产产品或提供劳务受法律、行政法规的影响，包括经营范围或交易定价限制等。

案例6－3 YGR公司2009—2011年业务分部报告如表6－3所示。

表6－3 YGR公司2009—2011年业务分部报告表

单位：万元

行业名称	2011年		2010年		2009年	
	营业收入	营业成本	营业收入	营业成本	营业收入	营业成本
服务制造业	603 850.07	378 059.85	552 660.76	356 320.45	585 670.33	399 568.83
纺织业	197 796.63	168 457.22	197 337.55	158 459.76	190 627.92	158 616.38
房地产旅游业	684 283.22	458 051.41	517 542.88	286 458.58	345 891.12	182 769.69
电力	14 683.41	13 026.15	17 710.36	16 178.69	16 306.19	15 797.11
合计	1 435 870.07	952 762.16	1 211 534.07	743 799.26	1 057 474.89	676 320.55

下面以YGR公司2009—2011年主营业务收入为例，对其业务分部报告进行趋势分析，见图6－1。

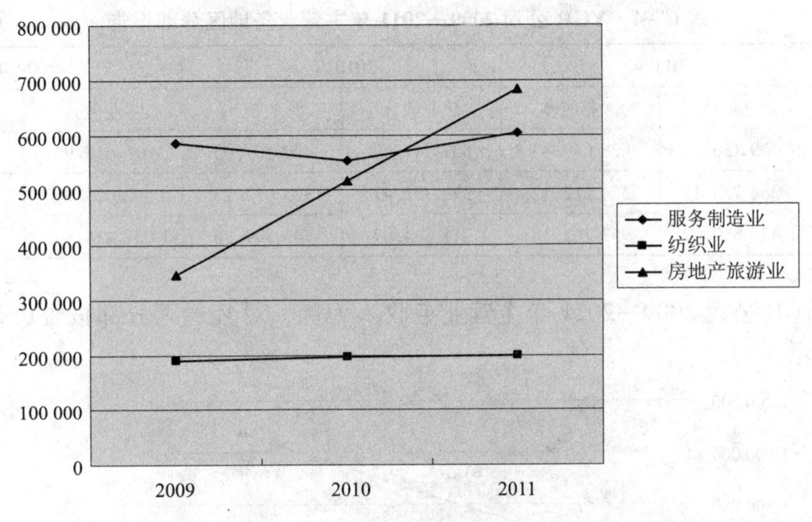

图6－1 YGR公司2009—2011年业务分部趋势分析图

从图6－1可以发现，YGR公司2009—2011年房地产旅游业营业收入额呈现增长趋势；服务制造业营业收入额2010年较2009年有所下降，但2011年较2010年增长且营业收入额高于2009年；纺织业营业收入额保持基本稳定趋势。

七、地区分部报告分析

地区分部，是指企业内可区分的、能够在一个特定的经济环境内提供产品或劳务的组成部分。该组成部分承担了不同于在其他经济环境内提供产品或劳务的组成部分的风险和报酬。

在确定地区分部时，应当结合企业内部管理要求，并考虑下列因素。

（1）所处经济、政治环境的相似性，包括境外经营所在地地区经济和政治的稳定程度等。

（2）在不同地区经营之间的关系，包括在某地区进行产品生产，而在其他地区进行销售等。

（3）经营的接近程度大小，包括在某地区生产的产品是否需要在其他地区进一步加工生产等。

（4）与某一特定地区经营相关的特别风险，包括气候异常变化等。

（5）外汇管理规定，即境外经营所在地区是否实行外汇管理。

（6）外汇风险，即外汇汇率变动的风险。

案例4 YGR公司2009—2011年主营业务地区分部报告，如表6－4所示。

表 6－4 YGR 公司 2009—2011 年主营业务地区分部报告　　单位：万元

地区名称	2011 年		2010 年		2009 年	
	营业收入	营业成本	营业收入	营业成本	营业收入	营业成本
境内	1 069 136.91	628 649.83	837 741.60	420 167.03	615 450.93	290 651.86
境外	366 733.16	324 112.32	373 792.47	323 632.23	442 023.96	385 668.69
合计	1 435 870.07	952 762.16	1 211 534.07	743 799.26	1 057 474.89	676 320.55

下面以 YGR 公司 2009—2011 年主营业务收入为例，对其地区分部报告进行趋势分析，如图 6－2 所示。

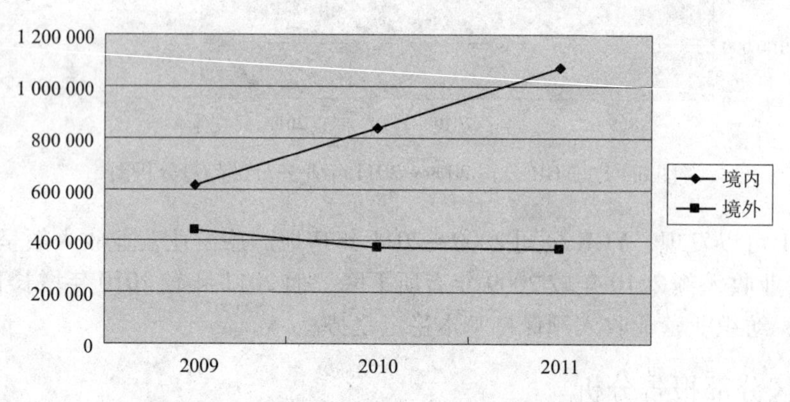

图 6－2 YGR 公司 2008—2010 年地区分部趋势分析图

从图 6－2 可以发现，YGR 公司境内 2008—2010 年主营业务收入额呈现快速增长趋势，而境外主营业务收入额呈现逐年下降趋势，其份额远远小于境内主营业务收入份额。

专业知识和技能训练

一、思考题

1. 什么是财务报告附注？财务报告附注有何作用？
2. 我国会计准则规定，企业在财务报告附注中应当提供哪些信息？
3. 什么是或有事项？或有事项对企业有何影响？
4. 如何对关联交易事项进行分析？
5. 分部报告如何进行信息披露？
6. 如何对业务分部报告进行分析评价？

二、技能题

选择一家上市公司，对其最近年度财务报告附注信息进行解读与分析。

项 目 7

盈利能力分析

本项目介绍了盈利能力的概念、盈利能力分析的内涵、盈利能力指标的计算和评价方法。

盈利是企业全部收入和利得扣除全部成本费用和损失后的盈余，是企业生产经营活动取得的财务成果。企业的业绩是通过盈利能力体现出来的，常采用利润率指标来表示。一般来说，利润率越高，说明盈利能力越强；利润率越低，说明盈利能力越差。

盈利能力分析，是通过一定的分析方法，剖析、鉴别、判断企业能够获取利润的能力，也是企业各环节经营结果的分析。盈利能力分析是财务报表分析的核心内容。盈利能力分析是财务分析的重点，盈利能力是营运能力分析的目的和归宿，也是偿债能力和发展能力的结果和表现。本章就反映盈利能力的各种相对指标进行分析，同时进行横向和纵向比较，找出差异，分析其变动原因及其相关影响因素。这里将从以下几个方面来分析盈利能力。

营业盈利能力是指企业在生产经营过程中获取利润的能力，具体来说就是单位营业收入中所实现利润的多少。企业营业盈利能力是决定企业利润大小的关键，也是其他因素发挥贡献的前提。所以，营业盈利能力指标是衡量净资产收益率、总资产报酬率的基础，也是同行业企业比较经营业绩、考查管理水平的重要依据。因此，关注企业盈利能力的报表使用者都非常重视营业盈利能力的指标变动，其主要指标有：营业毛利率、销售净利率、成本费用利润率等。

资产盈利能力是指企业通过生产要素的优化配置和产业结构的动态调整，对企业的有形资产和无形资产进行综合有效运营来获取利润的能力，具体地说，是每元资产运营获取利润的百分比。资产盈利能力分析主要研究利润与所占用和消耗资产之间的比率关系，反映企业的各项资产在运营过程中实现的盈利水平。分析指标包括流动资产利润率、固定资产利润率、总资产利润率、净资产利润率及总资产报酬率。资本盈利是指企业以资本为基础，通过优化配置来提高资本效益的经营活动，在资本增值的领域内使企业以一定的资本投入，追求资本盈利能力最大化。

资本盈利能力是指企业的所有者投入资本在生产经营过程中取得利润的能力。资本盈利能力分析主要研究所有者投入资本创造利润的能力。反映资本盈利能力的指标有所有者权益利润率、资本保值增值利润率、净资产收益率以及上市公司的市盈率和普通股权益报酬率等。

任务1　认知盈利能力分析

教学目标

1. 了解盈利能力分析的内涵与意义；
2. 掌握盈利能力分析方法。

一、盈利能力分析的内涵

盈利是企业全部收入和利得扣除全部成本费用和损失后的盈余，是企业生产经营活动取得的财务成果。实现盈利是企业从事生产经营活动的根本目的，是企业赖以生存和发展的物质基础，是企业投资者、债权人、经营者和员工关心的焦点。企业盈利的多少与他们的盈利直接相关，因此备受瞩目。

盈利能力是企业在一定时期内赚取利润的能力。企业的业绩是通过盈利能力体现出来的。因此分析盈利能力就要对利润额进行分析，但利润额的大小受投资规模、经营好坏制约。所以，为了更合理地反映企业的盈利能力，常采用利润率指标来表示。一般来说，利润率越高，说明盈利能力越强；利润率越低，说明盈利能力越差。

盈利能力分析，是通过一定的分析方法，剖析、鉴别、判断企业能够获取利润的能力，也是企业各环节经营结果的分析。就各种能力分析的关系来看，营运能力、偿债能力乃至发展能力分析都是以盈利能力分析为基础，所以盈利能力分析是财务报表分析的核心内容，也是企业利益相关者从各个方面了解企业经营状况、提高企业经营管理水平的重要手段之一。

二、盈利能力分析的意义

不同的利益相关者，站在不同的角度，对盈利能力分析有着各不相同的要求和目的。因此，盈利能力分析对于不同的利益相关者而言具有不同的意义。

对于债权人来说，出让资金使用权的目的是为了获得利息收入。而利润是举债企业偿还债务的资金来源，所以其盈利能力的强弱直接影响企业的到期偿债能力，即企业的盈利能力决定了债权人到期能否全额回收本息。由此可见，债权人进行盈利能力分析的目的就是考查并保证其债权的安全性。

对于投资者来讲，投资的直接目的就是通过股利和股票价格上扬带来的差价收入来获取更多的利润。盈利能力直接影响股息及股票价格，所以实现净额利润及盈利能力的不断增强是被投资方发放股利和企业股价上涨的基础和保证。投资者在进行投资前，往往透过判断获利能力来预测企业的未来收益或估计投资风险，以此作为投资决策的主要依据。

对于企业的经营者来讲，盈利能力是经营的最终目的和最重要的业绩衡量标准。同时企业的盈利水平是经营者获取薪酬的主要依据和保证。经营者应用分析期的盈利能力指标与该企业的历史指标、预期计划及同行业其他企业的指标进行比较，来衡量各部门、各环节的业绩，并评价其工作效率和效果，从而找出差距，分析经营管理中存在的问题和不足，以便采取有效措施，提高企业的盈利能力，促进企业持续稳定发展，同时提高经营者个人收益。

三、盈利能力分析的内容

盈利能力分析是财务分析的重点，盈利能力是营运能力分析的目的和归宿，也是偿债能力和发展能力的结果和表现。本章就反映盈利能力的各种相对指标进行分析，同时进行横向和纵向比较，找出差异，分析其变动原因及其相关影响因素。这里将从以下几个方面来分析盈利能力。

1. 营业盈利能力分析

营业盈利能力是指企业在生产经营过程中获取利润的能力，具体来说就是单位营业收入中所实现利润的多少。企业的利润归根结底来源于企业的营业盈利能力，企业营业盈利能力是决定企业利润大小的关键，也是其他因素发挥贡献的前提。所以，营业盈利能力指标是衡量净资产收益率、总资产报酬率的基础，也是同行业企业比较经营业绩、考查管理水平的重要依据。因此，关注企业盈利能力的报表使用者都非常重视营业盈利能力的指标变动，其主要指标有营业毛利率、销售净利率、成本费用利润率等。

营业盈利能力分析主要研究利润与收入或者成本之间的比率关系，反映企业在生产经营过程中实现的各项盈利能力水平，以及利润分析中应注意的问题。

2. 资产盈利能力分析

资产盈利能力是指企业通过生产要素的优化配置和产业结构的动态调整，对企业的有形资产和无形资产进行综合有效运营来获取利润的能力，具体地说，是每元资产运营获取利润的百分比。

资产盈利能力分析主要研究利润与所占用和消耗资产之间的比率关系，反映企业的各项资产在运营过程中实现的盈利水平。分析指标包括流动资产利润率、固定资产利润率、总资产利润率、净资产利润率及总资产报酬率。

3. 资本盈利能力分析

资本盈利是指企业以资本为基础，通过优化配置来提高资本效益的经营活动，在资本增值的领域内使企业以一定的资本投入，追求资本盈利能力最大化。资本盈利能力是指企业的所有者投入资本在生产经营过程中取得利润的能力。

资本盈利能力分析主要研究所有者投入资本创造利润的能力。反映资本盈利能力的指标包括：所有者权益利润率、资本保值增值利润率、净资产收益率以及上市公司的市盈率和普通股权益报酬率等。

任务 2 营业盈利能力分析

教学目标

1. 掌握营业毛利率计算与分析；
2. 掌握销售净利率计算与分析；
3. 掌握成本费用利润率计算与分析。

一、营业毛利率计算与分析

营业毛利率是指企业的营业毛利润和营业收入的对比关系，表示营业收入扣除营业成本后，有多少可以用于支付各项期间费用及形成盈利。

其计算公式如下：

$$营业毛利率=\frac{营业毛利}{营业净收入}\times 100\%$$

其中，营业毛利是指企业的营业收入扣除营业成本后的差额，它可以在一定程度上反映企业生产环节效率的高低。营业收入净额是指企业主营业务销售收入和非主营业务销售收入扣除销售折扣、销售折让及销售退回后的余额，反映了销售实际取得的收入。一般来说，管理费用和销售费用具有刚性，当企业在一定规模和范围内经营时，这些费用不会随着企业产品产量和销售量发生变化，利息费用也比较稳定，与生产量或销售量没有太大的关系，所以在进行该指标变动分析时可以不考虑三项期间费用。毛利是企业最基本或初始的利润，是企业获取净利润的起点。营业毛利率是企业销售净利润率的基础，没有足够高的营业毛利率便不能形成盈利。

案例 7－1 A 公司相应数据如下：2011 年营业收入 1 451 359 万元，营业成本 963 458 万元，计算该公司的营业毛利率。

$$营业毛利率=(1\ 451\ 359-963\ 458)/1\ 451\ 359\times 100\%=33.62\%$$

有关营业毛利率的分析应注意以下几点。

1. 营业毛利率反映了企业经营活动的盈利能力

企业只有取得足够高的营业毛利率，才能为形成企业的最终利润打下良好的基础。在分析该指标时，应从各成本项目入手，深入分析企业在成本费用控制、产品经营策略等方面的不足与成绩。

2. 营业毛利率具有明显的行业特点

一般而言，营业周期短、固定费用低的行业，营业毛利率比较低，如商业与代理业营业毛利率只有 5% 左右；反之，营业周期长、固定费用高的行业则具有较高的营业毛利率，以弥补巨大的固定成本，如交通运输业营业毛利率达 50% 左右。营业毛利率随着行业的不同而高低各异，但同一行业的营业毛利率一般差别不大。在分析营业毛利率的时候，必须在与企业以前各年度营业毛利率、同行业的营业毛利率加以对比来评价企业的盈利能力在同行业中所处的位置，并进一步分析差距形成的原因，以找出提高盈利能力的途径。

二、销售净利率计算与分析

销售净利率是指企业实现的净利润与营业收入的对比关系，表示企业经营业收入在经过非日常经营活动调整后，为企业实现了多少净利润。

其计算公式如下：

$$销售净利率 = \frac{净利润}{营业收入净额} \times 100\%$$

销售净利润的大小主要受营业收入和净利润的影响，这两个项目分别是利润表中的第一项和最后一项。从利润的来源到最终的净利润，中间要经过营业成本、营业税金及附加、三项期间费用、资产减值损失、公允价值变动损益、投资收益、营业外收入、营业外支出及所得税费用等多个环节。因此，这些项目的增减变化都会影响到销售净利率的大小。销售净利率是反映企业营业盈利能力的最终指标，该指标越高，说明企业的获利越强。

案例 7－2　A 公司相应数据如下：2011 年营业收入 1 451 359 万元，净利润 293 432 万元，则可计算该公司的销售净利率：

$$销售净利率 = 2\ 934\ 432/1\ 451\ 359 \times 100\% = 20.21\%$$

分析销售净利润率指标，应注意以下问题。

1. 净利润中包括波动较大的营业外收支和投资收益

因为销售净利润率指标的年度变化比较大，所以企业的短期投资者和债权人更关心该指标。但是对企业经营者来说，应将该指标与净利润的内部构成结合起来进行分析，以此评价企业的管理水平是提高了或是下降了。

2. 不同行业的企业间销售净利率水平不具有可比性

因为不同行业的竞争状况、经济状况、行业经营特征不同，所以不同行业的销售净利率水平不同。一般来说，资本密集程度高的企业，销售净利率较高；反之，资本密集程度较低的企业，销售净利率较低。

总之，企业要想提高销售净利率，一方面要扩大营业收入，另一方面要降低成本费用。而降低成本费用是企业成本管理的一项重要内容。通过列示各项成本费用开支，有利于企业进行成本费用的结构分析，加强成本控制，为寻求降低成本费用的途径提供依据。通过分析销售净利率的变动情况，促使企业在扩大销售的同时，注意改进经营管理，提高盈利水平。

三、成本费用利润率计算与分析

成本费用利润率是指企业的利润率总额与成本费用总额之间的比率。它是反映企业在经营过程中发生耗费与获得收益之间关系的指标。

其计算公式如下：

$$成本费用利润率=\frac{营利润总额}{成本费用总额}\times 100\%$$

其中：

成本费用总额 = 营业成本 + 营业税金及附加 + 三项期间费用
（管理费用、销售费用和财务费用）

案例 7-3 A 公司相应数据如下：2011 年利润总额为 366 072 万元，营业成本 963 458 万元，营业税金及附加 97 105 万元，销售费用 113 929 万元，管理费用 100 400 万元，财务费用 42 063 万元，则可计算该公司的成本费用利润率：

$$\begin{aligned}成本费用利润率&=366\ 072/(963\ 458+97\ 105+113\ 929+100\ 400+42\ 063)\times 100\%\\&=27.80\%\end{aligned}$$

该项指标越高，表明企业生产经营成本费用取得的利润越多，劳动耗费的效益越高；反之，则表明成本费用实现的利润越少，劳动耗费的效益越低。这是一个能直接反映企业增收节支效益的指标。

对于企业的管理者来讲，成本费用利润率是非常有益的指标，它可以告诉管理者生产经营在哪些方面存在问题，哪些环节需要改进。因此，成本费用利润率既可以评价企业盈利能力的强弱，也可以直接评价企业成本费用控制和管理水平的高低。

任务 3　资产盈利能力分析

教学目标

1. 掌握流动资产利润率计算与分析；
2. 掌握固定资产利润率计算与分析；
3. 掌握总资产利润率计算与分析；
4. 掌握总资产净利率计算与分析；
5. 掌握总资产报酬率计算与分析。

一、流动资产利润率计算与分析

流动资产利润率是指企业的利润总额与流动资产平均额之间的比率。它反映了企业生产经营中流动资产所实现的收益，即流动资产在一定时期内带来的利润额。流动资产是企业资产中流动性最强的部分，在企业的生产经营中发挥重要的作用。因此，流动资产利润率是企业分析资产盈利能力的一个重要指标。

其计算公式如下：

$$流动资产利润率=\frac{利润总额}{流动资产平均额}\times 100\%$$

其中，

$$流动资产平均额=\frac{期初流动资产总额+期末流动资产总额}{2}$$

案例7－4 A公司相应数据如下：2011年A公司流动资产年初余额2 369 373万元，年末余额2 866 480万元，利润总额为366 072万元，则可计算该公司的流动资产利润率：

流动资产利润率＝366 072/[(2 369 373＋2 866 480)/2]×100%＝13.98%

流动资产利润率受利润总额和流动资产平均额两个因素的影响。在流动资产不变的情况下，利润额越多，流动资产利润率就越高，说明其盈利能力越强；相反，在利润额不变的情况下，流动资产平均额越少，流动资产利润率越高，盈利能力也越强。

二、固定资产利润率计算与分析

固定资产利润率是指利润总额与固定资产平均净额之间的对比关系。它反映了固定资产实现的效益，即固定资产净值在一定时期内带来的利润率。固定资产是企业在生产经营中的物质技术基础，特别是在工业企业的总资产中占有比重较大。因此，在分析资产的盈利能力时，固定资产利润率具有举足轻重的作用。

其计算公式如下：

$$固定资产利润率=\frac{利润总额}{固定资产平均额}\times 100\%$$

其中，固定资产平均额是指年初、年末固定资产原值减去累计折旧和固定资产减值准备后的净值的平均值。这样，一方面体现了固定资产的实有价值；另一方面与企业的利润额在计算时期上保持一致。

案例7－5 A公司相应数据如下：2011年A公司固定资产净值年初余额463 668万元、年末余额384 034万元，利润总额为366 072万元，则可计算该公司的固定资产利润率：

固定资产利润率＝366 072/[(463 668＋384 034)/2]×100%＝86.37%

固定资产利润率受利润总额和固定资产平均净额两个因素的影响。在固定资产平均净额不变的条件下，企业占用的固定资产平均净额越低即固定资产利润率越高，说明企业盈利能力越强。所以，要想提高企业固定资产利润率，在生产经营过程中既要努力开拓市场，促进销售，以提高利润额，又要提高固定资产使用效率，尽可能减少固定资产占用额。

三、总资产利润率计算与分析

总资产利润率是指企业的利润总额与总资产平均额之间的比率，以及企业一定时期总资产所实现的利润额。总资产是指企业拥有并支配的全部经济资源，也就是资产负债表中所表现的资产总额。总资产利润率反映了企业综合运用所拥有的全部经济资源获得的经济利益，是一个综合性的效益指标。

其计算公式如下：

$$总资产利润率 = \frac{利润总额}{总资产平均额} \times 100\%$$

由公式可以看出，企业的总资产利润率与企业的利润总额成正比，与总资产平均额成反比。即在利润总额不变时，占用的总资产越少，总资产利润率就越高；在占用的总资产不变时，实现的利润总额越多，总资产利润率越高。

案例7-6 A公司相应数据如下：2011年A公司总资产年初余额4 193 400万元，年末余额4 826 270万元，利润总额为366 072万元，则可计算该公司的总资产利润率：

$$总资产利润率 = 366\ 072/[(4\ 193\ 400 + 4\ 826\ 270)/2] \times 100\% = 8.12\%$$

四、总资产净利率计算与分析

总资产净利率是指企业的净利润与总资产平均额之间的比率。净利润是指企业的税后利润；税后利润是在支付了利息和所得税后企业实际获得的利润额，也就是企业所得者投资的实际报酬。

其计算公式如下：

$$总资产净利率 = 净利润/总资产平均额 \times 100\%$$

案例7-7 A公司相应数据如下：2011年A公司总资产年初余额4 193 400万元，年末余额4 826 270万元，净利润293 432万元，则可计算该公司的总资产净利率：

$$总资产净利率 = 293\ 432/[(4\ 193\ 400 + 4\ 826\ 270)/2] \times 100\% = 6.51\%$$

总资产净利率是反映企业经营效率和盈利能力的综合指标，主要用来衡量企业利用资产获取利润的能力，反映了企业总资产的利用效率，表示企业每单位资产能获得净利润的数量，这一比率越高，说明企业全部资产的盈利能力越强。该指标与净利润率成正比，与资产平均总额成反比。把公司一定期间的净利与公司的资产相比较，可表明公司资产利用效果。指标越高，表明资产的利用效率越高，说明公司在增加收入资金使用等方面取得了良好的效果；否则相反。资产净利率是一个指标，公司的资产是由投资人投资或举债形成的。净利润的多少与公司总量、资产结构、经营管理水平有着密切的关系。为了正确评价公司经营的高低、挖掘提高利润水平的潜力，可以用该项指标与计划及本行业平均水平和本行业内先进公司进行对比，分析差异的原因。影响资产净利率高低的因素主要有：产品的价格、单位成本低、产品的产量和销售的数量、资金占用量的大小等。

通过分析可以看出该指标由资产周转率和销售净利率构成。总资产周转率是反映企业资产营运能力的指标，用来说明资产的运用效率，该指标越高说明企业资产运用越有效，可以直接体现企业资产的经营效果；销售净利率是反映营业盈利能力的指标，销售净利率越高说明企业产品营业能力越强。总资产周转率的快慢和销售净利率的高低共同决定着总资产净利率的高低。

对于总资产净利率的分析，应注意以下问题。

1. 加强企业的资产结构分析

企业应调整生产经营用资产、非生产经营资产、不良资产、闲置资产、优良核心资产的结构，以加强资产管理，提高资产利用效率，从而提高总资产的周转率。

2. 加强企业利润形成结构的分析

企业应加强销售管理，增加营业收入，节约成本费用，提高企业的盈利能力，从而提高总资产净利率。

五、总资产报酬率计算与分析

总资产报酬率是指企业息税前利润（EBIT）与全部资产平均额之间的比率。它反映了企业全部资产在支付税费之前给社会带来的全部收益，是评价企业资产总和利用效果、企业总资产获利能力及企业经济效益的核心指标，是企业资产运用效果最直观的体现。

其计算公式如下：

$$总资产报酬率=\frac{利润总额+利息支出}{总资产平均额}\times 100\%$$

其中，

$$总资产平均额=\frac{期初资产总额+期末资产总额}{2}$$

案例7－8 A公司相应数据如下：2011年A公司总资产年初余额4 193 400万元，年末余额4 826 270万元，利润总额为366 072万元，利息支出44 519万元，则可计算该公司的总资产报酬率：

$$总资产报酬率=(366\ 072+44\ 519)/[(4\ 193\ 400+4\ 826\ 270)/2]\times 100\%=9.10\%$$

因为总资产报酬率不仅要反映资产为企业带来的利润，而且也要反映企业为社会带来的经济利益，所以在计算该指标时要将从利润总额中扣掉的利息支出加回。这样分子中既包含了可分配给股东的净利润、应上缴给国家的所得税，也包含了支付给债权人的利息，体现了企业通过资产运营为主要利益相关人带来的收益。

从计算公式可以看出，总资产报酬率主要受企业总资产规模和实现的息税前利润的影响。在平均总资产规模不变的情况下，实现的息税前利润越多，说明总资产使用效率越高，总资产报酬率就越高。但是，利用这一指标评价企业盈利能力时，还需要与企业历史标准、预期计划或同行业与其他企业的标准进行比较，进一步找出该指标变动的原因和存在的问题，以便于企业加强经营管理。

提高总资产报酬率的途径如下。

1. 优化资产结构

企业在保证正常生产经营的前提下，可以采取以下措施优化资源结构：减少流动资产的资金占用；对闲置或由于技术进步使用价值较小的固定资产及时进行处置或更新换代；提高资产管理水平，加强对资产的日常管理等。

2. 提高利润总额

采取科学有效的产品销售策略，努力扩大产品的市场份额，增加营业收入，控制成本费用的支出，不断提高企业的营业利润。在此基础上，控制营业外支出，为提高利润总额打好基础。

任务4　资本盈利能力分析

教学目标

1. 掌握所有者权益利润率计算与分析；
2. 掌握资本保值增值率计算与分析；
3. 掌握净资产收益率计算与分析。

一、所有者权益利润率计算与分析

所有者权益利润率也称权益利润率，是指企业利润总额与企业所有者权益平均额的比率。所表示单位所有者权益所得的利润额，这一指标反映所有者的收益水平，表示所有者权益所获得的利润额。所有者权益利润率越高，说明企业盈利能力越强；反之，说明收益水平不高，获利能力较弱。

其计算公式如下：

$$所有者权益利润率=\frac{利润总额}{所有者权益平均额}\times 100\%$$

其中，

$$所有者权益平均额=\frac{期初所有者权益总额+期末所有者权益总额}{2}$$

该指标从投资者的角度来考查企业的盈利状况，反映投资者投入资本的获利能力，是投资者及其潜在投资者关注的焦点。

案例7-9　A公司相应数据如下：2011年A公司所有者权益年初余额1 557 322万元，年末余额1 520 685万元，利润总额为366 072万元，则可计算该公司的所有者权益利润率：

所有者权益利润率=366 072/[(1 557 322+1 520 685)/2]×100%=23.79%

二、资本保值增值率计算与分析

企业通过资本的投入和周转，收回资产消耗后可能会产生的净利润。如果企业在资本经营过程中产生盈利，资本就会增值；如果经过一定运营周期后发生亏损，企业的资本就会流失。

资本保值增值率反映了企业资本增值的程度，该指标大于100%，表明资本实现了增值；该指标等于100%，表明资本得到了保值；该指标小于100%，表明资本贬值。

其计算公式如下：

$$资本保值增值率=\frac{期末所有者权益总额}{期初所有者权益总额}\times 100\%$$

这一指标是根据资本保全原则设计的，反映企业资本的保全和增值情况。它充分体现了对所有者权益的保护，能够及时、有效地发现所有者权益减少的现象。该指标越高，说明企业资本保全状况越好，所有者权益增长越快，债权人的权益越有保障，企业发展后劲越强。

案例7-10 A公司相应数据如下：2011年A公司所有者权益年初余额1 557 322万元，年末余额1 520 685万元，则可计算该公司的资本保值增值率：

$$资本保值增值率=1\ 520\ 685/1\ 557\ 322\times 100\%=97.65\%$$

企业的资本有两个来源：一部分来源于自身资金，一部分来源于负债。在某一个时点上，企业的资本等于负债和所有者权益总和。企业的费用相当于企业资产的耗费和占用，企业的收入相当于企业的资金来源，因此得到下面公式：

$$资产+费用=负债+所有者权益+收入$$

移项得：

$$收入-费用=资产-负债-所有者权益=新增资产$$

由上面公式可知，企业实现的利润在分配之前正好等于企业的新增资产，它说明了企业资本的保值增值程度，在一定程度上反映了企业资本的盈利能力。当企业利润为零时，企业实现了资本保值；当企业利润为正时，所有者权益中未分配利润增加，企业实现了资本增值；当利润为负时，企业亏损，所有者权益减少，企业资本减少。值得注意的是，有时企业资本有较大的增长，并不是企业自身生产经营的结果，而是投资者注入了新的资金。

三、净资产收益率计算与分析

净资产收益率是指企业的税后利润与净资产平均额之间的比率，它是判断企业资本盈利能力的核心指标。一般来说，该指标越高，说明企业的资本盈利能力越强。

其计算公式如下：

$$净资产收益率=\frac{净利润}{净资产平均额}\times 100\%$$

其中，

$$净资产平均额=\frac{期初所有者权益总额+期末所有者权益总额}{2}\times 100\%$$

案例7-11 A公司相应数据如下：2011年A公司所有者权益年初余额1 557 322万元，年末余额1 520 685万元，净利润293 432万元，则可计算该公司的净资产收益率：

$$净资产收益率=293\ 432/[(1\ 557\ 322+1\ 520\ 685)/2]\times 100\%=19.07\%$$

净资产收益率是评价企业自身资本获取报酬的最具有综合性和代表性的指标，它反映了企业资本运营的综合效益。一般来说，企业的净资产收益率越高，说明企业自身获取收益的能力越好，对企业投资者、债权人的保证程度就越高。收益率越高，说明企业所有者权益的盈利能力越强。

影响该指标的因素，除了企业的盈利水平以外，还有企业所有者权益的大小。对所有者来说，该比率越大，投资者投入资本盈利能力越强。在我国，该指标既是上市公司对外必须披露的信息内容之一，也是决定上市公司能否配股进行再融资的重要依据。

任务5　上市公司特有指标

教学目标

1. 掌握每股收益的计算与分析；
2. 掌握市盈率的计算与分析；
3. 掌握每股净资产的计算与分析；
4. 了解市净率的计算与分析；
5. 了解股利支付率的计算与分析。

一、每股收益

每股收益也称普通股每股利润或每股盈余，是指股份有限公司实现的净利润总额减去优先股股利后与已发行在外的普通股股数的比率。它反映了在外流通的每股普通股获得的收益，是衡量上市公司盈利能力最重要的财务指标之一。一般来说，每股收益指标值越高，表明股东的投资效益越好，股东获取高额股利的可能性也就越大。每股收益的计算公式如下。

每股收益 =（本期净利润 - 优先股股息）/流通在外的普通股的加权平均数

如前所述，为真实反映上市公司的盈利能力，公式中的分子最好使用扣除非经常性损益后的净利润。由于上市公司中，有些公司的权益结构比较复杂，除了包含有普通股之外，还发行一些特别股，如优先股等。优先股股本一般是按固定比例在支付普通股股利之前支付股息。因此，在计算普通股股本所能享有的收益额时，应将优先股股息扣除。

公式中分母如果当年企业有增股、扩股等情况，对于分母流通在外的普通股股数要计算其加权平均数，采用加权平均数是因为本期内发行在外的普通股可能增加或减少，而增加的普通股股数只能在增加以后的这一段时期内产生收益，减少的普通股股数在减少以前的期间内仍产生收益，所以必须采用加权平均数，以正确反映本期内发行在外的股份数。

案例7-12　某上市公司2011年度净利润为6 500万元，2010年末总股本为4 000万股，并实行了每10股送8股的红利分配方案；同时该公司在2011年6月底成功发行了3 000万股新股，由此可计算该公司2011年末的每股收益：

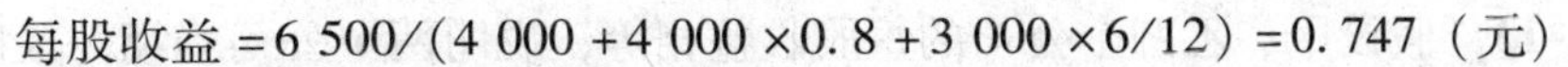

$$每股收益 = 6\ 500/(4\ 000 + 4\ 000 \times 0.8 + 3\ 000 \times 6/12) = 0.747\ （元）$$

该指标由于能反映普通股每股的盈利能力，便于对每股价值的计算，因此被广泛使用。每股收益越多，一般来说该企业的获利能力就越强，说明企业经济效益好。每股收益还是反映或确定该企业股票价格的主要参考指标，在其他因素不变的情况下，每股收益越高，该种股票市价则越高；每股收益越低，股票市价则越低。每股收益的多少取决于两个因素，一是公司获得的税后利润的多少；二是公司发行在外的普通股股份的多少，在股份数既定的情况下，每股收益的多少直接取决于公司税后利润的多少；而在税后利润总额既定的条件下，每股收益的多少直接取决于发行在外的普通股股份的数额的多少；

每股收益是衡量上市公司盈利能力最重要的财务指标，它反映普通股的获利能力。在分析时，可以进行公司间的比较，以评价该公司相对的盈利能力；可以进行不同时期的比较，了解该公司盈利能力的变化趋势；可以进行经营实施和盈利预测的比较，掌握该公司的管理能力。

二、市盈率

市盈率，又称价格—盈余比率，是指普通股每股市价与每股收益的比值。它反映了投资者相对于每股收益所愿意支付的股票价格，可以用来估计股票的投资报酬和风险，一般可用于判断公司股票与其他公司股票相比潜在的价值。投资者非常关注上市公司的市盈率，金融机构和资本市场的中介机构都会定期发布此指标，有关证券刊物也报道各类股票的市盈率。

其计算公式如下：

$$市盈率 = \frac{每股市价}{每股收益}\ （倍）$$

其中，每股市价一般采用年度平均价格，即全年每天收盘价的简单平均数，从证券市场发布的证券交易资料即可获得。为简单起见，也为了增加适时性，可采用报告日期一日的现时收盘价。

市盈率越高，表明投资者对公司未来充满信心，愿意为每一元盈余多付买价。由于一般的期望报酬率为 5% ～ 20%，所以通常认为，市盈率在 5 ～ 20 之间是正常的。但与流动比率和速动比率的理想值一样，考虑到行业特征差异等因素，市盈率的理想取值范围也没有一个统一标准。当股市受到不正常的因素干扰时，某些股票的市场被哄抬到不应有的高度，市盈率会过高。在成熟资本市场超过 20 的市盈率被认为是不正常的，很可能是股价下跌的前兆，风险较大。

股票的市盈率非常低，表明投资者对公司的前景缺乏信心，不愿为每一元盈余多付买价。一般认为，市盈率在 5 以下的股票，其前景黯淡，持有这种股票的风险较大。不同行业股票市盈率是不相同的，而且将常发生变化。当人们预期将发生通货膨胀或提高利率时，股票市盈率会普遍下降，当人们预期公司的利润将增长时，市盈率通常会上升。此外，债务比重大的公司，股票市盈率通常较低。

案例 7-13 假设甲、乙两个公司的每股收益相等，说明两个公司当期每股的盈利能力相同。如果甲公司的市盈率高于乙公司，说明甲公司的每股市价高于乙公司的每股市价。对当期盈利能力相同的两支股票，投资者愿意出更高的价格购买甲公司的股票，这说明投资者对甲公司的未来发展更加看好。

还是上述案例甲、乙两个公司，假设它们的每股收益都为 0.5 元。甲公司的市盈率为 80，乙公司的市盈率为 20，也就是说甲公司的每股市价为 40 元，而乙公司的每股市价只有 10 元。那么，此时购买甲公司的股票所花费的代价是乙公司股票的四倍，但甲公司股票报酬能达到或超过乙公司股票报酬的四倍的可能性并不大。因此，这种情况下购买乙公司的股票可能更加有利，而购买甲公司的股票则投资风险较大。

三、每股净资产

每股净资产反映发行在外的每股普通股所代表的净资产成本即账面权益，它在理论上提供了股票的最低价值，不反映净资产的变现价值，也不反映净资产的产出能力。每股净资产通常被认为是股价下跌的底线，如果股价低于每股净资产，那么企业的发展前景一般极度堪忧。每股净资产越高，表明企业内部积累越雄厚，在经济不景气时期拥有较强的抵御能力。

其计算公式如下：

每股净资产 =(所有者权益总额 - 优先股权益)/发行在外的年末普通股股数

案例 7-14 某上市公司 2010 年末股东权益总额为 28 万元，发行在外的普通股数量为 10 万，则该公司股票的每股账面价值为 28/10，即 2.8 元。

在企业并购中，每股净资产也是估算并购企业价值的重要依据。

从理论上说，每股净资产是股票的账面价值，它主要是以历史成本计量的；这个每股账面价值反映了企业每股股票的最低价值，每股账面价值越高，说明其价值高于其账面值越多。而每股市价是这些资产的现行市值，它是证券职场上交易的结果。一般而言，市价高于账面价值时企业资产的质量较好，有发展潜力，未来创造剩余收益的能力较强；反之，则资产质量差，没有发展前景。

四、市净率

市净率是指企业普通股每股市价与普通股净资产之间的对比关系。

其计算公式如下：

市净率 = 普通股每股市价/普通股每股净资产

市净率是将每股股价与每股净资产相比，表明股价以每股净资产的若干倍在流通转让，评价股价相对于每股净资产而言是否被高估。一般来说市净率越小，说明股票的投资价值越高，股价的支撑越有保证；反之，则投资价值越低。

公司资本金、资本公积金、资本公益金、法定公积金、任意公积金、未分配盈余等项目的合计，它代表全体股东共同享有的权益，也称净资产。净资产的多少是由股份公司经营状况决定的，股份公司的经营业绩越好，其资产增值越快，股票的净值就越高，因此股东所拥有的权益也越多。

市净率可用于投资分析，一般来说市净率较低的股票，投资价值较高，相反，则投资价值较低；但在判断投资价值时还要考虑当时的市场环境以及公司经营情况、盈利能力等因素。

优质股票的市价会超出每股净资产很多，一般来说市净率达到3，可以树立较好的企业形象。在特殊情况下，会出现市净率小于1的上市公司，市价低于每股净资产的股票，就像售价低于成本的商品一样，属于"处理品"。当然，"处理品"也不是没有投资价值，问题在于该企业今后是否有转机，或者经过资产重组能否提高盈利能力。

五、股利支付率

股利支付率是指普通股每股股利与每股收益的百分比。它反映公司的股利分配政策和股利支付能力。

其计算公式为：

$$股利支付率=\frac{每股股利}{每股盈余}\times 100\%$$

一般来说，公司发放股利越多，股利的分配率越高，对股东和潜在的投资者的吸引力越大，也就越有利于建立良好的公司信誉；股利支付率高，留存收益少，也表明企业对未来充满信心。一方面，由于投资者对公司的信任，会使公司股票供不应求，从而使公司股票市价上升。公司股票的市价越高，对公司吸引投资、再融资越有利。另一方面，过高的股利分配率政策，会导致公司的留存收益率较低，如果公司要维持高股利分配政策而对外大量举债，会增加资金成本，最终必定会影响公司的未来收益和股东权益。

上市公司盈利能力是反映上市公司价值的一个重要方面。对上市公司而言，是指企业获取利润的能力。其盈利能力越强，股东获得的回报将越高，对该上市公司的投资价值就越大。由于我国的证券市场还处于发展阶段，在信息披露上，存在着投资者与经营者管理者的严重信息不对称。投资者获取信息的途径主要通过上市公司公开披露的财务报表，所以对财务报表披露的信息去伪存真就显得很重要。针对这种情况，只有通过深入分析上市公司的盈利能力，才能对上市公司的经营业绩作出客观评价。

专业知识和技能训练

一、单项选择题

1.（　　）是以财务报表等核算资料为基础，以反映企业盈利能力、偿债能力、营运能力能力以及发展能力为重点，对企业进行的系统、全面、综合的分析。

A. 定量分析　　B. 定性分析　　C. 专题分析　　D. 综合分析

2. 财务报表综合分析的核心是（　　）。

A. 盈利能力　B. 营运能力　C. 偿债能力　D. 发展能力

3. 反映资本经营盈利能力的指标是（　　）。

A. 营业利润率　B. 净资产收益率　C. 总资产报酬率　D. 股利支付率

4. 反映上市公司盈利能力的指标是（　　）。

A. 营业利润率　B. 净资产收益率　C. 总资产报酬率　D. 股利支付率

5. 能表明股东近期最直接收益的指标是（　　）。

A. 每股收益　B. 每股股利　C. 市盈率　D. 股利支付率

6. 甲企业 2011 年的主营业务收入为 1 200 万元（设该公司没有其他业务收入和其他业务成本），主营业务成本为 800 万元，营业税金及附加为 240 万元，则企业的销售利润率为（　　）。

A. 13. 3%　B. 33. 3%　C. 20%　D. 15. 38%

7. A 公司 2011 年实现营业收入为 600 万元，利润总额为 120 万，平均资产总额为 1 000 万元，平均资产负债率为 40%，公司适用所得税率为 25%，则净资产收益率为（　　）。

A. 12%　B. 20%　C. 15%　D. 9%

8. 某企业 2011 年实现的净利润为 120 万元，企业存在优先股 10 万股，支付优先股利 10 万元，年末股份总数为 110 万元，如果普通股每股市价是 22 元，则市盈率为（　　）。

A. 22　B. 20　C. 21　D. 18. 33

二、多项选择题

1. 财务报表综合分析指标体系中包含的综合指标有（　　）。

A. 盈利能力　B. 偿债能力

C. 营运能力　D. 发展能力

E. 现金支付能力

2. 盈利能力分析包含的内容有（　　）。

A. 销售盈利能力分析　B. 资本经营盈利能力分析

C. 资产经营盈利能力分析　D. 上市公司盈利能力分析

E. 国有资本盈利能力分析

3. 上市公司盈利能力分析主要通过（　　）指标来进行。

A. 每股收益　B. 每股股利

C. 市盈率　D. 股利支付率

E. 每股现金净流量

4. 分母是发行在外的普通股股数的指标是（　　）。

A. 每股收益　B. 每股股利

C. 市盈率　D. 股利支付率

E. 每股现金净流量

三、判断题

1. 财务报表综合分析能为投资人、债权人、政府和监管机构、管理者等的科学决策提供客观、全面的信息服务。 ( )

2. 营业净利率是反映企业发展能力的重要指标之一。 ( )

3. 提高生产设备的产出率、生产设备的构成率以及生产用固定资产构成比率，都会对加速固定资产的周转起到积极作用。 ( )

4. 普通股每股收益是衡量上市公司盈利能力的重要指标。 ( )

5. 优化资产配置，使其更加合理，会提高资产的利用效率。 ( )

6. 股利支付率主要取决于企业的经营业绩。 ( )

7. 净资产收益率是反映企业资产盈利能力的重要指标。 ( )

8. 可持续增长率指标的高低取决于企业的净资产收益率和股利支付率。 ( )

四、技能题

1. 案例分析：甲、乙两家企业，2010 年销售收入均为 50 万元，净利润均为 10 万元。甲公司总资产为 500 万元，所有者权益为 100 万元；乙公司总资产为 200 万元，所有者权益为 50 万元。试比较分析这两家公司的盈利能力。

2. 某公司 2010 年度、2011 年度有关资料如表 7 –1 所示。

单位：元

项　目	2010 年	2011 年
净利润	200 000	250 000
优先股股息	25 000	25 000
普通股股利	150 000	200 000
普通股股利实发数	120 000	180 000
普通股权益平均额	1 600 000	1 800 000
发行在外的普通股平均数（股）	800 000	1 000 000
每股市价	4	4.5

要求：根据所给资料计算该公司 2011 年度每股收益、普通股权益报酬率、股利发放率指标。

项 目 8

营运能力分析

本项目介绍了营运资产及营运能力的概念、营运能力分析的内涵、营运能力指标的计算和评价方法。

营运资产主要包括流动资产和固定资产。营运能力主要指企业资产营运的效益和效率，反映企业的资产管理水平和资产周转情况。企业营运资产的效益主要指企业的产出额与资产占用额之间的比率。企业营运资产的效率主要指资产周转速度快慢，通常使用资产周转率（次数）和资产周转期（天数）两个指标表示。

企业营运能力的实质，就是要以尽可能少的资产占用、尽可能短的时间周转，生产尽可能多的产品，实现尽可能多的营业收入，创造尽可能多的利润。

营运能力分析主要是通过对反映企业资产营运效率与效益的指标进行计算和分析，从而评价企业的营运能力，为企业提高经济效益指明方向。主要包括流动资产营运能力分析、固定资产营运能力分析和总资产营运能力分析。

企业经营成果的取得，主要依靠流动资产的形态转换。流动资产是企业全部资产中流动性最强的资产，反映流动资产周转情况的指标主要有应收账款周转速度、存货周转速度和流动资产周转速度。固定资产营运能力分析主要判断企业管理固定资产的能力，其通常运用的指标是固定资产周转率（次数）和固定资产周转天数。总资产营运能力主要指企业总资产的效率和效益，它取决于每一项资产周转率的高低。为了综合分析总资产的营运能力，运用的指标主要有总资产周转率（次数）和总资产周转天数。

任务1　认知营运能力分析

教学目标

1. 了解营运能力分析的内涵和目的；

2. 理解营运能力分析的意义。

一、营运能力分析的内涵

1. 营运资产的概念

企业的营运资产，主要是流动资产和固定资产。虽然，无形资产也是企业资产的重要组成部分，并且随着知识经济的发展，无形资产在企业资产中的比例越来越高，在提高企业经济效益方面发挥的作用越来越重要。但是，无形资产的作用必须通过或依附有形资产才能发挥出来。从这个意义上说，企业营运资产的能力及利益如何，从根本上决定了企业的营运状况和经济效益。

2. 营运能力的概念

营运能力有广义和狭义之分。广义的营运能力是指企业所有要素共同发挥的营运作用，即企业各项经济资源，包括人力资源、财力资源、物力资源、技术信息资源和管理资源等，通过配置、组合与相互作用而生成推动企业运行的物质能量。狭义的营运能力是指企业资产的利用效率。

本书介绍的营运能力主要指狭义的营运能力，即企业资产营运的效益和效率，反映企业的资产管理水平和资产周转情况。企业营运资产的效益主要指企业的产出额与资产占用额之间的比率。企业营运资产的效率主要指资产周转速度快慢，通常使用资产周转率（次数）和资产周转期（天数）两个指标。

企业营运能力的实质，就是要以尽可能少的资产占用、尽可能短的时间周转，生产尽可能多的产品，实现尽可能多的营业收入，创造尽可能多的纯收入。

3. 营运能力分析的概念

营运能力分析主要是通过对反映企业资产营运效率与效益的指标进行计算和分析，从而评价企业的营运能力，为企业提高经济效益指明方向。主要包括流动资产营运能力分析、固定资产营运能力分析和总资产营运能力分析。

营运能力通常通过企业资产周转速度的有关指标反映出来企业资产利用的效率，它表明企业管理人员经营管理和运用资金的能力。企业的资产周转速度越快，则表明企业资产利用效果越好，效率越高，企业管理人员的经营能力越强；反之，则表示资产利用效率越差。

二、营运能力分析的目的

不同的利益相关者，站在不同的角度，对营运能力分析有着各不相同的要求和目的。因此，营运能力分析对于不同的利益相关者而言具有不同的意义。

股东通过企业资产营运能力分析，有助于判断企业财务安全性及资产的收益能力，以进行相应的投资决策。债权人通过企业资产营运能力分析，有助于判明其债权的物质保障程度或其安全性，从而进行相应的信用决策。经营者通过企业资产营运能力分析，可以发现闲置资产和利用不充分的资产，从而处理闲置资产以节约资金，或提高资产利用效率以改善经营业绩。

企业资产营运能力的高低是通过有关资产在1年内周转速度的快慢来反映的。

三、营运能力分析的意义

营运能力不仅从侧面反映了企业的盈利水平，也反映企业基础管理、经营策略、市场营销等方面的状况。因此，对企业营运能力进行分析十分必要。

1. 评价企业资产利用的效益

企业营运能力的实质就是以尽可能少的资产占用、尽可能短的时间周转、生产出尽可能多的产品，实现尽可能多的销售收入，创造出尽可能多的利润。通过对企业资产营运能力分析，能够了解并评价资产利用的效益。

2. 确定合理的资产存量规模

随着企业生产规模的不断变化，资产存量也处于经常变化之中。营运能力分析可以帮助了解经营活动对资产的需要情况，以便根据企业生产经营的变化调整资产存量，使资产的增减变动与生产规模变动相适应，为下一期资产增量提供事实依据。

3. 促进企业各项资产的合理配置

各项资产在经营中的作用各不相同，对企业的财务状况和经营成果的影响程度也不相同。在企业资产存量一定的情况下，如果其配置不合理，营运效率就会降低。通过对企业资产营运能力的分析，可以了解企业在资产配置中存在的问题，不断优化资产配置，以改善自身财务状况。

4. 提高企业资产的使用效率

通过对资产营运能力的分析，能够了解资产利用过程中存在的问题，通过挖掘资产利用的潜力，提高企业资产的利用效率，以最少的资产占用获得最大的经济效益。

任务2　营运能力指标分析

教学目标

1. 掌握流动资产营运能力指标的计算与分析；
2. 掌握固定资产营运能力指标的计算与分析；
3. 掌握总资产营运能力指标的计算与分析。

一、流动资产周转速度分析

企业的营运过程，实质上是资产的转换过程，由于流动资产和固定资产的性质和特点不同，决定了它们在这一过程中的作用也不同。企业经营成果的取得，主要依靠流动资产的形态转换。流动资产是企业全部资产中流动性最强的资产。流动资产营运能力分析是企业营运能力分析最重要的组成部分。

流动资产完成从货币到商品再到货币这一循环过程，表明流动资产周转了一次，以产品实现销售为标志。

反映流动资产周转情况的指标主要有应收账款周转速度，存货周转速度和流动资产周转速度。

（一）应收账款周转速度分析

应收账款是企业因对外销售产品、材料、供应劳务等而应向购货或接受劳务单位收取的款项。其周转速度主要通过计算和分析应收账款周转率（次数）和应收账款周转天数两个指标来具体反映。

1. 应收账款周转率（次数）

应收账款周转率（次数）表示企业在一定时间内取得应收账款权利到收回转换为现金的循环。

其计算公式如下：

$$\text{应收账款周转率（次数）}=\frac{\text{营业收入净额}}{\text{应收账款平均余额}}$$

其中，

$$\text{营业收入净额}=\text{营业收入总额}-(\text{销售折扣}+\text{销售退回}+\text{销售折让})$$

$$\text{应收账款平均余额}=(\text{期初应收账款余额}+\text{期末应收账款余额})/2$$

应该注意的是，应收账款是指因商品购销关系所产生的债权资产，而不是单指会计核算上的应收账款科目，同时还应包括公司未向银行或其他金融机构办理贴现的商业应收票据。应收账款平均余额是指上述两者之和在扣除坏账准备（或预计坏账损失）后，期初余额加期末余额的算术平均数，

通过以上方式计算的应收账款周转率，不仅反映企业的营运能力，而且由于应收账款是企业流动资产的重要组成部分，其变现速度和变现程度是企业流动比率的重要补充，它也反映着企业的短期偿债能力。

应收账款周转率指标影响着应收账款的质量和流动性，质量指应收账款无损失收回的可能性，而流动性是指应收账款转换成现金的速度。在一定时期内应收账款周转的次数越多，表明应收账款回收速度越快，企业管理工作的效率越高。这不仅有利于企业及时收回贷款，减少或避免发生坏账损失的可能性，而且有利于提高企业资产的流动性，提高企业短期债务的偿还能力。对于企业来说，如果一定时期内应收账款周转次数越多，周转天数越少，就表明：① 企业对于应收账款回收迅速，信用销售管理严格，可相对应节约营运资金；② 应收账款本身流动性很强，从而增强了企业自身的短期偿债能力；③ 相对性的减少收账费用和坏账损失，从而增加企业流动资产的投资收益。

案例 8－1　A 公司关于应收账款周转速度相应数据如下：2011 年 A 公司应收票据年初余额 1 158 万元，年末余额 277 万元；应收账款年初余额 66 654 万元，年末余额 68 219 万

元，营业收入 1 451 359 万元，则

$$应收账款周转率（次数）=1\ 451\ 359/[(1\ 158+66\ 654+277+68\ 219)/2]$$
$$=21.30 次$$

2. 应收账款周转天数

应收账款周转天数也叫平均应收账款回收期或平均收现期，表示企业从取得应收账款的权利到收回款项、转换为现金所需要的时间。

其计算公式如下：

$$应收账款周转天数=\frac{365}{应收账款周转率}$$

转换可得

$$=\frac{365}{营业收入净额}\times 应收账款平均余额$$

案例 8-1 续 根据上例可以计算得到：

$$应收账款周转天数=365/21.30=17 天$$

应收账款的周转天数越少，表明应收账款变现速度越快，企业资金被外单位占用的时间越短，资金管理的效率越高。倘若企业在一定时期内周转次数多，周转天数少，这样便表明：企业收账迅速，信用销售管理严格，可以适当调整或放松企业信用政策；应收账款流动性强，从而增强企业短期偿债能力；减少收账费用和坏账损失，相对增加企业流动资产的利润回报。

在进行应收账款周转天数分析时，我们要注意考虑应收账款、销售额和利润之间的关系，还应结合坏账准备与应收账款比率的趋势变化。分析时，可以将其与企业允许的销售信用期比较，这样可以评价顾客付款的及时性，如果适当地结合账龄分析还可以发现极端客户。在以下特殊情况下，企业可能会实施更宽松的信用政策：一种新产品刚上市；销售是为了利用闲置的生产能力；出现特殊竞争；这时应收账款周转天数会相应拉长。

对应收账款周转速度的分析，我们还应注意的问题：① 企业的信用政策、客户故意拖延和客户财务困难对应收账款周转速度的影响；② 应收账款是时点指标，易于受季节性、偶然性和人为因素的影响，为了使该指标尽可能接近实际值，计算平均数时应采用尽可能详细的资料；③ 过快的应收账款周转速度可能是由紧缩的信用政策引起的，其结果可能会危及企业的销售增长，损害企业的市场占有率；④ 若现金销售比例较大，则应收账款周转速度作用就小；⑤ 销售波动越大，应收账款周转速度被歪曲的可能性就越大。

（二）存货周转速度分析

存货是企业在生产经营中为销售或消耗用而储备的资产，它属于流动资产中变现能力最弱、风险最大的资产，但存货又是流动资产中受益率最高的资产，其质量对企业短期偿债能力有重大影响。

存货周转速度分析一般有两个指标，即存货周转率（次数）和存货周转天数。通过存

货周转率和存货周转天数的计算与分析，可以判断企业在一定时期内存货资产的周转速度。这两个指标是反映企业购、产、销平衡效率的一种尺度，它们反映了企业销售能力和流动资产流动性，也是衡量企业生产经营各个环节中存货营运效率的一个综合指标。

存货周转率的计算有两种方法：一种是以存货成本为基础；另一种是以营业收入为基础。以存货成本为基础和营业收入为基础的存货周转率有各自不同的意义。以存货成本为基础的存货周转率运用较为广泛，因为与存货相关的是营业成本，它们之间的对比较符合实际，能够较好地表现存货的周转状况；以营业收入为基础的存货周转率即维护了资产运用效率各指标计算上的一致性，又因为由此计算的存货周转天数与应收账款周转天数建立在同一基础上，从而可以直接相加得出营业周期。

本书采用以营业收入为基础的计算方法，具体计算公式如下：

$$存货周转率（次数）=\frac{营业收入净额}{存货平均余额}$$

$$存货周转天数=\frac{365}{存货周转率}$$

其中，

$$存货平均余额=(期初存货余额+期末存货余额)/2$$

注：营业收入净额定义同上。

案例8-2 A公司2010年、2011年存货周转率，计算如表8-1所示。

表8-1 2010年、2011年存货周转情况 单位：万元

项 目	2010年	2011年
① 营业收入净额	1 227 862	1 451 359
② 存货年末余额	1 825 662	1 872 736
③ 存货平均余额	1 579 578.5	1 849 199
④ 存货周转次数①/③	0.777 3	0.784 9
⑤ 存货周转天数365/④	470	465

以上计算结果说明，该企业2011年存货周转率比2010年有所加快，周转次数由0.777 3次上升为0.784 9，周转天数由470天降为465天，这反映出该企业2011年存货管理效率略比2010年有所好转，其原因可能是营业收入的增长幅度快于存货的增长幅度有关。

在一般情况下，存货的平均水平一定条件下，存货周转次数越多，则表明企业的销货成本数额增多，产品销售的数量增长，企业的销售能力越强。反之，则表示销售能力有待加强。企业要扩大产品销售数量，增强销售能力，就必须在原材料购进、生产过程中的投入、产品的销售、现金的收回等方面做到协调和衔接。因此，存货周转率不仅可以反映企业的销售能力，而且能用以衡量企业生产经营中的各有关方面运用和管理存货的工作水平。

存货周转率可以衡量存货的储存是否适当，是否能保证生产不间断地进行和产品有秩序

的销售。存货既不能储存过少，造成生产中断或销售紧张；又不能储存过多形成呆滞、积压。存货周转天数越少，则说明存货资金周转越快，企业的利润就越高。存货周转率太高则存货太少，进货成本增加；太低则存货储备过少。

存货周转率在一定方面反映了存贷结构合理与质量合格的状况。因为只有结构合理，才能保证生产和销售任务正常、顺利地进行。只有质量合格，才能有效地流动，从而达到存货周转率提高的目的。存货是流动资产中最重要的组成部分，往往达到流动资产总额的一半以上，其质量的好坏、周转速度的快慢以及运作效率的高低，对公司流动资产周转速度和营运能力都有决定性的影响。存货周转率的这些重要作用，使其成为综合评价企业营运能力的一项重要的财务比率。

存货周转率指标的好坏还可以反映企业存货管理水平的高低，它影响到企业的短期偿债能力，一般来讲，存货周转速度越快，存货的占用水平越低，流动性越强，存货转换为现金或应收账款的速度越快。因此，提高存货周转率可以提高企业的变现能力。当存货周转速度偏低时，可能由以下原因引起：① 企业经营不善，产品滞销；② 预测存货将升值，企业故意囤积居奇，以等待时机获取重利；③ 企业销售政策发生变化。

在进行存货周转速度分析的同时，我们要注意的是：

（1）企业存货的季节性波动，销售旺季的存货周转率比销售淡季要快；

（2）由于企业的促销政策，造成销售成本与销售收入呈现不同比例增加，可以将存货周转率与销售利润率进行结合分析；

（3）有时存货周转率过高，也可能表示持有的存货偏低，不足以应付顾客的需要；

（4）实际分析时要与应收账款周转率结合。

（三）流动资产周转速度分析

流动资产周转速度指标主要包括流动资产周转率和流动资产周转天数，这两项指标分别是指在一定时间内（季度或年度）流动资产的周转次数和周转一次所需要的时间。

1. 流动资产周转率（次数）

流动资产周转率（次数）表示企业在一定时间内完成几次从货币到商品再到货币的循环。

其计算公式如下：

$$流动资产周转率（次数）=\frac{营业收入净额}{流动资产平均额}$$

其中，

$$流动资产平均额=\frac{期初流动资产余额+期末流动资产余额}{2}$$

流动资产周转率（次数）是流动资产的平均占用额与流动资产在一定时期所完成的周转额之间的比率，该比率不仅反映流动资产运用效率，体现了单位流动资产实现的价值补偿，同时也影响着企业的盈利水平。流动资产周转加速，可以使企业在流动资产规模不变的条件下，增加企业的收入。

企业流动资产周转率越快，周转次数越多，表明企业以相同的流动资产占用实现的营业收入越多，即企业流动资产的运用效率越好，进而使企业的偿债能力和盈利能力均得以增强。反之，则表明企业利用流动资产进行经营活动的能力差，效率较低。

案例8-3　A公司关于流动资产周转速度的相应数据如下：2011年A公司流动资产年初余额2 369 373万元，年末余额2 866 480万元，营业收入1 451 359万元，则

流动资产周转率（次数）=1 451 359/[(2 369 373+2 866 480)/2]=0.55（次）

2. 流动资产周转天数

流动资产周转天数表示企业资产完成一次从流动资产投入到营业收入收回的循环所需要的时间。

其计算公式如下：

$$流动资产周转天数=\frac{365}{流动资产周转率}$$

案例8-3续　根据上例可以计算得到：

流动资产周转天数=365/0.55=664（天）

在一定时期内，流动资产周转次数越多，说明流动资产利用效果越好，周转一次所需天数越少，表明流动资产在生产经营各阶段占用的时间越短，周转速度越快，营运效率越高。流动资产周转次数和周转天数呈反方向变动。

流动资产周转速度，反映了企业全部流动资产的使用效率，体现了单位流动资产实现的价值补偿。生产经营任何一个环节上的工作得到改善，都会反映到周转天数的缩短上来。而加速的一种有效途径就是企业在流动资产规模不变的条件下增加营业收入，从而达到降低流动资产的资金占用时间的目的；另一种加速途径是加快流动资产周转，可以使企业在销售规模不变的条件下，运用更少的流动资产，形成流动资产节约额。

二、固定资产周转速度分析

销售量反映了企业资产的利用效率，而通过销售量的价值指标——营业收入净额与固定资产的对比，可以反映出企业固定资产的利用效率。固定资产营运能力分析主要判断企业管理固定资产的能力，其通常运用的指标是固定资产周转率（次数）和固定资产周转天数。

固定资产周转率是指一定时期企业实现的营业收入净额与固定资产平均余额的比率。该指标意味着每一元的固定资产所产生的收入。由于营业收入反映了产品的数量和质量都已得到社会承认，所以该指标反映了固定资产的利用效率。

具体公式如下：

$$固定资产周转率（次数）=\frac{营业收入净额}{固定资产平均额}$$

其中，

$$固定资产平均额=\frac{期初固定资产净值+期末固定资产净值}{2}$$

$$固定资产净值=固定资产原值-累计折旧$$

$$固定资产周转天数=\frac{365}{固定资产周转率}$$

值得注意的是，营业收入净额比总产值更能准确地反映经济效益，因此用营业收入净额作为分子的固定资产周转率能更好地反映固定资产的利用效果。

案例 8－4 A 公司 2010 年、2011 年固定资产周转率，计算如表 8－2 所示。

表 8－2 A 公司 2010 年、2011 年固定资产周转情况 单位：万元

项 目	2010 年	2011 年
① 营业收入净额	1 227 862	1 451 359
② 固定资产年末净值	463 668	384 034
③ 固定资产平均净值	457 179	423 851
④ 固定资产周转次数①/③	2. 685 7	3. 424 2
⑤ 固定资产周转天数 365/④	136	107

以上计算表明，企业 2011 年固定资产周转率比 2010 年有所加快，其主要原因是固定资产净值 2011 年有所减少，而营业收入又正常增长所致。

固定资产周转率越高，则说明固定资产利用十分充分，同时也能表明企业固定资产投资得当，固定资产结构合理，能够充分发挥效率。反之，说明固定资产使用效率不高，已过多或有闲置。固定资产周转率可以衡量企业投资是否得当，结构是否合理。但是当我们运用固定资产周转率指标时，需要考虑固定资产净值因计提折旧而逐年减少，或因更新重置而突然增加的影响；并且在不同企业比较时，还应考虑不同折旧方法对净值的影响。

三、总资产周转速度分析

总资产周转率是指企业在一定时期营业收入净额同总资产平均余额的比值。总资产营运能力主要指企业总资产的效率和效益，它取决于每一项资产周转率的高低。为了综合分析总资产的营运能力，运用的指标主要有总资产周转率（次数）和总资产周转天数。

1. 总资产周转率（次数）

总资产周转率（次数）是指企业在一定时期内完成几次从资产投入到资产回收的循环。营业收入净额与资产总额的比率可以用来分析企业全部资产的使用效率，也在一定程度上体现了企业对每单位资产实现的价值补偿。

其具体计算公式如下：

$$总资产周转率（次数）=\frac{营业收入净额}{总资产平均额}$$

其中，

$$总资产平均余额=\frac{期初总资产余额+期末总资产余额}{2}$$

案例8－5　A公司关于总资产周转速度相应数据如下：2011年A公司总资产年初余额4 193 400万元，年末余额4 826 270万元，营业收入1 451 359万元，则

总资产周转率（次数）=1 451 359/[（4 193 400+4 826 270）/2]=0.321 8次

总资产周转率的直接经济含义是，单位总资产能够产出多少营业收入。该比率越高，说明企业运用资产产出收入的能力越强，企业资产管理效率越高，经营风险相对较小。如果该比率较低，说明企业资产利用效率差，从而影响企业的获利能力，经营风险相对较大，应采取各种措施提高各类资产的利用效率，或处置多余的资产。

一般而言，影响总资产周转率的因素包括：企业所处的行业及经济背景等；企业经营周期的长短；企业的资产构成及其质量；资产的管理力度；企业所采用的财务政策等。

2. 总资产周转天数

总资产周转天数表示企业完成一次总资产周转所需的时间。

其具体计算公式如下：

$$总资产周转天数=\frac{365}{总资产周转率}$$

案例8－5续　根据上例可以计算得到：

总资产周转天数=365/0.321 8=1 134天

专业知识和技能训练

一、单项选择题

1. 从资产流动性方面反映总资产效率的指标是（　　）。

A. 总资产产值率　　B. 总资产收入率　　C. 总资产周转率　　D. 产品销售率

2. 流动资产周转率的分母是（　　）。

A. 现金及现金等价物　　B. 流动资产平均余额

C. 营运成本　　D. 营业收入

3. 流动资产占总资产的比重是影响（　　）指标变动的重要因素。

A. 总资产周转率　　B. 总资产产值率　　C. 总资产收入率　　D. 总资产报酬率

4. 反映资产占用与收入之间关系的指标是（　　）。

A. 流动资产产值率　　B. 流动资产周转率　　C. 固定资产产值率　　D. 总资产产值率

5. 影响流动资产周转率的因素是（　　）。

A. 产出率　　B. 销售率　　C. 成本收入率　　D. 收入成本率

6. 流动资产周转率的分母是（　　）。

A. 现金及现金等价物
B. 流动资产平均余额
C. 营运成本
D. 营业收入

二、多项选择题

1. 财务报表综合分析指标体系中包含的综合指标有（ ）。
A. 盈利能力
B. 偿债能力
C. 营运能力
D. 发展能力
E. 现金支付能力

2. 营运能力分析包含的内容有（ ）。
A. 全部资产营运能力分析
B. 流动资产营运能力分析
C. 固定资产营运能力分析
D. 无形资产营运能力分析
E. 垫支流动资产营运能力分析

3. 反映企业营运能力的指标是（ ）。
A. 总资产周转率
B. 流动资产周转率
C. 固定资产周转率
D. 存货周转率
E. 应收账款周转率

4. 影响存货周转率的因素有（ ）。
A. 材料周转率
B. 在产品周转率
C. 总产值生产费
D. 产品生产成本
E. 产成品周转率

5. 应收账款周转率越高越好，因为它表明（ ）。
A. 收款迅速
B. 减少坏账损失
C. 资产流动性高
D. 销售收入增加
E. 利润增加

6. 存货周转率偏低的原因可能是（ ）。
A. 应收账款增加
B. 降价销售
C. 产品滞销
D. 销售政策发生变化
E. 大量赊销

7. 在下列指标中，反映企业营运能力的指标是（ ）。
A. 应收账款周转率
B. 存货周转率
C. 已获利息倍数
D. 流动比率
E. 速动比率

8. 反映流动资产周转速度的指标有（ ）。
A. 流动资产周转率
B. 流动资产垫支周转率
C. 存货周转率
D. 存货构成率
E. 应付账款周转率

三、判断题

1. 财务报表综合分析能为投资人、债权人、政府和监管机构、管理者等的科学决策提供客观、全面的信息服务。（　　）

2. 营业净利率是反映企业发展能力的重要指标之一。（　　）

3. 提高生产设备的产出率、生产设备的构成率以及生产用固定资产构成比率，都会对加速固定资产的周转起到积极作用。（　　）

4. 优化资产配置，使其更加合理，会提高资产的利用效率。（　　）

5. 股利支付率主要取决于企业的经营业绩。（　　）

四、技能题

1. 某企业年末流动负债60万元，速动比率2.5，流动比率3.0，营业成本81万元。已知年初和年末的存货相同。

要求：计算存货周转率。

2. 流动资产周转速度分析：

资料　　单位：万元

项　　目	上　年	本　年
产品销售收入	80 862	90 456
产品销售成本	52 560	54 274
流动资产	42 810	43 172
存货	19 265	20 723

（当需要平均余额时，假定当期余额即为平均余额）

要求：分析流动资产周转率变动的原因。

3. 存货周转速度分析：

资料　　单位：万元

项　　目	上　年	本　年
产品销售成本	98 880	116 800
产品生产成本	93 936	117 968
总产值生产费	95 815	115 610
当期材料费用	62 280	71 682
存货平均余额	16 480	17 520
其中：材料存货平均余额	5 768	5 606
在产品存货平均余额	6 922	8 410
产成品存货平均余额	3 790	3 504

要求：根据以上资料对存货周转期进行分析。

项 目 9

偿债能力分析

本项目是基于企业报表对企业的短期偿债能力和长期偿债能力的解读与分析。

企业偿债能力是指企业对到期债务清偿的能力和现金的保证程度。企业财务的安全性是企业健康发展的基本前提，因为对企业安全性威胁最大的就是债务到期“无力偿还”现象的发生，它会导致企业到期债务因无力偿还所面临的诉讼或是破产。

短期偿债能力是指企业以其流动资产偿还流动负债的现金保障程度。流动性是指流动资产转换为现金所需要的时间，流动资产的质量是指其“流动性”和“变现能力”，企业短期偿债能力的强弱意味着企业承受财务风险能力和企业履行合同能力的状况。

长期偿债能力是指企业偿还长期债务的现金保障程度。由于长期债务的期限长，企业的长期偿债能力主要取决于企业的获利能力和资本结构，分析一个企业的长期偿债能力，主要是为了确定该企业偿还债务本金和支付债务利息的能力。

长期偿债能力与短期偿债能力分析的目的都是衡量企业的偿债能力。任何长期债务在到期当年都已经转化为短期债务，影响企业的当年短期偿债能力，从企业长远发展来看，长期偿债能力是短期偿债能力的基础，所以，分析企业的短期偿债能力时应结合企业的长期偿债能力，综合把握企业的偿债能力。

任务1　认知偿债能力分析

教学目标

1. 了解短期偿债能力、长期偿债能力的概念；
2. 理解企业短期偿债能力、长期偿债能力对生存企业的意义。

一、偿债能力分析的内涵

企业生产经营过程中，为了弥补自身资金不足就要对外举债。举债经营的前提必须是能够按时偿还本金和利息，否则就会使企业陷入困境，甚至危及企业的生存。

1. 偿债能力的概念

偿债能力的概念是指企业对到期债务清偿的能力和现金的保证程度。负债的基本特点是：第一，它将在未来时期付出企业的经济资源或未来的经济利益；第二，它必须是过去的交易和事项所发生的，其债务责任能够以货币确切地计量或者合理地估计。企业的偿债能力按其债务到期时间的长短分为短期偿债能力和长期偿债能力。

1）短期偿债能力

短期偿债能力是指企业以其流动资产偿还流动负债的现金保障程度。一个企业的短期偿债能力大小，要看流动资产和流动负债的多少和质量情况。流动资产的质量是指其“流动性”和“变现能力”。流动性是指流动资产转换为现金所需要的时间。变现能力是指资产是否能很容易地、不受损失地转换为现金。如果流动资产的预计出售价格与实际出售价格的差额很小，则认为资产的变现能力较强。金融资产容易变现，存货则差一些。对于流动资产的质量，应着重理解以下几点。

（1）资产转变成现金是经过正常交易程序变现的。

（2）资产流动性强弱主要取决于资产转换成现金的时间，而变现能力主要取决于资产预计出售价格和实际价格之间的差额。

（3）流动资产的流动性期限一般在一年以内。

流动负债也有“质量”问题。一般来说，企业的所有债务都是要偿还的，但是并非所有债务都需要在到期时立即偿还，债务偿还的强制程度和紧迫性被视为负债的质量。债务偿还的强制程度越高，紧迫性越强，负债的质量越高；反之，则越低。企业流动资产的数量和质量超过流动负债的数量和质量的程度，就是企业的短期偿债能力。

短期偿债能力是企业的任何利益关系人都应重视的问题。对企业管理者来说，企业短期偿债能力的强弱意味着企业承受财务风险能力的大小。对投资者来说，短期偿债能力的强弱意味着企业盈利能力的高低和投资机会的多少。对企业债权人来说，企业短期偿债能力的强弱意味着本金与利息能否按期收回的保障程度。对企业的供应商和消费者来说，企业短期偿债能力的强弱意味着企业履行合同能力的状况。

总之，短期偿债能力是十分重要的。当一个企业丧失短期偿债能力时，它的持续经营能力将受到质疑。

2）长期偿债能力

长期偿债能力是指企业偿还长期债务的现金保障程度。企业的长期债务是指偿还期在一年以上，或者超过一个营业周期的负债，包括长期借款、长期应付款等。企业对一笔债务总是负有两种责任：一是偿还债务本金的责任；二是支付债务利息的责任。分析一个企业的长期偿债能力，主要是为了确定该企业偿还债务本金和支付债务利息的能力。由于长期债务的期限长，企业的长期偿债能力主要取决于企业的获利能力和资本结构，而不是资产的短期流动性。

企业的长期偿债能力与获利能力密切相关，企业能否有充足的现金流入偿还长期负债，在很大程度上取决于企业的获利能力。一个亏损的企业，要保全其权益资本都很难，就更难保持正常的长期偿债能力。而一个长期获利的企业，如果有良好的现金流入，则必然保持正常的长期偿债能力。与短期负债不同，企业的长期负债大多用于长期资产投资，形成企业的固定生产能力。在企业正常生产的情况下，不可能靠出售长期资产偿还债务的本金和利息，只能依靠生产经营所得。企业支付给长期债权人的利息，注要来自于企业创造的利润和现金流。一般来说，企业的获利能力越强，长期偿债能力越强；反之，则越弱。

资本结构是指企业各种长期资本来源的构成和比例关系。长期资本来源主要是指权益筹资和长期负债。不同的资本结构下，企业承受的资金成本和财务风险是不同的。债务筹资可以起到抵税的作用，可以使企业承担相对较低的融资成本，调剂企业资金余缺，并增加资本结构的弹性，但企业需要承担到期还本付息的责任，财务风险较大；权益筹资对企业来说没什么到期归还的压力，但企业需承担相对较高的融资成本，资本结构的弹性小。此外，权益资本是承担长期债务的基础。可以说企业的资本结构从一定程度上说明了企业的长期偿债能力。企业管理人员的责任之一在于优化企业资本结构，提高企业应付财务风险的能力。

2. 长、短期偿债能力分析的关系

长、短期偿债能力分析之间既有联系，又有区别，财务分析人员既不要把两者割裂开来进行分析，也不能混为一谈。

1）长、短期偿债能力分析的联系

长、短期偿债能力分析的目的都是衡量企业的偿债能力。任何长期债务在到期当年都已经转化为短期债务，影响企业的短期偿债能力，有时候即使企业有很强的长期偿债能力，但如果其流动资产不足或是变现能力差，也有可能无法偿付到期债务而陷入财务危机。

从企业长远发展来看，长期偿债能力是短期偿债能力的基础，企业的长期偿债能力和盈利能力密切相关，良好的长期偿债能力能够说明企业的实力强、效益好，也是偿还短期债务的根本保障。所以，分析企业的短期偿债能力时应结合企业的长期偿债能力，综合把握企业的偿债能力。

2）长、短期偿债能力分析的区别

（1）分析的影响因素不同。

流动负债是指一年内到期的债务，必须由变现能力强的流动资产来偿还。所以，分析企业的短期偿债能力，主要是分析流动资产与流动负债之间的关系，核心问题是企业的现金流量分析。

偿还长期负债的资产，一般情况下不是固定资产和其他长期资产，因为固定资产和其他长期资产主要用于企业的生产经营活动。长期债务是由一年或者若干年以后才需要以现金偿付的债务，因此盈利能力是分析企业长期偿债能力的前提。

（2）分析的指标不同。

短期偿债能力分析主要是利用企业资产负债表提供的数据，计算流动比率、速动比率、现金比率等指标，来考查企业偿还短期债务的能力和水平。

长期偿债能力分析要分别利用资产负债表和利润表提供的数据，计算资产负债率、利息保障倍数等指标，进而分析这些指标所反映的企业偿还长期债务的能力，同时结合企业的盈利能力，来全面综合性评价企业的长期偿债能力。

二、偿债能力分析的意义

企业的安全性是企业健康发展的基本前提。在财务分析中体现企业安全性的主要方面就是企业的偿债能力，所以一般情况下，总是将企业的安全性和企业偿债能力分析放在一起。因为对企业安全性威胁最大的就是“财务失败”现象的发生，即企业无力偿还到期债务所导致的诉讼或是破产。由于债务管理不善导致企业经营失败或陷入困境的事例比比皆是，所以分析企业偿债能力具有十分重要的意义。

1. 正确认识和评价企业的财务状况

偿债能力是企业的一个敏感问题，偿债能力的强弱反映着企业资产负债的状况、企业的支付能力水平和信誉度。偿债能力降低往往预示着企业财务状况、营运状况不佳，企业如果在短时间内不能改善财务状况的“风向标”，必将引起企业利益关系者的广泛关注。通过对企业偿债能力的分析和评价，可以深入地了解企业的财务状况和经营管理状况，这是偿债能力分析的出发点和基本目的。

2. 为改善企业经营管理提供可靠信息

偿债能力分析为企业管理者提供购销、生产、存货、筹资、资金往来等多面的具体信息，既可以看到企业已经取得的业绩，也可能暴露企业生产经营各环节中存在的问题，以及企业经营方针、策略及管理、规划、部门、人员等方面的问题。通过对企业偿债能力的分析和评价，可以使管理者有针对性地采取措施，改善企业经营管理，改善财务状况，最终目的是为财务人员合理组织资金，及时偿还到期债务，消除企业债务风险，化解企业和债权人之间的矛盾。

3. 为相关的投资、信贷决策提供依据

偿债能力分析，不仅直接反映到期债务偿还的可能性，还间接地反映企业的盈利能力和发展能力。如果连到期债务都不能偿还，那么投资效益、债务利息就更谈不上了。因此，企业的投资者、债权人、供货商和客户都十分关注企业有关偿债能力的信息披露。偿债能力的强弱是投资或信贷决策的重要指标，这些指标对决策往往起着决定性的作用，是投资、信贷决策最基本的依据。

三、偿债能力分析的内容

企业偿债能力分析的内容受企业负债类型和偿债所需资产类型的制约，不同的负债，其偿还所需要的资产不同，或者说不同的资产可用于偿还的债务也有所区别。因此，对企业偿债能力分析包括短期偿债能力分析和长期偿债能力分析两个方面。

1. 短期偿债能力分析

短期偿债能力是指企业偿还流动负债的能力，或者说是企业在短期债务到期时可以变现为现金用于偿还流动负债的能力。通过对反应短期偿债能力的主要指标和辅助指标的分析，可以了解企业短期偿债能力的高低和变化情况，说明企业的财务状况和风险程度。衡量企业短期偿债能力的指标主要有流动比率、速动比率和现金比率等。

2. 长期偿债能力分析

长期偿债能力是指企业偿还本身所欠长期负债的能力，或者说是企业长期债务到期时，企业盈利或资产可用于偿还长期负债的能力。对企业长期偿债能力进行分析，要结合长期负债的特点，在明确影响长期偿债能力因素的基础上，从企业盈利能力和资产规模两个方面对企业偿还长期负债的能力进行分析和评价。通过对长期偿债能力指标的分析，了解企业长期偿债能力的高低及其变动情况，说明企业整体财务状况和债务负担及偿债能力的保障程度，为企业进行正确的负债经营指明方向。衡量企业长期偿债能力的指标主要有资产负债率、利息保障倍数、本息保障倍数等。

任务2 偿债能力指标分析

教学目标

1. 理解短期偿债能力、长期偿债能力指标；
2. 掌握企业短期偿债能力、长期偿债能力指标的计算；
3. 掌握企业短期偿债能力、长期偿债能力指标的简单分析。

一、短期偿债能力指标分析

分析企业短期偿债能力，通常可运用一系列反映短期偿债能力的指标来进行。从企业短期偿债能力的含义及影响因素可知，短期偿债能力主要可通过企业流动资产和流动负债的对比得出。因此，对企业短期偿债能力的指标分析，主要可采用流动负债和流动资产对比的指标，包括营运资金、流动比率、速度比率、现金比率和企业支付能力系数等。

1. 营运资金

营运资金是指流动资产减去流动负债后的差额，也称净营运资本，表示企业的流动资产在偿还全部流动负债后还有多少剩余。其计算公式为

$$营运资金=流动资金-流动负债$$

从财务观点看，如果流动资产高于流动负债，表示企业具有一定的短期偿付能力。该指标越高，表示企业可用于偿还流动负债的资金越充足，企业的短期偿付能力越强，企业所面临的短期流动性风险越小，债权人安全程度越高。因此，可将营运资本作为衡量企业短期偿债能力的绝对数指标。对营运资金指标进行分析，可以从静态上评价企业当期的短期偿债能

力状况，也可以从动态上评价企业不同时期短期偿债能力的变动情况。

2. 流动比率

流动比率是指流动资产与流动负债的比率，表示每一元的流动负债有多少流动资产作为偿还保证。其计算公式如下。

$$流动比率=\frac{流动资产}{流动负债}\times 100\%$$

案例9－1 某企业2011年年初、年末的流动资产分别是520 100元、529 150元，年初及年末的流动负债分别为151 000元和168 150元，则其流动比率分别是多少？

年初流动比率＝520 100/151 000＝3.44

年末流动比率＝529 150/168 150＝3.15

一般认为，或从债权人立场上说，流动比率越高越好，表示企业的偿付能力越强，企业所面临的短期流动性风险越小，债券越有保障，借出的资金越安全。但从经营者和所有者的角度看，并不一定要求流动比率越高越好，在偿债能力允许的范围内，根据经营需要，进行负债经营也是现代企业经营的策略之一。因此，从一般经验看，流动比率为200%时，认为是比较合适的。此时，企业的短期偿债能力较强，对企业的经营也是比较有利的。

对流动比率的分析，可以从静态和动态两个方面进行。从静态上分析，就是计算并分析某一时点的流动比率，同时可将其与同行业的平均流动比率进行比较；从动态上分析，就是将不同时点的流动比率进行对比，研究流动比率变动的特点及其合理性。

3. 速动比率

速动比率又称酸性试验比率，是指企业的速动资产与流动负债的比率，用来衡量流动资产中速动资产变现偿付流动负债的能力。其计算公式如下。

$$速动比率=\frac{速动资产}{流动负债}$$

其中

$$速动资产=流动资产-存货$$

案例9－2 按照例9－1资料，假如则该企业年初、年末的存货分别为210 900元和300 900元，企业速动分别是多少？

年初速动比率＝(520 100－210 900)/151 000＝2.05

年末速动比率＝(529 150－300 900)/168 150＝1.36

速动比率可以用作流动比率的辅助指标。用速动比率来评价企业的短期偿债能力，消除可存货等变现能力较差的流动资产项目的影响，可以部分地弥补流动比率指标存在的缺陷。当企业流动比率较高时，如果流动资产中可以立即变现用来支付债务的资产较少，其偿债能力也不理想；反之，即使流动比率较低，但流动资产中的大部分项目都可以在较短的时间内转化为现金，其偿还能力也会很强。所以，用速动比率来评价企业的短期偿债能力相对更准确一些。

一般认为，在企业的全部流动资产中，存货大约占50%左右。所以，速动比率的一般标准为100%，就是说，每一元的流动负债，都有一元几乎可以立即变现的资产来偿付。如果速动比率低于100%，一般认为偿债能力较差，但分析时还要结合其他因素进行评价。

4. 现金比率

现金比率是指现金类资产对流动性负债的比率，该指标有以下两种表示方式。

1）现金类资产仅指货币资金

当现金类资产仅指货币资金时，现金比率的计算公式表示如下：

$$现金比率 = \frac{货币资金}{流动负债} \times 100\%$$

2）现金类资产包括货币资金和现金等价物

当现金类资产除包括货币资金以外，还包括现金等价物时，即企业把持有的期限短、流动性强、易于转换为已知金额的现金，价值变动风险很小的投资视为现金等价物。照这种理解，现金比率的计算公式表示如下：

$$现金比率 = \frac{货币资金 + 现金等价物}{流动负债} \times 100\%$$

现金比率可以准确地反映企业的直接偿付能力，当企业面临支付工资日或大宗进货日等需要大量现金时，这一指标更能显示出其重要作用。

3）流动比率、速度比率和现金比率之间的关系

流动比率、速动比率和现金比率三者之间存在着密切的联系，如图9－1所示。

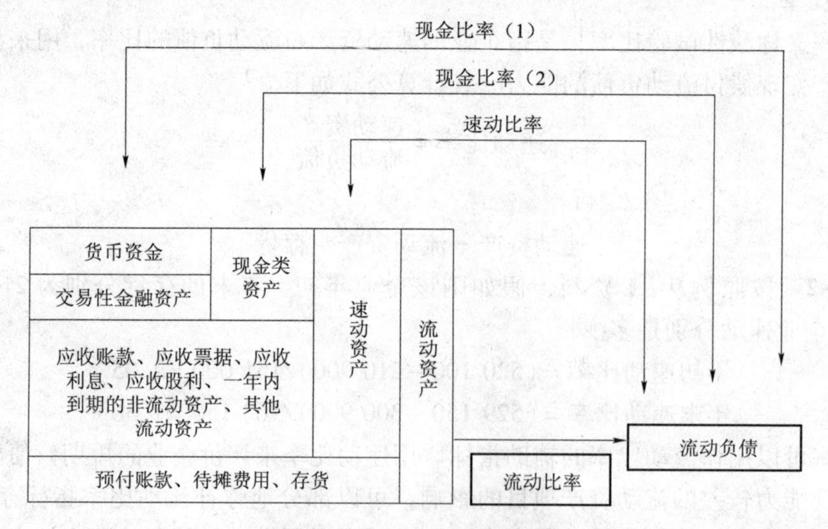

图9－1 流动比率、速动比率和现金比率关系图

由图9－1可以看出，运用现金比率评价企业的短期偿债能力，其结果是相对保守的；而在运用速动比率和流动比率评价企业的短期偿债能力时，了解存货和应收账款各自占流动

资产的比例、二者的周转速度快慢，即使企业表面上拥有巨额的流动资产，实际上企业的短期偿债能力并不强。

流动比率、速动比率和现金比率都是以企业某一时点上的流动资产存量和流动负债来反映企业的短期偿债能力的，但不能说明各项流动资产和流动负债的变现、周转等动态变化情况。所以，通过对各项流动资产和流动负债周转、流动情况的分析，可以进一步反映企业短期偿债能力的动态变化，从而弥补流动比率、速动比率和现金比率的不足。

5. 企业支付能力系数

企业支付能力系数是反映企业短期偿债能力的重要指标。根据企业支付能力反映的具体时间的差异，支付能力系数可以分为期末支付能力系数和近期支付能力系数两种。

期末支付能力系数是指期末货币资金额与急需支付款项之比。其计算公式如下：

$$期末支付能力系数=\frac{期末货币资金}{急需支付款项}$$

其中，急需支付款项包括逾期未缴款项、逾期银行借款、逾期应付款项等。该指标大于或等于1说明企业有支付能力；反之，说明企业支付能力差。期末支付能力系数值越低，说明企业支付能力越差。

近期支付能力系数是指在近期可用于支付的资金与近期需要支付的资金之间的比值。其计算公式如下：

$$近期支付能力系数=\frac{近期可用于支付的资金}{近期需要支付的资金}$$

近期支付能力系数指标在计算时必须注意以下4个问题。

（1）这里所说的近期，可根据企业的实际支付情况而定，可以是三天、五天，也可以是十天或半月，当然也可计算企业当天的支付能力。

（2）该指标分子和分母的口径应一致，即分子和分母所说的近期相同，企业可用于支付的资金数额，包括现金、银行存款、近期可收回的应收账款、近期现销收入、其他可收回的资金等。

（3）近期需要支付的资金，是指到最后支付时点企业需要支付的资金数额，包括已经到期需要归还的各种负债、近期将要到期的负债，以及近期其他应付款或预交款等。

（4）企业近期支付能力系数对评价企业短期或近期的偿债能力状况和财务状况有着重要的作用。近期支付能力系数大于或等于1时，说明企业近期支付能力较好；反之，则说明企业近期支付能力较差。该指标越低，说明近期支付能力越差。

二、长期偿债能力指标分析

资产是清偿企业债务的最终物质保证，盈利能力是清偿债务的经营收益保障，现金流量是清偿债务的支付保障。所以，只有将这些因素加以综合分析，才能真正揭开企业的长期偿债能力。

1. 从盈利能力角度分析长期偿债能力

企业的盈利状况对其他长期偿债能力的影响主要体现在利润越多，企业可用于偿还负债本息的能力越强。因此，通过反映企业盈利能力与负债本息之间关系的指标计算与分析，可以评价企业的长期偿债能力状况。通常，盈利能力对短期偿债能力和长期偿债能力都有影响，但由于利润按权责发生制原则计算，当期实现的利润并不一定在当期获得现金，因此并不能将利润或盈利能力与短期偿债能力画等号。而从长远看，利润与经营现金净流量成正比，利润越多，企业偿债能力就越强。从盈利能力角度对企业长期偿债能力进行分析评价的指标主要有利息保证倍数、债务本息保证倍数、固定费用保证倍数等。

1）利息保证倍数

任何企业为了保证再生产的顺利进行，在取得营业收入以后，首先需要补偿企业在生产经营过程中的耗费。所以，营业收入虽然是利息支出的资金来源，但利息费用的真正资金来源是营业收入补偿生产经营中的耗费之后的余额，若其余额不足以支付利息费用，企业的再生产就会受到影响。利息保证倍数，亦称利息赚取倍数或利息保障倍数，是指企业生产经营所获得的息税前营业利润与利息费用之比。其计算公式如下：

$$利息保证倍数 = \frac{息税前营业利润}{利息支出总额}$$

其中，“息税前营业利润”是指营业利润加利息费用；“利息支出总额”是指本期发生的全部应付利息，不仅包括财务费用中的利息支出，还应包括资本化利息。

利息保证倍数指标反映企业盈利与利息费用之间的特定关系，一般来说，该指标越高，说明企业的长期偿债能力越强；该指标越低，说明企业长期偿债能力越差。运用利息保证倍数分析评价去的长期偿债能力时，从静态上看，一般认为该指标至少要大于1，否则说明企业偿债能力很差，无力举债经营；从动态上看，如果利息保证倍数提高，则说明偿债能力增强，否则说明企业偿债能力下降。

2）债务本息保证倍数

债务本息保证倍数比利息保障倍数能更精确地表达企业偿债能力的保证程度。对债权人来说，如果连本金都不能回收，那就不要奢求利息了。债权人借款给企业，目的虽然是为了获取利息收入，但基本前提是能够按期回收本金。而企业的偿债义务是按期支付利息和到期归还本金，所以其偿债能力的高低不能仅看偿付利息的能力，更重要的是还要看偿还本金的能力。

债务本息保证倍数是指企业一定时期息税前利润与还本付息金额的比率，它是现金流入量对财务需要的满足程度，即现金流出的保证倍数程度的比率，通常用倍数来表示。其计算公式如下。

$$债务本息保证倍数 = \frac{息税前营业利润 + 折旧}{利息额 + 本金额/(1 - 所得税税率)}$$

在计算债务本息保证倍数时之所以考虑折旧和所得税税率，是因为折旧作为当期现金流入量可以用于偿还长期负债，本金额按所得税税率进行调整是由于归还长期借款的利润是企业的税后利润。另外，在计算该指标时，应注意分子和分母的口径一致。如果计算某一年度的债务本息保证倍数，则各项目都是按年度口径计算，即偿还本金数额应是当年到期的长期负债额；如果计算的是一个时期的债务本息保证倍数，则各项目应使用这一时期的数据。

债务本息保证倍数最低标准为1，该指标越高，表明企业偿债能力越强。如果该指标低于1，说明企业偿债能力较弱，企业会因为还本付息造成资金周转困难，支付能力下降，使企业信誉受损。

3）固定费用保证倍数

固定费用是指类似利息费用的固定支出，是企业必需的固定开支。任何企业如果不能按期支付这些费用，就会发生财务困难。固定费用保证倍数是指企业息税前利润与固定费用的比率，通常用倍数表示。该指标是利息保证倍数的演化，是一个比利息保证倍数更严格的衡量企业偿债能力保证程度的指标。该指标的计算公式如下。

$$\text{固定费用保证倍数}=\frac{\text{息税前营业利润}+\text{折旧}+\text{租赁费用}}{\text{利息总额}+\text{租赁费用}+\text{本金额}/(1-\text{所得税税率})}$$

运用固定费用保证倍数指标反映企业的长期偿债能力，其内涵比利息保证倍数和债务本息保证倍数指标更广泛、更综合，因其将企业所有长期债务都考虑了进去。计算固定费用保证倍数的方法多种多样，经常被当作这一指标中固定费用的项目有：利息费用、租赁费用中的一部分或全部、支付的债务本金，大量的优先股股利也可能包括进去。不管固定费用包括多少项内容，其原则是一致的，包括的内容越多，指标就越稳健。

固定费用保证倍数至少要等于1，否则说明企业无力偿还到期债务。该指标越高，说明企业的偿债能力越强。分析时，可以采用前后期对比的方式，考查其变动情况，也可以同其他同行业企业进行比较，或与同行业的平均水平进行比较，以了解企业偿债能力的保证程度如何。该指标没有一个固定的判断标准，可以根据企业的实际情况来掌握，评价时还应结合其他指标进行。

对上述3个从盈利角度反映企业偿债能力指标的分析，还可以结合行业特点，依据行业标准进行，当企业偿债能力达到行业标准时，说明企业在同行业中处于比较先进的地位。另外，还可对着几个指标进行趋势分析，以反映企业偿债能力的变动情况和规律。

2. 从资产规模角度分析长期偿债能力

负债表明一个企业的债务负担，资产则是偿债的物质保证，单凭负债或资产不能说明一个企业的偿债能力。负债少并不等于说企业偿债能力强，同样资产规模大也不标明企业偿债能力强。企业的偿债能力体现在资产与负债的对比关系上。由这种对比关系中反映出来的企业长期偿债能力的指标主要有资产负债率、所有者权益比率、净资产负债率。

1）资产负债率

资产负债率是综合反映企业偿债能力的重要指标，它通过负债与资产的对比，反映在企业的总资产中有多少是通过举债获得的。其计算公式如下。

$$\text{资产负债率}=\frac{\text{负债总额}}{\text{资产总额}}\times100\%$$

案例9-3 某企业2011年年初、年末的长期负债分别是300 000元、205 000元，年初及年末的流动负债分别为151 000元和168 150元，企业年初、年末的总资产分别为1 221 100元、1 163 150元，则其资产负债率分别是多少？

$$年初资产负债率=(151\ 000+300\ 000)/1\ 221\ 100=36.93\%$$

$$年末资产负债率=(168\ 150+205\ 000)/1\ 163\ 150=32.08\%$$

该指标越大，说明企业的债务负担越重；反之，说明企业的债务负担越轻，其总体偿债能力越强，债权人权益的保证程度越高；对企业来说，则希望该指标大些，虽然这样会使企业债务负担加重，但企业也可以通过扩大举债规模来获得较多的财务杠杆利益。如果该指标过高，会影响企业的筹资能力。因为人们认识到，该企业的财务风险较大，当经济衰退或不景气时，企业经营活动产生的现金收入可能满足不了利息费用开支的需要，所以不会再向该企业提供借款或购买其发行的债券。如果这一比率超过100%，则表明企业已资不抵债，视为达到破产的警戒线，因此，一般认为，该指标在40%～60%时，有利于风险与收益的平衡。

通过对不同时候该指标的计算和对比分析，可以理解企业债务负担的变化情况。任何企业都必须根据自身的实际情况确定一个适度的标准，当企业债务负担持续增长并超过这一适度标准时，企业应注意加以调整，不能只顾获取杠杆利益而不考虑可能面临的财务风险。

2）所有者权益比率

所有者权益比率是指所有者权益同资产总额的比率，反映企业全部资产中有多少是投资人投资所形成的。其计算公式如下。

$$所有者权益比率=\frac{所有者权益}{资产总额}\times 100\%=1-资产负债率$$

所有者权益比率是表示长期偿债能力保证程度的重要指标，该指标越高，说明企业资产中由投资人投资所形成的资产越多，偿还债务的保证程度越大。从“所有者权益比率=1-资产负债率”来看，该指标越大，资产负债率越小，债权人对这一比率是非常感兴趣的。当债权人将其自己借给股东权益比率较高的企业，由于企业有较多的自有资产作偿债保证，债权人全额收回债权就不会有问题，即使企业清算时资产不能按账面价值收回，债权人也不会有太大的损失。由此可见，所有者权益比率高低能够明显表达企业对债权人的保护程度。如果企业处于清算状态，该指标对偿债能力的保证程度就更重要。

所有者权益比率的倒数称为权益乘数，是指资产总额与所有者权益的比率。所有者权益比率和权益乘数都是对资产负债率的补充说明，可以结合起来分析运用。

3）净资产负债率

净资产负债率是指企业的负债总额与所有者权益总额之间的比率。其计算公式如下。

$$净资产负债率=\frac{负债总额}{所有者权益总额}\times 100\%$$

如果说资产负债率是反映企业债务负担的指标，所有者权益比率是反映偿债保证程度的指标，那么净资产负债率是反映债务负担与偿债保证程度相对关系的指标。它和资产负债率、所有者权益比率具有相同的经济意义，但该指标更能直观地表示出负债受到股东权益的保护程度。由于股东权益等于净资产，所以这三个指标的计算结果应该一样，只是角度不同而已。一般认为净资产负债率为100% 比较合适。

专业知识和技能训练

一、单项选择题

1. (　　) 是以财务报表等核算资料为基础，以反映企业盈利能力、偿债能力、营运能力能力以及发展能力为重点，对企业进行的系统、全面、综合的分析。

A. 定量分析　　B. 定性分析　　C. 专题分析　　C. 综合分析

2. 财务报表综合分析的核心是（　　）。

A. 盈利能力　　B. 营运能力　　C. 偿债能力　　C. 发展能力

3. 反映资本经营盈利能力的指标是（　　）。

A. 营业利润率　　B. 净资产收益率　　C. 总资产报酬率　　C. 股利支付率

4. 反映上市公司盈利能力的指标是（　　）。

A. 营业利润率　　B. 净资产收益率　　C. 总资产报酬率　　C. 股利支付率

5. 流动资产周转率的分母是（　　）。

A. 现金及现金等价物　　B. 流动资产平均余额

C. 营运成本　　C. 营业收入

6. 流动资产垫支周转率的分子是（　　）。

A. 现金及现金等价物　　B. 流动资产平均余额

C. 营运成本　　C. 营业收入

7. 国际公认标准为1∶1 的比率是（　　）。

A. 速动比率　　B. 流动比率　　C. 资产负债率　　C. 已获利息倍数

8. 表明企业营业收入增减变动情况，评价企业发展能力的重要指标是（　　）。

A. 总资产增长率　　B. 营业增长率　　C. 可持续增长率　　C. 现金比率

9. 表明企业在保持目前经营策略和财务策略的情况下所能实现的增长速度指标是（　　）。

A. 总资产增长率　　B. 营业增长率　　C. 可持续增长率　　C. 现金比率

10. 能表明股东近期最直接收益的指标是（　　）。

A. 每股收益　　B. 每股股利　　C. 市盈率　　C. 股利支付率

二、多项选择题

1. 财务报表综合分析指标体系中包含的综合指标有（　　）。

A. 盈利能力　　B. 偿债能力

C. 营运能力　　D. 发展能力

E. 现金支付能力

2. 盈利能力分析包含的内容有（　　）。
A. 销售盈利能力分析　　B. 资本经营盈利能力分析
C. 资产经营盈利能力分析　　D. 上市公司盈利能力分析
E. 国有资本盈利能力分析
3. 上市公司盈利能力分析主要通过（　　）指标来进行。
A. 每股收益　　B. 每股股利
C. 市盈率　　D. 股利支付率
E. 每股现金净流量
4. 分母是发行在外的普通股股数的指标是（　　）。
A. 每股收益　　B. 每股股利
C. 市盈率　　D. 股利支付率
E. 每股现金净流量
5. 营运能力分析包含的内容有（　　）。
A. 全部资产营运能力分析　　B. 流动资产营运能力分析
C. 固定资产营运能力分析　　D. 无形资产营运能力分析
E. 垫支流动资产营运能力分析
6. 反映企业偿债能力的指标是（　　）。
A. 资产负债率　　B. 已获利息倍数
C. 流动比率　　D. 速动比率
E. 现金比率
7. 反映企业发展能力的指标有（　　）。
A. 固定资产周转率　　B. 营业增长率
C. 总资产增长率　　D. 可持续增长率
E. 社会积累率
8. 企业社会贡献总额包括的内容是（　　）。
A. 职工报酬　　B. 劳动保险
C. 退休统筹及其他社会福利　　D. 净利润及利息支出
E. 上交各种税收
9. 反映企业对国家或社会贡献水平的指标是（　　）。
A. 可持续增长率　　B. 已获利息倍数
C. 社会贡献总额　　D. 上交国家财政收入总额
E. 市盈率
10. 反映企业营运能力的指标是（　　）。
A. 总资产周转率　　B. 流动资产周转率
C. 固定资产周转率　　D. 存货周转率

E. 应收账款周转率

三、判断题

1. 财务报表综合分析能为投资人、债权人、政府和监管机构、管理者等的科学决策提供客观、全面的信息服务。 ( )

2. 营业净利率是反映企业发展能力的重要指标之一。 ( )

3. 流动比率和速动比率都是反映企业短期偿债能力的指标，所以越大对企业越有利。 ( )

4. 提高生产设备的产出率、生产设备的构成率以及生产用固定资产构成比率，都会对加速固定资产的周转起到积极作用。 ( )

5. 现金比率的分子是货币资金。 ( )

6. 普通股每股收益是衡量上市公司盈利能力的重要指标。 ( )

7. 优化资产配置，使其更加合理，会提高资产的利用效率。 ( )

8. 股利支付率主要取决于企业的经营业绩。 ( )

9. 净资产收益率是反映企业资产盈利能力的重要指标。 ( )

10. 可持续增长率指标的高低取决于企业的净资产收益率和股利支付率。 ( )

四、计算题

1. 某企业年末流动负债60万元，速动比率2.5，流动比率3.0，营业成本81万元。已知年初和年末的存货相同。

要求：计算存货周转率。

2. 某企业流动负债200万元，流动资产400万元，其中：应收票据50万元，存货90万元，待摊费用2万元，预付账款7万元，应收账款200万元（坏账损失率是5‰）。

要求：计算该企业的流动比率和速动比率。

3. 某公司年末资产负债表简略形式见表9－1。

表9－1 资产负债表

单位：元

资　产	期末数	权　益	期末数
货币资金	25 000	应付账款	
应收账款净额		应交税费	25 000
存货		长期负债	
固定资产净值	294 000	实收资本	300 000
		未分配利润	
总　计	432 000	总　计	

已知：（1）期末流动比率1.5；

（2）期末资产负债率50%；

（3）存货周转率4.5次；

（4）本期营业成本 315 000 元；

（5）期末存货和期初存货 60 000 元。

要求：根据上述资料，计算并填列资产负债表空项。

4. 侨安公司是一家新中国成立初期由东南亚归国侨胞组建的以生产塑胶制品为主的生产企业，2011 年的资产负债表和利润表资料如表 9－2、表 9－3 所示。

表 9－2　资产负债表

编制单位：侨安公司　　2011 年 12 月 31 日　　单位：万元

资　产	年初数	年末数	负债及所有者权益	年初数	年末数
流动资产：			流动负债：		
货币资金	800	900	短期借款	2 000	2 300
交易性金融资产	1 000	500	应付账款	1 000	1 200
应收账款	1 200	1 300	预收账款	300	400
预付账款	40	70	应付职工薪酬	50	30
存货	4 060	5 280	其他流动负债	50	70
其他流动资产			流动负债合计	3 400	4 000
流动资产合计	7 100	8 050	非流动负债：		
非流动资产：			长期借款	2 000	2 500
长期股权投资	400	400	应付债券		
固定资产	12 000	14 000	非流动负债合计	2 000	2 500
无形资产	500	550	负债合计	5 400	6 500
非流动资产合计	12 900	14 950	所有者权益：		
			实收资本	12 000	12 000
			资本公积		
			盈余公积	1 600	1 600
			未分配利润	1 000	2 900
			所有者权益合计	14 600	16 500
资产总计			负债及所有者权益总计	20 000	23 000

表 9－3　利润表

编制单位：侨安公司　　2011 年度　　单位：万元

项　目	上年实际	本年实际
一、营业收入	18 000	20 000
减：营业成本	10 700	12 200
营业税金及附加	1 080	1 200

续表

项　　目	上年实际	本年实际
销售费用	1 620	1 900
管理费用	800	1 000
财务费用（收益以“－”填列）	200	300
资产减值损失		
加：公允价值变动净收益（净损失以“－”号填列）		
投资净收益（净损失以“－”号填列）	900	1 300
二、营业利润（亏损以“－”号填列）	4 500	4 700
加：营业外收入	100	150
减：营业外支出	600	650
其中：非流动资产处置净损失（净收益以“－”号填列）		
三、利润总额	4 000	4 200
减：所得税（假定税率为40%）	1 600	1 680
四、净利润（净损失以“－”号填列）	2 400	2 520
五、每股收益		
（一）基本每股收益		
（二）稀释每股收益		

要求：分别计算下列指标，并作出分析评价。

（1）反映企业短期偿债能力的指标（流动比率、速动比率、现金比率）；

（2）反映企业长期偿债能力的指标（资产负债率、已获利息倍数，假定财务费用均为利息支出）；

（3）反映企业营运能力的指标（应收账款周转率、存货周转率、流动资产周转率，假定2006年年初应收账款余额为1 100万元、存货余额为3 840万元、流动资产余额为6 000万元、固定资产余额为11 800万元）；

（4）反映企业盈利能力的指标（营业利润率、成本费用利润率、总资产报酬率、净资产收益率，假定2006年年初总资产余额为19 000万元、所有者权益余额为13 000万元）；

（5）反映企业发展能力的指标（营业收入增长率、总资产增长率）。

五、案例分析题

爱华公司是以产销塑料制品为主营业务的公司，具有30多年的生产历史，产品远销国内外市场。但是，近5年中，国外同类进口产品不断冲击国内市场，由于进口产品价格较低，国内市场对它们的消费持续增长；国外制造商凭借较低的劳动力成本和技术上先进的设备，其产品的成本也较低。公司前景不容乐观。

对此，公司想通过一项更新设备计划来增强自身的竞争力，拟投资400万元。新设备投产后，产量将提高，产品质量会得到进一步的改善，并能降低该产品的单位成本。公司2011年有关财务资料见表9－4至表9－6。

表9－4 利润表

2011年度　　单位：千元

项目	金额
营业收入	5 075 000
减：营业成本	3 704 000
销售费用	650 000
管理费用	568 000
其中：折旧费用	152 000
财务费用	93 000
利润总额	60 000
减：所得税（25%）	15 000
税后净利润	45 000

表9－5 资产负债表

2011年12月31日　　单位：千元

资产	年初数	年末数	负债及所有者权益	年初数	年末数
流动资产			流动负债		
货币资金	24 100	25 000	应付票据	370 000	311 000
应收账款	763 900	805 556	应付账款	400 500	230 000
存货	763 445	700 625	应付职工薪酬	100 902	75 000
流动资产合计	1 551 445	1 531 181	流动负债合计	871 402	616 000
固定资产			长期负债	700 000	1 165 250
固定资产原价	1 691 707	2 093 819	负债合计	1 571 402	1 781 250
减：累计折旧	348 000	500 000			
固定资产净值	1 343 707	1 593 819	所有者权益		
			股本	150 000	150 000
			资本公积	193 750	193 750
			留存收益	980 000	100 000
			所有者权益合计	1 323 750	1 343 750
资产总计	2 895 152	3 125 000	负债及所有者权益总计	2 895 152	3 125 000

表9-6 历史财务比率

财务比率	年份			行业平均值
	2005年	2006年	2007年	
流动比率	1.7	1.8		1.5
速动比率	1	0.9		1.2
存货周转率（次）	5.2	5		10.2
平均收账期（天）	50	55		46
资产负债率（%）	45.8	54.3		24.5
已获利息倍数（倍）	2.2	1.9		2.5
毛利率（%）	27.5	28		26
净利率（%）	1.1	1		1.2
投资报酬率（%）	1.7	1.5		2.4

要求：(1) 计算2011年该公司各财务比率；

(2) 通过横向与纵向对比，分析公司的总体财务状况，并对公司的经营能力、负债状况、资产的流动性、公司的偿债能力和盈利性分别进行分析；

(3) 对公司更新设备的决策作出评价，它会给公司财务带来种种影响，你认为应采用何种筹资方式？

项 目 10

发展能力分析

本项目是基于企业报表对企业的认知发展能力指标的解读与分析。

本项目任务之一是通过企业发展能力的内涵及其反映形式的介绍，了解企业发展能力分析的内涵、发展能力分析的作用、发展能力分析的内容，为对企业的发展能力的认知奠定基础。

本项目任务之二是通过各种成长率指标的计算和分析，掌握利用成长率指标对企业发展能力作出评价，判断企业的现状和潜在的发展能力，为企业的股东、潜在投资者、经营者及其他相关利益团体，提供能反映企业发展能力的必要理论数据和价值判断。

任务1　认知发展能力分析

教学目标

1. 理解发展能力的内涵及其反映形式；
2. 了解发展能力分析的内容。

一、发展能力分析的内涵

企业发展能力通常是指企业未来生产经营活动的发展趋势和发展潜能，也可称之为增长能力。从形成看，企业的发展能力主要是通过自身的经营活动，不断扩大积累而形成的，主要依托于不断增长的销售收入，不断增加的资金投入和不断创造的利润等。从结果看，一个发展能力强的企业，能通过不断为股东创造财富，为企业增加价值。

传统的财务分析仅仅从静态的角度出发来分析企业的财务状况，也就是只注重分析企业的盈利能力、营运能力、偿债能力，这在日益激烈的市场竞争中显然不够全面，不够充分。理由如下。

（1）企业价值在很大程度上是取决于企业未来的获利能力，而不是企业过去或目前所取得的收益情况。对于上市公司而言，股票价格固然受多种因素影响，但从长远看，公司的未来增长趋势是决定公司股票价格上升的根本因素。

（2）发展能力反映了企业目标与财务目标，是企业盈利能力、营运能力、偿债能力的综合体现。无论是增强企业的盈利水平和风险控制能力，还是提高企业的资产营运效率，都是为了企业未来生存和发展的需要，能否提高企业的发展能力。因此要着眼于从动态的角度分析和预测企业的发展能力。

二、发展能力分析的意义

企业能否持续增长对股东、潜在投资者、经营者及其他相关利益团体至关重要，因此有必要对企业的发展能力进行深入分析。发展能力分析的意义主要体现在以下4个方面。

（1）对于股东而言，可以通过发展能力分析衡量企业创造股东价值的程度，从而为采取下一步战略行动提供依据。

（2）对于潜在的投资者而言，可以通过发展能力分析评价企业的成长性，从而选择合适的目标企业作出正确的投资决策。

（3）对于经营者而言，可以通过发展能力分析发现影响企业未来发展的关键因素，从而采取正确的经营策略和财务策略促进企业可持续增长。

（4）对于债权人而言，可以通过发展能力分析判断企业未来盈利能力，从而作出正确的信贷决策。

三、发展能力分析的内容

与盈利能力一样，企业发展能力的大小同样是一个相对的概念，即分析期的股东权益、收益、销售收入和资产相对于上一期的股东权益、收益、销售收入和资产的变化程度。仅仅利用增长额只能说明企业某一方面的增减额度，无法反映企业在某一方面的增减幅度，既不利于不同规模企业之间的横向对比，也不准确反映企业的发展能力，因此在实践中通常是使用增长率来进行企业发展能力分析。当然，企业不同方面的增长率之间存在相互作用、相互影响的关系，因此只有将各方面的增长率加以比较，才能全面分析企业的整体发展能力。

可见，企业发展能力分析的内容分为以下两部分。

1. 企业单项发展能力分析

企业价值要获得增长，就必须依赖于股东权益、收益、销售收入和资产等方面的不断增长。企业单项发展能力分析就是通过计算和分析股东权益增长率、收益增长率、销售增长率、资产增长率等指标，分别衡量企业在股东权益、收益、销售收入、资产等方面所具有的发展能力，并对其在股东权益、收益、销售收入、资产等方面所具有的发展趋势进行评估。

2. 企业整体发展能力分析

企业要获得可持续增长，就必须在股东权益、收益、销售收入和资产等各方面谋求协调发展。企业整体发展能力分析就是通过对股东权益增长率、收益增长率、销售增长率、资产增长率等指标进行相互比较与全面分析，综合判断企业的整体发展能力。

过分地重视取得和维持短期财务结果，很可能使企业急功近利，在短期业绩方面投资过多，而在长期的价值创造方面关注较少。在中国，甚至一些最优秀的企业都不能完全免除以财务结果为导向的短期行为。

很多类似案例向企业家提出一个深刻的问题：什么才是经营企业至关重要的东西——是利润？还是持续发展？的确，利润最重要，但对于高明的企业家，持续发展最重要，利润只是实现持续发展的基础。

任务2 发展能力指标分析

教学目标

1. 掌握各种成长率指标的计算和分析；
2. 利用成长率指标对企业发展能力作出评价。

一、销售增长率分析

销售增长是企业发展的源泉。一个企业的销售情况越好，说明其在市场所占份额越多，企业生存和发展的市场空间也越大，因此可以用销售增长率来反映企业在销售方面的发展能力。销售增长率计算公式如下。

销售增长率=(当期销售收入-基期的销售收入)/基期销售收入×100%

案例10-1 某企业当期销售收入1 556万元，基期的销售收入4 457.3万元，企业销售增长率为：

销售增长率=(当期销售收入-基期的销售收入)/基期销售收入×100%

=(1 556-4 457.3)/4 457.3×100%=-65.09%

如果当期销售收入-基期的销售收入净额为负值，则应取其绝对值代入公式进行计算。该公式反映的是企业某期整体销售增长情况。销售增长率为正数，说明企业本期销售规模增加，销售增长率越大，说明企业销售收入增长越快，销售情况越好；销售增长率为负数，说明企业销售规模减小，销售出现负增长，销售情况较差。

二、净利润增长率分析

一个企业的价值主要取决于其盈利及增长能力。由于净利润是企业经营业绩的结果，因此净利润的增长是企业成长性的基本表现。计算公式如下。

净利润增长率=本期净利润增加额/上期净利润×100%

案例10-2 某企业9月末利润为267万元，10月末利润为382万元，净利润增长率为：

净利润增长率=(当期利润-基期利润)/基期利润×100%

=(382-267)/267×100%=43.07%

如果上期净利润为负值，则应取其绝对值代入公式进行计算。该公式反映的是企业净利润增长情况。净利润增长率为正数，说明企业本期净利润增加，净利润增长率越大，说明企业收益增长越多；净利润增长率为负数，说明企业本期净利润减少，收益降低。

要全面认识企业的净利润增长能力，还需要结合企业的营业利润增长情况共同分析。如果企业的净利润主要来源于营业利润，则表明企业产品获利能力较强，具有良好的增长能力；相反如果企业的净利润不是主要来源于正常业务，而是来源于营业外收入或者其他项目，则说明企业的持续发展能力并不强。

要分析营业利润增长情况，应结合企业的营业收入增长情况一起分析。如果企业的营业利润增长率高于企业的营业收入增长率即销售增长率，则说明企业正处于成长期，业务不断拓展，企业的盈利能力不断增强；反之如果企业的营业利润增长率低于营业收入增长率，则反映企业营业成本、营业税费、期间费用等成本上升超过营业收入的增长，说明企业发展潜力值得怀疑。

为了更正确地反映企业净利润和营业利润的增长趋势，应将企业连续多期的净利润增长率和营业利润增长率指标进行对比分析，这样可以排除个别时期偶然性活动特殊性因素的影响，从而更加全面真实地揭示企业净利润和营业利润的增长情况。

三、资产增长率分析

资产是企业拥有或者控制的用于经营并取得收入的资源，同时也是企业进行筹资和运营的物质保证。资产的规模和增长情况表明企业的实力和发展速度，也是体现企业价值和实现企业价值扩大的重要手段。

企业要增加销售收入，就需要通过增加资产投入。资产增长率计算公式如下：

$$资产增长率 = 本期资产增加额/资产年初余额 \times 100\%$$

案例10－3　某企业资产增加额2 012 260 422.11元，资产年初余额9 833 478 003.98元，资产增长率为：

$$\begin{aligned}资产增长率 &= (资产年末余额 - 资产年初余额)/资产年初余额 \times 100\% \\ &= 本期资产增加额/资产年初余额 \times 100\% \\ &= 2\,012\,260\,422.11/9\,833\,478\,003.98 \times 100\% \\ &= 27.19\%\end{aligned}$$

资产增长率是用来考核企业资产投入增长幅度的财务指标。资产增长率为正数，说明企业本期资产规模增加，资产增长率越大，说明资产规模增加幅度越大；资产增长率为负数，说明企业本期资产规模缩减，资产出现负增长。

在对总资产增长率进行分析时，应该注意以下几点。

1. 企业资产增长率高并不意味着企业的资产规模增长就一定适当

评价一个企业的总资产规模增长是否适当，必须与销售增长、利润增长等情况结合起来分析。如果资产增加，而销量和利润没有增长和减少，说明企业的资产没有得到充分的利用，可能存在盲目扩张而形成的资产浪费、营运不良等。所以只有在一个企业的销售增长、利润增长超过资产规模增长的情况下，这种资产规模增长才属于效益型增长，才是适当的、正常的。

2. 需要正确分析企业资产增长的来源

因为企业的资产来源一般来自于负债和所有者权益，在其他条件不变的情形下，无论是增加负债规模还是增加所有者权益规模，都会提高资产增长率。如果一个企业的资产增长完全依赖于负债的增长，而所有者权益项目在年度里没有发生变动或是变动不大，这说明企业可能潜藏着经营风险和财务风险，因此不具备良好的发展潜力。从企业自身的角度来看，企业资产的增加应该主要取决于企业盈利的增加，当然，盈利的增加能带来多大程度的资产增加还要视企业实行的股利政策而定。

3. 为全面认识企业资产规模的增长趋势和增长水平，应将企业不同时期的总资产增长率加以比较

因为一个健康的处于成长期的企业，其资产规模应该是不断增长的，如果时增时减，则反映出企业的经营业务不稳定，同时说明企业并不具备良好的发展能力。所以只有将一个企业不同时期的总资产增长率加以比较，才能正确评价企业资产规模的增长能力。

四、股东权益增长率分析

股东权益的增长主要来源于经营活动产生的净利润和融资活动产生的股东净支付。股东净支付是股东对企业当年的新增投资扣除当年发放股利。计算公式如下。

$$\begin{aligned}
\text{股东权益增长率} &= \frac{\text{本期股东权益增加额}}{\text{股东权益期初余额}} \times 100\% \\
&= \frac{\text{净利润} + (\text{股东新增投资} - \text{支付股东股利})}{\text{股东权益期初余额}} \times 100\% \\
&= \frac{\text{净利润} + \text{股东的净支付}}{\text{股东权益期初余额}} \times 100\% \\
&= \text{净资产收益率} + \text{股东净投资率}
\end{aligned}$$

案例 10－4 某企业财务状况数据如表 10－1 所示。

表 10－1 某企业财务状况数据

单位：元

项 目	2011 年	2010 年	2009 年
当年资产增加额	2 100	1 200	1 010
资产增长率（%）	25	18	17.5
股东权益	3 000	2 000	1 500
股东权益增长额	1 080	320	140
股东权益增长额/当年资产增加额（%）	51.42	26.67	13.86

净资产收益率和股东净投资率都是以股东权益期初余额作为分母计算的。从公式中可以看出股东权益增长率是受净资产收益率和股东净投资率两个因素驱动的。其中净资产收益率反映了企业运用股东投入资本创造收益的能力，而股东净投资率反映了企业利用股东新投资的程度，这两个比率的高低都反映了对股东投入资本所创造的收益。尽管一个企业的价值在短时期内可以通过筹集和投入尽可能多的资本来获得增加，并且这种行为在扩大趋于规模的同时也有利于经营者，但是这种策略通常不符合股东的最佳利益，因为它忽视了权益资本具有机会成本，并应获得合理投资报酬的事实。

为正确判断和预测企业股东权益规模的发展趋势和发展水平，应将企业不同时期的股东权益增长率加以比较。因为一个持续增长型企业，其股东权益应该是不断增长的，如果时增时减，则反映出企业发展不稳定，同时说明企业并不具备良好的发展能力，因此仅仅计算和分析某个时期的股东权益增长率是不全面的，应利用趋势分析法将一个企业不同时期的股东权益增长率加以比较，才能正确评价企业发展能力。

专业知识和技能训练

一、某企业财务状况数据如表10－2所示。

表10－2　历史财务比率

财务比率	年份			行业平均值
	2009年	2010年	2011年	
流动比率	1.7	1.8		1.5
速动比率	1	0.9		1.2
存货周转率（次）	5.2	5		10.2
平均收账期（天）	50	55		46
资产负债率（%）	45.8	54.3		24.5
已获利息倍数（倍）	2.2	1.9		2.5
毛利率（%）	27.5	28		26
净利率（%）	1.1	1.0		1.2
投资报酬率（%）	1.7	1.5		2.4

要求：（1）计算2011年该公司各财务比率；

（2）通过横向与纵向对比，分析公司的总体财务状况，并对公司的经营能力、负债状况、资产的流动性、公司的偿债能力和盈利性分别进行分析。

二、试述什么是发展能力？评价企业发展能力的目的是什么？

三、企业的盈利能力可以从哪些角度进行评价？

项 目 11

综合绩效评价

本项目是基于企业报表对企业采用杜邦财务分析方法，对企业综合绩效评价的解读与分析。本项目任务之一是介绍杜邦分析、沃尔财务状况综合评价模型、平衡计分卡和经济增加值（EVA）指标评价法四种方法，在对企业综合绩效评价中的作用和应用的条件。本项目任务之二是利用杜邦分析、沃尔财务状况综合评价模型、平衡计分卡和经济增加值（EVA）指标评价法四种方法，如何对企业综合绩效进行评价。保证绩效评价体系的科学性、实用性、客观公正性及可操作性，也为企业的股东、潜在投资者、经营者及其他相关利益团体，提供能反映企业当前发展情况和潜在发展能力的数据依据和价值判断。

任务1　认知综合绩效评价

教学目标

1. 了解综合绩效评价财务指标体系的含义；
2. 理解综合绩效评价财务指标体系的思想与实际运用；
3. 掌握综合绩效评价财务指标体系分析方法。

一、综合绩效评价的含义

公司的综合绩效评价是指由一系列与绩效评价相关的评价制度、评价指标体系、评价方法、评价标准及评价机构等形成的有机整体。企业绩效评价体系的设计应遵循“内容全面、方法科学、制度规范、客观公正、操作简便、适应性广”的基本原则，充分保证绩效评价体系的科学性、实用性、客观公正性及可操作性。同时还应看到，企业的绩效评价内容，视企业的经营类型而定，不同经营类型的企业，其绩效评价内容也有所不同。

对财务报告进行分析，不能只停留在就事论事的层面上，被局部的内容所吸引可能会导致顾此失彼，最终得出错误的结论。局部不能代表整体，某项指标的好坏也不能说明整个企业经济效益的高低。因此，要达到对企业整体状况的分析，仅仅测算几个简单、孤立的财务指标，或者将若干个孤立的财务指标罗列起来考查企业的财务状况和经营情况，都不能得出科学、合理、完整的结论。因此，只有将企业偿债能力、盈利能力、营运能力等各项指标联系起来，作为一套完整的体系，相互配合使用，才能从整体上把握企业的财务状况和经营情况，对企业作出综合评价。综合绩效分析有利于全面、准确、客观地揭示与披露企业财务状况和经营情况，并对企业经济效益作出合理的评价。

而且，对企业进行综合绩效评价和分析的结果不仅有利于同一企业不同期间的比较分析，也有助于不同企业之间的比较分析。财务报告综合分析的结果在进行比较分析时，消除了时间和空间上的差异，使之具有可比性，从而有利于企业从整体上、本质上反映和把握财务状况及经营成果。

二、综合绩效评价体系的内容构成

综合绩效评价通常由财务指标和非财务指标两部分组成。

一般而言，财务指标评价是指对一定期间内的盈利能力和财务效益状况、运营能力与资产质量、偿债能力与债务风险的状况及发展能力与经营增长4个方面进行定量对比分析和评判。通过评价可以明确企业的盈利能力、营运能力、偿债能力和发展能力之间的相互关系，找出制约企业发展的“瓶颈”所在，有助于财务报告分析者通盘考虑、统筹安排，最终形成全面综合的结论和意见，是公司整个绩效评价的核心内容。

非财务指标一般属于定性的指标，如可以通过采取专家评价的方式，对企业一定期间的经营管理水平进行定性分析与综合评价等。

三、综合绩效评价体系的主要类型

财务绩效综合评价可以从不同角度出发，有不同的分析内容与分析思路。基于对公司综合绩效评价的角度，主要有杜邦分析、沃尔财务状况综合评价模型、平衡计分卡、经济增加值（EVA）等财务报告分析方法。

1. 杜邦分析

杜邦分析是利用各种主要财务比率指标间的内在联系，对企业的财务状况和经营效益进行综合系统分析评价的方法，该体系是以净资产收益率为龙头，以资产净利率和权益乘数为核心，重点揭示企业获利能力权益乘数对净资产收益率的影响，以及相关指标间的相互作用和影响的关系。因其最初由美国杜邦公司成功应用，所以得此名。

杜邦分析通过几种主要的财务比率之间的相互关系，全面、系统、直观地反映出企业的财务状况，从而大大节约了财务报告使用者的时间。但是，杜邦分析对以企业绩效作为综合绩效评价体系的企业还不算“综合”，因为杜邦分析系统基本上属于就财务论财务，对企业的绩效评价和考核没有深入到经营管理过程中去，不能全面、动态地反映企业组织行为全过程中的问题，也不能与企业的战略目标及战略管理手段实现有机融合。另外，受制于它所产生的时代局限，杜邦体系是一种重视内部经营管理、忽视外部市场的分析考核体系。

2. 沃尔财务状况综合评价模型

财务状况综合评价的先驱者亚历山大·沃尔在20世纪初提出来信用能力指数的概念，将若干个财务比率用线性关系结合起来，以评价企业的信用水平。沃尔选择了流动比率、产权比率、固定资产比率、存货周转率、应收账款周转率、固定资产周转率和自有资产周转率7项财务比率，分别给定了其在总评价中所占的比重，总和为100分，然后通过与标准比率的比较，评出各项指标的得分及总体指标的总评分，依次对企业的财务状况作出评价。这一评价方法被称为沃尔评分法。

沃尔评分法将彼此孤立的偿债能力、营运能力等指标进行了组合，作出了较为系统的评价，其优点在于简便、易于操作，对评价企业财务状况具有一定的积极意义，是现实中比较可取的一种方法，但这一方法的正确性取决于指标的选定、标准值的合理程度、标准值重要性权数的确定等。

沃尔评分法从理论上讲有一个明显的问题——未能证明为什么选择这7个指标，而不是更多或者更少些，或者选择别的财务比率，以及未能证明每个指标所占比重的合理性。这个问题至今仍然没有从理论上解决。另外，沃尔评分法技术上也有一个缺陷，就是某一指标严重异常时，会对总评分产生不合逻辑的重点影响。这个缺陷是由财务比率与其比重相“乘”引起的，财务比率提高一倍，评分就增加100%；而缩小一半，其评分只减少50%。

在实际应用中，标准比率应当以行业为基础，适当进行理论修正。例如，在给每个指标进行评分时，应规定上限和下限，以减少个别指标异常对总分造成的不合理影响，应以科学严谨的态度和灵活多变的方法处理特殊的分析计算问题。只有经过长期连续的实践积累，不断修正和完善，才能取得良好的评价效果。

3. 平衡计分卡

平衡计分卡是由美国哈佛商学院教授罗伯特·S·卡普兰和大卫·P·诺顿创建的。平衡计分卡是一个综合性的业绩评价系统，它是一套能够使高层经理快速而全面地考查企业的测评指标。平衡计分卡既包含了财务衡量指标，说明企业已采取的行动所产生的结果，也包含了非财务指标。平衡计分卡把对企业业绩的评价划分为4个部分：财务方面、客户角度、经营过程、学习与成长，如图11－1所示。

1）财务角度：我们怎样满足股东

财务绩效评价体系显示了企业总体战略计划，以及企业实施与执行是否达到预期目标，是否增加企业利润直至最终是否实现了企业价值的最大化。而对企业价值最大化的计量是离不开相关财务指标的，如经营利润、净资产收益率、现金流量和经济附加值等。对财务评价指标体系的设计不单是一个财务问题，更重要的是财务绩效评价的成功与否，对企业经营绩效的改善具有重大影响。因此，财务评价指标应考虑：向信息使用者提供哪些有用的信息？财务评价指标应如何确定？应采取什么行动才能满足所有者的要求？

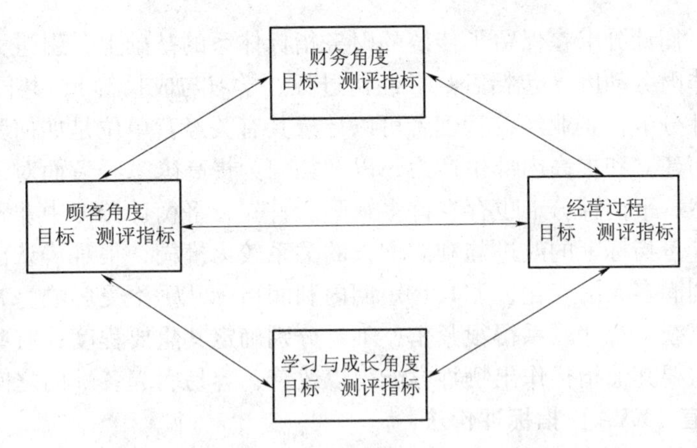

图11－1　平衡计分卡系统的构成

2）顾客角度：顾客怎样看待我们

市场经济条件下，一个企业要想获得生存并有所发展，必须一心为顾客提供有价值的服务。因此，企业如何从顾客角度去运作企业，已成为管理层首先要考虑的问题之一。平衡计分卡要求企业决策层要把它们为顾客服务的声明转化为具体可行的测评指标，这些指标要能够真正反映与顾客相关的各种因素。一般顾客对企业所关心的因素主要包括时间、质量、性能与服务、成本等。时间是指企业能否按照顾客要求及时满足其所需；质量是指顾客衡量所得到的产品水平或享受的服务好坏；性能与服务可以衡量企业的产品或服务在为顾客提供价值方面能起到什么作用；成本是指企业一定时间内投入要素的多少。因此，针对顾客所需，顾客对企业评价的核心指标包括顾客满意度、客户保持程度、新客户的活动、客户获利能力以及在目标范围内的市场份额等。

3）经营过程：我们必须擅长什么

这些企业内部营运与技术指标用来反映企业组织是否较好地完成其核心工作，同时使股东获得预期的财务收益。具体可以分为以下3个方面。第一，创新阶段：要求企业进行充分的市场调查，寻找客户所要求的潜在需要，从而挖掘新的客户，创立新的市场。这是企业成功与否的关键。第二，经营过程：企业进行生产经营提供产品和服务，并将产品支付给客户。企业内部经营过程在注重销售收入增长的同时也考虑企业的盈利率和资金管理效率，以求得收入与报酬率之间的平衡。第三，售后服务：主要包括产品质量保证书、产品的修理、退货、调换及机器设备使用的培训等。

4）学习与成长角度：我们能否继续提高并创造价值

该类指标用来反映企业改进和创新能力。企业应该在生产和改进现有产品的同时，开发和创造适应市场需要的新产品。企业还应注意对员工的生产技术水平、劳动积极性及培训方面评价，以提高企业的经营业绩。具体指标有开发新型产品所需时间、产品成熟过程所需时间、新产品上市时间、员工满意程度、员工流动性、员工培训次数、员工建议数量等。

综上所述，平衡计分卡在保留了传统的财务指标体系的基础上，引进大量能对未来财务业绩进行考评的非财务动因（包括客户、经营过程、学习与成长等），共同融合于企业信息系统。利用平衡计分卡，企业经营管理者可以计量其有关经营单位是如何为现在和未来的客户创造价值，如何建立和提高内部生产力，以及如何为提高未来经营而对人员、系统金额程序进行投资。当然，平衡计分卡也存在许多缺陷。首先，平衡计分卡中非财务指标难以用数据衡量，非财务计量指标上的改进与利润增长的关系较为模糊，很难辨认出非财务指标上的改进到底引起了利润多大的变化，尤其在短期内利润指标几乎不受影响。其次，非财务指标之间的关系错综复杂。有些联系得很紧密，不易分别确定其重要程度；有些则可能是相互矛盾的，一个指标需要其他指标作出牺牲方能得以改善，容易引起各部门之间的冲突。

4. 经济增加值（EVA）指标评价法

上市公司的传统业绩指标主要有净资产收益率、每股收益和每股净资产等。这些传统业绩衡量指标仅仅反映了企业经营状况的某一方面信息，并不适用于对企业进行综合定位，这主要表现在资本成本计算的不完全和会计报表信息的失真两个主要方面。经济增加值（EVA）作为一种新的衡量企业经营业绩的财务指标，它克服了传统业绩评价指标的缺陷，比较准确地反映了上市公司在一定时期内为股东创造的价值，到20世纪90年代中期以后逐渐在国外得到了广泛应用，成为传统业绩衡量指标体系的重要补充。

EVA是经济增加值 Economic Value Added 的英文缩写，它是由美国思腾斯特公司（Stern Stewart & Co.）于1989年提出的一种全新的企业价值评价指标，经过20世纪90年代的发展，已为企业的经营绩效评价提供了新的思路和解决方案。

EVA的定义为：

EVA = 税后净营业利润（NOPAT）- 资本成本总额（ZCC）

即： EVA = 税后经营业利润（NOPAT）- 资本总额（CAP）× 加权平均资本成本（WACC）

EVA的基本含义是企业的资本收益和资本成本之间的差额，是指企业通过资本在经营中获得的超过资本社会平均成本的那部分价值。

一般来说，对企业的盈利、偿债、发展和创新等能力的分析基本上已经涵盖了一个企业经营的主要方面，也是常规意义上的分析。但是，这种分析大都是站在企业和社会立场的一种分析，其根本是一种从经营者角度的分析，忽略权益资本成本的补偿。如果从投资者的角度来说，他们对企业的盈利要求可能比经营者和社会的要求更高。债权人对企业经营者的要求至少要保证投入资本获得高于社会平均的收益水平。

现代企业的经营目标应该是寻求股东财富的最大化，西方将这种在考虑投资收益率时，扣除资本社会平均成本后得出的收益率，才能评价企业经营优劣的方案分析方法，称为经济增加值分析。

其中的资本成本等于企业的全部资本投入乘以加权平均资本成本。这样它就不但考虑了在会计账面上的显性成本（债务成本），同时也考虑了没有在账面上反映的权益资本的隐性成本。

从绩效评价的角度考虑，EVA就是企业在绩效评价期内增加的价值。它在计算企业的资本成本时，不仅考虑负债资本的成本，而且考虑权益资本的成本，这样就将所有者为补偿其投资的机会成本而要求的最低收益纳入指标体系，从而得到企业所有者从经营活动中活动的增值收入。如果EVA的值为正，则表示企业活动的收益高于为获得此项收益而投入的资本成本，即企业为所有者创造了新价值；相反，如果EVA的值为负，则表示所有者的财富在减少。EVA评价体系更好地促使企业经营管理者需要按照股东家价值最大化的决策行事。同一般的财务指标相比，EVA强调了一个理念，即只有经济利润超过了所有债务成本和权益成本时，才会为企业创造财富，才会产生真正意义上的利润，即经济学中提倡的超额利润。

任务2　杜邦分析体系

教学目标

1. 了解杜邦分析体系的含义；
2. 理解杜邦分析体系对综合绩效评价财务指标体系的作用；
3. 掌握杜邦分析体系综合绩效评价财务指标体系的应用。

一、杜邦分析体系的内涵

杜邦分析法是利用几种主要的财务比率之间的关系来综合地分析企业的财务状况的方法。最终目的在于全面了解企业财务状况、经营成果和现金流量情况，并对企业经济效益的优劣作出系统的、合理的评价。杜邦体系是一种直观的财务分析工具，它把基础财务分析指标有机地结合起来，分析单个指标，同时关注它们的协调性，从而形成财务分析人员对企业综合财务状况和经营成果的综合认识。杜邦体系又是一种系统的财务分析方法，它要求财务分析人员将企业各方面财务状况和经营成果结合起来分析，对企业经营管理状况进行系统的评价，并通过层层的因素分解、分析来探究深层原因。

杜邦财务分析体系是以净资产收益率为核心指标，将偿债能力、资产运营能力、盈利能力有机结合起来，层层分解，逐渐深入，直观、明了地反映企业的财务状况的完整的分析系统。杜邦财务分析体系的特点，是将若干反映企业盈利状况、财务状况和营运状况的比率按其内在联系有机结合起来，形成一个完整的指标体系，并最终通过净资产收益率这一核心指标来综合反映。

杜邦财务分析体系包含了几种主要的指标关系，可以分为两大层次。

第一层次包括净资产收益率和资产净利率。

（1）净资产收益率。

$$净资产收益率 = 资产净利率 \times 权益乘数$$

即：$$\frac{净利润}{净资产} \times 100\% = \frac{净利润}{总资产} \times \frac{1}{1-资产负债值} \times 100\%$$

（2）资产净利率。

$$资产净利率 = 销售净利率 \times 资产周转率$$

即：净利润/总资产 ×100% =（净利润/销售收入）×（销售收入/总资产）×100%

以上关系表明，影响净资产收益率最主要的因素有 3 个：销售净利率、资产周转率和权益乘数。

即：$$净资产收益率 = 销售净利率 \times 资产周转率 \times 权益乘数$$

第二层次包括销售净利率和资产周转率。

（1）销售净利率。

$$\begin{aligned}销售利率 &= (净利润/销售收入) \times 100\% \\ &= [(总收入 - 总成本费用)/销售收入] \times 100\%\end{aligned}$$

（2）总资产周转率。

$$\begin{aligned}资产周转率 &= (销售收入/总资产) \times 100\% \\ &= [销售收入/(流动资产 + 非流动资产)] \times 100\%\end{aligned}$$

以上关系可以用图 11－2 更清楚地反映出来。

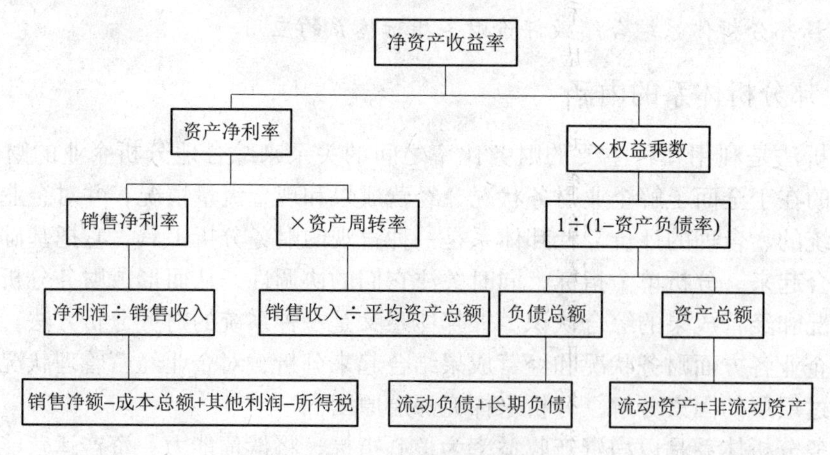

图 11－2　杜邦分析图

从图 11－2 中可以看出，净资产收益率作为核心指标是一个综合性极强、最具代表性的财务比率，它符合所有者权益最大化的公司理财目标。由它与销售净利率、资产周转率和权益乘数之间组成的等式关系，说明净资产收益率和企业销售规模、成本水平、资产运营、资本结果有着密切关系，这些因素构成一个相互依存的系统，只有把这些系统内各因素的关系安排好，才能使净资产收益率达到最大。

案例 11－1　某企业财务报表数据杜邦财务分析见图 11－3。

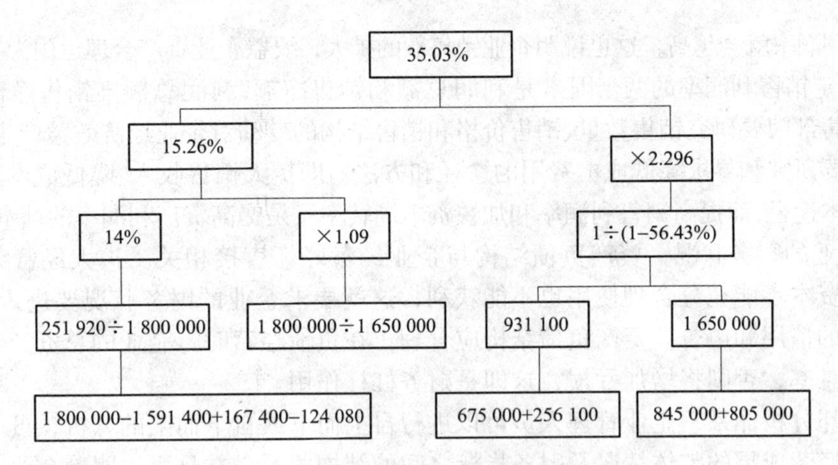

图11－3 某企业财务报表数据杜邦财务分析

二、关于杜邦分析体系的科学性认识

理解财务指标之间的内在关系，提高对杜邦分析法体系的科学性认识，关键在于理解该体系中各项财务指标所表述的含义及其相互之间的内在关系。这种体系是以净资产收益率为核心的分析体系，其他各项指标都是围绕这一核心展开的。通过研究彼此间的相互依存、相互制约关系，从而揭示企业的获利能力及其获利的前因后果。对杜邦分析体系中各项指标之间相互关系的理解，应侧重于考虑以下几个问题。

（1）净资产收益率是一个综合性最强的财务比率，是杜邦分析体系的核心，经过分解以后，可以提高反映盈利能力、运营能力及偿债能力等方面的信息，其他各项指标都是围绕这一核心指标的。企业进行财务管理的目标主要是为了实现股东财富最大化，而净资产收益率可以直接反映股东投资的获利能力，提高净资产收益率是实现财务管理目标的基本保证。通过分解可知，净资产收益率的高低取决于销售净利润、资产周转率及权益乘数。

提高净资产收益率的途径主要有两个：一是在资产结构一定时，提高资产利润率；二是在总资产净利润高于借款利息率时，提高权益乘数，或者说提高资产负债率，但也不能无限度地增加，因为企业的财务杠杆效应增大，企业的财务风险会增加。

（2）资产利润率又是由销售利润率和资产周转率所决定的。销售利润率是利润总额与销售收入的比率,这表示企业在商品销售过程中实现的销售。通过分析销售利润率的升降变动,可以促使企业在扩大销售的同时,主要改进经营管理,提高盈利水平。总资产周转率是反映企业运用资产以生产销售能力的指标,对它的分析则需要对影响资产周转的各因素进行分析。除了确定对资产的结构和占用量分析是否合理外,还可以通过对流动资产周转率、存货周转率、应收账款周转率等有关资产组成部分使用效率的分析,来判断影响资产增长的主要问题出在哪里。

（3）销售利润率对资产利润率而言，是起决定性作用的因素。如果销售过程中无利润，总资产利润率则无从谈起，即使资产周转很快，也不起作用。在销售盈利的情况下，总资产周转越快，总资产利润率就会越高，这也说明企业销售额的扩大，要以企业资产合理运用为基础。

（4）决定销售利润率的两个因素是利润总额和销售净额，利润总额 = 销售净额 - 成本费用。市场销售部门要研究销售数量、销售价格和销售结构的变动对企业经济效益产生的影响；成本管理部门要研究和寻求降低成本费用的途径和方法。即扩大销售收入、降低成本是提高销售利润率的基本途径，而提高销售利润率和加快资本周转率又是提高资产利润率的基本途径。

（5）企业的财务状况、资产负债结构与企业经营好坏直接相关。扩大经营无资产保值不行，优势资本不能充分合理使用也不能获利，这就要求企业的财务状况要进入良性循环，要具有良好的信用和声誉。资产负债结构应合理，在负债经营时，企业的总资产和报酬率应大于借款利息率，否则将增加亏损，这即是财务杠杆作用。

通过杜邦分析体系，企业管理人员可以进行自上而下或自下而上的分析，可以了解企业财务状况和经营成果的整体情况及财务指标之间的结构关系，并且可以明确企业各项主要指标的变动情况及其影响因素。杜邦分析体系所提供的财务信息，可以解释指标变动的具体原因及趋势，为企业加强管理指明了方向。

三、传统杜邦分析体系的局限性

传统的杜邦分析体系以净资产收益率为核心指标，将企业的资本结构、资本运作能力、资产营运能力及盈利能力有机结合起来，进而构成一个完整的财务分析和绩效评价系统。但是，杜邦财务分析体系是以利润指标为核心进行构建的，对企业经营绩效的评价偏重于企业过去和现在的经营成果，这在以“现金为王”并面对复杂多变的经营环境的时代，它已经显得力不从心。杜邦分析体系的主要缺陷表现在以下几个方面。

1. 计算资产利润率的“总资产”与“净利润”不匹配

首先被质疑的是资产利润率的计算公式。总资产是全部资产提供者享有的权利，而净利润是专门属于股东的，两者不匹配。由于总资产净利润的“投入与产出”不匹配，该指标不能反映实际的回报率。为了改善该比率的配比，要重新调整其分子和分母。

为公司提供资产的人包括股东、有息负债的债权人和无息负债的债权人，后者不要求分享收益。要求分享收益的是股东、有息负债的债权人。因此，需要计量股东和有息负债债权人投入的资本，并且计量这些资产产生的收益，两者相除才是合乎逻辑的资产报酬率，才能准确反映企业的基础盈利能力。

2. 没有区分经营活动损益和金融活动损益

传统财务分析体系没有区分经营活动和金融活动。对于多数企业来说金融活动是净筹资，它们从金融市场上主要是筹资，而不是投资。筹资活动没有产生净利润，而是支出净费用。这种筹资费用是否属于经营活动的费用，即使在会计规范的制定中也存在争议，各国的会计规范对此的处理也不尽相同。从财务管理的基本理念看，企业的金融资产是投资活动的剩余，是尚未投入实际经营活动的资产，应将其从经营资产中剔除。与此相适应，金融费用也应从经营受益中剔除，才能使经营资产和经营收益匹配。因此，正确计量基础盈利能力的前提是区分经营资产和金融资产，区分经营收益与金融收益（费用）。

3. 没有区分有息负债与无息负债

既然要把金融（筹资）活动分离出来单独考查，就会涉及单独计量筹资活动的成本。负债的成本（利息支出）仅仅是有息负债的成本。因此，必须区分有息负债和无息负债，利息与有息负债相除，才是实际的平均利息率。此外，区分有息负债与无息负债后，有息负债与股东权益相除，可以得到更符合实际的财务杠杆；无息负债没有固定成本，本来就没有杠杆作用，将其计入财务杠杆，会歪曲杠杆的实际作用。

四、对杜邦分析体系的改进

1. 改进杜邦分析体系

1）区分经营资产和金融资产

经营资产是指用于生产经营活动的资产。与总资产相比，它不包括没有被用于生产经营活动的金融资产。严格来说，保持一定数额的现金是生产经营活动所必需的，但是外部分析人员无法区分哪些金融资产是必需的，哪些是投资的剩余，为了简化都将其列入金融资产，是为未投入运营的资产。应收项目大部分是无息的，将其列入经营资产。区分经营资产和金融资产的主要标志是有无利息，如果能够取得利息则列为金融资产。例如，短期应收票据如果以市场利率计息，就属于金融资产；否则应归入经营资产，它们只是促进销售的手段。只有短期权益性投资是个例外，它是暂时利益多余现金的一种手段，所以是金融资产，应以市价计价。至于长期权益性投资，则属于经营资产。

2）区分经营负债和金融负债

经营负债是指在生产经营中形成的短期和长期无息负债。这些负债不要求利息回报，是伴随经营活动出现的，而非金融活动的结果。金融负债是公司筹资活动形成的有息负债。划分经营负债与金融负债的一半标志是无利息要求。应付项目的大部分是无息的，故将其列入经营负债；如果是有息的，则属于金融活动，应列为金融负债。

3）区分经营活动损益和金融活动损益

金融活动的损益是净利息费用，即利息收支的净额。金融活动收益和成本，不应列入经营活动损益，两者应加以区分。利息支出包括借款和其他有息负债的利息。从理论上说，利息支出应包括会计上已经资本化的利息，但是实务上很难这样去处理，因为分析时找不到有关的数据。资本化利息不但计入了资本成本，而且通过折旧的形式列入费用。如果没有债权投资利息收入，则可以用“财务费用”作为税前“利息费用”的估计值。金融活动损益以外的损益，全部视为经营活动损益。经营活动损益与金融活动损益的划分，应与资产负债表对经营资产和金融资产的划分保持对应。

4）经营活动损益区分为主要经营利润、其他营业利润和营业外收支

主要经营利润是指企业日常活动产生的利润，它等于销售收入减去销售成本及有关的期间费用，是最具持续性和预测性的收益；其他营业利润，包括资产减值、公允价值变动和投

资收益，它们的持续性不易判定，但肯定低于主要经营利润；营业外收支不具持续性，没有预测价值。这样的区分，有利于评价企业的盈利能力。

5）法定利润表的所得税是统一扣除的

为了便于分析，需要将其分摊给经营利润和利息费用。分摊的简便方法是根据实际的所得税税率比例分摊。严格的办法是分别根据使用的税率计算应负担的所得税。后面的举例采用简单的办法处理。

2. 调整资产负债表和利润表

根据上述改进思路，重新编制资产负债表和利润表。

3. 改进的财务分析体系的核心公式

该体系的核心公式如下：

净资产收益率 = 税后经营利润/股东权益 − 税后利息/股东权益
= (税后经营利润/净经营资产) × (净经营资产/股东权益) −
(税后利息/净负债) × (净负债/股东权益)
= (税后经营利润/净经营资产) × (1 + 净负债/股东权益) −
(税后利息/净负债) × (净负债/股东权益)
= 净经营资产利润率 + (净经营资产利润率 − 净利息率) × 净财务杠杆

从上面公式可以看出，净资产收益率的驱动因素包括净经营资产利润率、净利息率和净财务杠杆。

任务3 中央企业综合绩效评价体系

教学目标

1. 了解中央企业综合绩效评价体系；
2. 理解中央企业综合绩效评价体系对综合绩效评价财务指标体系的作用。

一、中央企业综合绩效评价体系的主要内容

1999年，财政部、国家经贸委、人事部和国家计委联合发布了《国有资本金绩效评价规则》。制定该规则的目的是“完善国有资本金监管制度，科学解释和真实反映企业资产运营效果和财务效益状况”。2002年3月，财政部、国家经贸委、中央企业工委、劳动保障部和国家计委在认真总结实践经验的基础上，对《国有资本金绩效评价规则》进行了修订，重新颁布了《企业绩效评价操作细则（修订）》。2006年9月，国资委颁布了《中央企业综合绩效评价实施细则》，企业综合绩效评价指标由22个财务绩效定量评价指标和8个管理绩效定性评价指标构成，财务绩效定量评价指标由反映企业盈利能力状况、资产构成质量状况、债务风险状况和经营增长状况4个方面的8个基本指标和14个修正指标构成，用于综

合评价企业财务报告所反映的经营绩效状况。

企业盈利能力状况以资产收益率、总资产报酬率两个基本指标和销售（营业）利润率、盈余现金保障倍数、成本费用利润率、资本收益率4个修正指标进行评价，主要反映企业一定期间的投入产出水平盈利质量。

资产质量状况以总资产周转率、应收账款周转率两个基本指标和不良资产比率、流动资产周转率、资产现金回收率3个修正指标进行评价，主要反映企业所占用经济资源的利用效率、资产管理水平与资产的安全性。

企业债务风险状况以资产负债率、已获利息倍数两个基本指标和速动比率、现金流动负债比率、带息负债比率、或有负债比率4个修正指标进行评价，主要反映企业的债务负担水平、偿债能力及其面临的债务风险。

企业经营增长状况以销售（营业）增长率、资本保值增值率两个基本指标和销售（营业）利润增长率、总资产增长率、技术投入比率3个修正指标进行评价，主要反映企业的经营增长水平、资本增值状况及发展后劲。

企业管理绩效评价指标包括战略管理、发展创新、经营决策、风险控制、基础管理、人力资源、行业影响、社会贡献8个方面的指标，主要反映企业在一定经营期间内所采取的各项管理措施及管理成效。

显而易见，这可以说是一套比较完善的指标体系，基本指标和修正指标比较完全、合理地反映了企业的财务状况、效益等整体业绩，从而形成了表11－1所示的评价指标体系。

表11－1　企业综合绩效评价指标及权重表

评价内容与权数		财务绩效（70%）				管理绩效（30%）	
		基本指标	权数	修正指标	权数	评议指标	权数
盈利能力状况	34	净资产收益率 总资产报酬率	20 14	销售（营业）利润率 盈余现金保障倍数 成本费用利润率 资本收益率	10 9 8 7	战略管理 发展创新 经营决策 风险控制 基础管理 人力资源 行业影响 社会贡献	18 15 16 13 14 8 8 8
资产质量状况	22	总资产周转率 应收账款周转率	10 12	不良资产比率 流动资产周转率 资产现金回收率	9 7 6		
债务风险状况	22	资产负债率 已获利息倍数	12 10	速动比率 现金流动负债比率 带息负债比率 或有负债比率	6 6 5 5		
经营增长状况	22	销售（营业）增长率 资本保值增值率	12 10	销售（营业）利润增长率 总资产增长率 技术投入比率	10 7 5		

二、评分标准

企业综合绩效评价指标权重实行百分制，指标权重依据评价指标的重要性和各项指标的引导功能，通过征求、咨询专家的意见和组织必要的测试进行确定。

财务绩效定量评价指标权重确定为70%，管理绩效定性评价指标权重确定为30%。在实际评价过程中，财务绩效定量评价指标和管理绩效定性评价指标的权数按百分制设定，分别计算各项指标的分值，然后按70∶30计算。绩效评价标准如表11－2所示。

表11－2 绩效评价标准

财务绩效定量评价标准	管理绩效定性评价标准	标准系数
优秀（A）	优秀（A）	1.0
良好（B）	良好（B）	0.8
平均（C）	中（C）	0.6
较低（D）	低（D）	0.4
较差（E）	差（E）	0.2

企业财务绩效定量评价标准值的选用，一般根据企业的主营业务领域对照企业综合绩效评价行业基本分类，自下而上逐层遴选被评价企业适用的行业标准值。评价组织机构应当认真地分析判断评价对象所属行业和规模，正确选用财务绩效定量评价标准值。根据评价工作的需要可以分别选择全行业和大、中、小型规模标准值实施评价。

管理绩效定性评价标准具有行业普遍性和一般性，在进行评价时，应当根据不同行业的经营特点，灵活把握个别指标的标准尺度。对于定性评价标准没有列示，但对被评价企业绩效产生重要影响的因素，在评价时也应予以考虑。

三、综合计分方法

企业综合绩效评价计分方法采用功效系数法和综合分析判断法。其中，功效系数法用于财务绩效定量评价指标的计分，综合分析判断法用于管理绩效定性评价指标的计分。按照规定的计分公式计算各项指标的计分。

财务绩效定量评价基本指标计分是按照功效系数法计分原理，将评价指标实际值对照行业评价标准值，按照规定的计分公式计算各项基本指标得分。计算公式为：

$$基本指标总得分 = \sum 单项基本指标得分$$

$$项目基本指标得分 = 本档基础分 + 调整分$$

$$本档基础分 = 指标权数 \times 本档标准系数$$

$$调整分 = 功效系数 \times (上档基础分 - 本档基础分)$$

$$上档基础分 = 指标权数 \times 上档标准系数$$

$$功效系数 = (实际值 - 本档标准值)/(上档标准值 - 本档标准值)$$

本档标准值是指上下两档标准值居于较低等级一档。

财务绩效定量评价修正指标的计分是在基本指标计分结果的基础上，运用功效系数法原理，分别计算盈利能力、资产质量、债务风险和经营增长4个部分的综合修正系数，再据此计算出修正后的分数。计算公式为：

修正后总得分 = ∑各部分修正后得分

各部分修正后得分 = 个部分基本指标分数 × 该部分综合修正系数

某部分综合修正系数 = ∑该部分各修正指标加权修正系数

某指标加权修正系数 =（修正指标权数/该部分权数）× 该指标单项修正系数

某指标单项修正系数 = 1.0 +（本档标准系数 + 功效系数 × 0.2 – 该部分基本指标分析系数），单项修正系数控制修正幅度为0.7～1.3。

某部分基本指标分析系数 = 该部分基本指标得分/该部分权数

在计算修正指标单项修正系数过程中，对于一些特殊情况作如下规定。

（1）如果修正指标实际值达到优秀值以上，其单项修正系数的计算公式如下：

单项修正系数 = 1.2 + 本档标准系数 – 该部分基本指标分析系数

（2）如果修正指标实际值处于较差值以下，其单项修正系数的计算公式如下：

单项修正系数 = 1.0 – 该部分基本指标分析系数

（3）如果资产负债率≥100%，指标得0分；其他情况按照规定的公式计分。

（4）如果盈余现金保障倍数分子为正数，分母为负数，单项修正系数确定为1.1；如果分子为负数，分母为正数，单项修正系数确定为0.9；如果分子分母同为负数，单项修正系数确定为0.8。

（5）如果不良资产比率≥100%或分母为负数，单项修正系数确定为0.8。

（6）对销售（营业）利润增长率指标，如果上年主营业务利润为负数，本年为正数，单项修正系数为1.1；如果上年主营业务利润为零本年为正数，或者上年为负数本年为零，单项修正系数确定为1.0。

（7）如果个别指标难以确定行业标准，该指标单项修正系数确定为1.0。

管理绩效定性评价指标的计分一半通过专家评议打分形式完成，聘请的专家应不少于7名；评议专家应当在充分了解企业管理绩效状况的基础上，对照评价参考标准，采取综合分析判断法，对企业管理绩效指标作出分析评议，评判各项指标所处的水平档次，并直接给出评价分数。计分公式为：

管理绩效定性评价指标分数 = ∑单项指标分数

单项指标分数 =（∑每位专家给定的单项指标分数）/专家人数

任期财务绩效定量评价指标计分，应当运用任期各年度评价标准分别对各年度财务绩效定量指标进行计分，再计算任期平均分数，作为任期财务绩效定量评价分数。计算公式为：

任期财务绩效定量评价分数 =（∑任期各年度财务绩效定量评价分数）/任期年分数

在得出财务绩效定量评价分数和管理绩效定性评价分数后，应当按照规定的权重，耦合形成综合绩效评价分数。计算分式为：

企业综合绩效评价分数 = 财务绩效定量评价分数 ×70% +
管理绩效定性评价分数 ×30%

在得出评价分数以后，应当计算年度之间的绩效改进度，以反映企业年度之间经营绩效的变化状况。计算公式为：

绩效改进度 = 本期绩效评价分数/基期绩效评价分数

绩效改进度大于1，说明经营绩效上升；绩效改进度小于1，说明经营绩效下滑。

对企业经济效益上升幅度显著、经营规模较大、有重大科技创新的企业，应当给予适当加分，以充分反映不同企业努力程度和管理难度，激励企业加强科技创新。

最后，根据财务绩效定量评价结果和管理绩效定性评价结果，按照规定的权重和计分方法，计算企业综合绩效评价总分，并根据规定的加分和扣分因素，得出企业综合绩效评价的最后得分。

四、评价结果

企业综合绩效评价结果以评价得分、评价类型和评价级别表示。评价类型是根据评价分数对企业综合绩效所划分的水平档次，用文字和字母表示，分为优（A）、良（B）、中（C）、低（D）、差（E）5种类型。评价级别是对每种类型再划分级次，以体现同一评价类型的不同差异，采用在字母后标注“+”、“-”号的方式表示。企业综合绩效评价结果以85、70、50、40分作为类型判定的分数线。具体如表11-3所示。

表11-3 绩效评价结果表

等别	级别	分数
A	A++	95～100（含95）
	A+	90～95（含90）
	A	85～90（含85）
B	B+	80～85（含80）
	B	75～80（含75）
	B-	70～75（含70）
C	C	60～70（含60）
	C-	50～60（含50）
D	D	40～50（含40）
E	E	<40

专业知识和技能训练

一、单项选择题

1. 杜邦财务分析体系的核心指标是（　　）。

A. 权益乘数　B. 1－股利支付率　C. 净资产收益率　D. 可持续增长率

2. 帕利普财务分析体系的核心指标是（　　）。

A. 权益乘数　B. 1－股利支付率　C. 净资产收益率　D. 可持续增长率

3. 在杜邦财务分析体系的第一层次分解中，将（　　）分解为营业净利率和总资产周转率两个因素的乘积。

A. 权益乘数　B. 净资产收益率　C. 总资产收益率　D. 可持续增长率

4. 总资产与净资产的比率是（　　）。

A. 权益乘数　B. 净资产收益率　C. 总资产收益率　D. 可持续增长率

5. 可持续增长率指标是由净资产收益率和（　　）的乘积。

A. 权益乘数　B. 1－股利支付率　C. 总资产报酬率　D. 可持续增长率

6. （　　）越大，可持续增长率越低。

A. 营业净利率　B. 总资产周转率　C. 权益系数　D. 股利支付率

7. 绩效评价的主要特点之一是（　　）

A. 由客户分析　B. 定量分析

C. 定量分析与定性分析相结合　D. 定性分析

8. 单项指数是指各项经济指标的实际值与标准值之间的比值，它适用于经济指标为（　　）。

A. 正指标　B. 反指标　C. 所有指标　D. 正指标和反指标

9. 当流动比率的标准值为200%，实际值为220%时，其单项指数为（　　）

A. 0.8　B. 0.9　C. 0.7　D. 0.6

10. 一般情况下，综合经济指数达到（　　），说明企业经营总体水平达到了标准要求。

A. 90%　B. 100%　C. 80%　D. 60%

二、多项选择题

1. 杜邦分析法是利用各个主要财务比率之间的内在联系，将反映企业（　　）的比率形成一个完整的指标体系，最终通过（　　）这一核心指标来全面、系统、综合地反映企业的财务状况。

A. 发展能力　B. 偿还能力

C. 盈利能力　D. 营运能力

E. 净资产收益率

2. 杜邦财务分析体系包含两大层次，分别对（　　）进行分解。

A. 总资产收益率　　B. 权益乘数
C. 净资产收益率　　D. 营业净利率
E. 总资产周转率

3. 帕利普财务分析体系以可持续增长率为核心，将反映企业（　　）的指标联系在一起，使财务分析的方法体系更加完善。

A. 发展能力　B. 偿债能力　C. 盈利能力　D. 营运能力
E. 净资产收益率

4. 净资产收益率可以分解为（　　）因素的乘积。

A. 营业净利率　　B. 总资产周转率
C. 权益乘数　　D. 1－股利支付率
E. 存货构成

5. 在绩效评价的过程中，分析者可以从经济活动的过程入手来进行综合评价，具体过程包括（　　）活动。

A. 筹资　B. 投资　C. 经营　D. 分配
E. 发行债券

6. 我国企业绩效评价是从（　　）方面进行的综合评价。

A. 领导能力　B. 盈利能力　C. 偿债能力　D. 营运能力
E. 对社会贡献能力

7. 在绩效评价中，属于对财务效益状况进行基本评价的基本标准是（　　）。

A. 净资产收益率　　B. 资本保值增值率
C. 总资产报酬率　　D. 营业利润率
E. 成本费用利润率

8. 综合经济指数的计算结果取决于（　　）。

A. 实际值　B. 标准值　C. 某指标单项指数
D. 差异值　E. 该指标权数

9. 绩效评价结果以评价得分和评价类型加评价级别表示，评价类型包括（　　）。

A. 优　B. 良　C. 中　D. 低
E. 差

10. 计算综合评价分数要采用（　　）和（　　）相结合的积分方法。

A. 专项　B. 定量　C. 综合　D. 定性
E. 预测

三、判断题

1. 杜邦分析法最终通过净资产收益率这一核心指标来全面、系统、直观地反映企业的财务状况。（　　）

2. 净资产收益率可以分解为总资产周转率和权益乘数的成绩。（　　）

3. 营业净利率也是杜邦分析指标体系的重要内容，而且属于第二层次的分解内容。（　）

4. 权益乘数越大，净资产收益率越高，财务风险越小。（　）

5. 帕利普财务分析体系是对杜邦财务分析体系的发展和完善。（　）

6. 帕利普财务分析体系的核心是净资产收益率。（　）

7. 可持续增长率的高低取决于净资产收益率和股利支付率两个因素。（　）

8. 绩效评价的内容根据评价对象和评价内容的不同而有所不同。（　）

9. 所有的业绩指标单项指数都等于该经济指标的实际值与标准值之间的比值。（　）

10. 各项经济指标权数的大小应依据各项指标的重要程度而确定，一般情况下，指标越重要，权数就越小。（　）

四、计算题

1. 单项指数计算

某企业的资产负债率为60%，流动比率为180%，资产负债率的标准值为50%，流动比率的标准值为200%。要求：计算资产负债率和流动比率的单项指数。

2. 基本指标得分计算

总资产报酬率的评价标准见表11－4。

表11－4　总资产报酬率的评价标准

标准系数	优秀（1）	良好（0.8）	平均值（0.6）	较低值（0.4）	较差值（0.2）
指标值	14%	10%	8%	5%	2%

某企业该项指标实际完成值为11%，该项指标的权数为15分。要求：计算总资产报酬率的得分。

3. 修正系数计算

营业利润率的标准值区段等级见表11－5。

表11－5　标准值区段等级表

标准系数	优秀（1）	良好（0.8）	平均值（0.6）	较低值（0.4）	较差值（0.2）
指标值	20	16	10	6	4

某企业营业利润率的实际值为13%，该项指标的权数为14分，财务效益类指标的权数是40分，该类指标的实际得分是36分。要求：计算营业利润率指标的加权修正指数。

4. 评议指标得分计算

发展创新能力指标的等级参数为：优1分；良0.8分；中0.6分；低0.4分；差0.2分。指标的权数是14分。7名评议员的评议结果是：优等3人，良等3人，中等一人。要求：计算发展创新能力指标的得分。

5. 净资产收益率分析（见表11－6）。

表 11-6 净资产收益率资料表

单位：万元

项目	上年	本年
平均总资产	46 780	49 120
平均净资产	25 729	25 051
销售收入	37 424	40 278
净利润	3 473	3 557

要求：根据以上资料，按杜邦财务分析体系对净资产收益率的变动原因进行分析。

6. 可持续增长率分析（见表 11-7）。

表 11-7 可持续增长率资料表

单位：万元

项目	上年	本年
平均总资产	68 520	74 002
平均净资产	41 112	40 701
销售收入	51 390	57 722
净利润	3 083	3 215
股利支付额	1 233	1 125

要求：根据以上资料，按帕利普财务分析体系对可持续增长率的变动原因进行分析。

五、案例分析题

健民药业是我省一家以生产药品和保健品为主营业务的集团公司，2007 年度与绩效评价有关的资料如下（详见表 11-8 至表 11-11）。

资料（一）

表 11-8 有关财务数据表

单位：万元

项目	上年	本年
总资产	89 978	93 542
流动资产	40 490	44 900
其中：		
应收账款	11 225	12 123
存货	21 055	23 797
负债	38 690	43 029
其中：		
流动负债	20 675	22 938
主营业务收入	65 684	71 124
主营业务成本	40 724	43 386
期间费用	18 675	22 514
利润总额	3 218	3 725
净利润	2 542	2 980
利息支出	851	952
经营现金净流量	1 323	1 950

资料（二）

不良资产比率4%；三年资本平均增长率6%；三年销售平均增长率9.5%；技术投入比率0.6%。

资料（三）

表11－9　企业绩效评价标准值

项目 \ 档次	优秀 (1)	良好 (0.8)	平均值 (0.6)	较低值 (0.4)	较差值 (0.2)
净资产收益率（%）	10	6.1	2.6	－0.4	－6.4
总资产报酬率（%）	5.9	3.9	1.8	－1.1	－3.4
总资产周转率（次）	1.0	0.7	0.4	0.3	0.1
流动资产周转率（次）	2.3	1.9	1.2	0.8	0.4
资产负债率（%）	37.9	48.1	66.2	83.2	93.4
已获利息倍数（倍）	3.6	2.7	1.2	－0.2	－2.2
销售增长率（%）	29.3	17.5	4.5	－12.2	－25.8
资本积累率（%）	12.2	4.7	0.5	－10.6	－17.7

表11－10　修正指标的标准值区段等级表

项目 \ 档次	优秀 (1)	良好 (0.8)	平均值 (0.6)	较低值 (0.4)	较差值 (0.2)
一、财务效益状况					
资本保值增值率	106.9	104.7	101.8	97.8	93.6
主营业务利润率	20.9	14.9	8.8	2.5	－5.2
盈余现金保障倍数（倍）	7.7	3.6	1.9	0.6	－0.9
成本费用利润率	9.9	6.4	0.3	－8.3	－18.9
二、资产营运状况					
存货周转率	7.9	5.9	4.2	2.5	1.3
应收账款周转率	11.7	7.6	5.0	2.6	1.1
不良资产比率	0.1	1.8	11.5	20.7	28.9
三、偿债能力状况					
速动比率	118.3	90.3	64.4	44.8	28
现金流动负债比率	15.3	10.3	5.2	－1.3	－4.7
四、发展能力比率					
三年资本平均增长率	16.2	8.1	1.1	－7.4	－17.3
三年销售平均增长率	16.2	9.1	2.9	－8.9	－24.2
技术投入比率	1.1	0.8	0.4	0.3	0

表 11－11　企业评价指标体系

定量指标（权重 80%）					定性指标（权重 20%）	
指标类别（100 分）	基本指标（100 分）		修正指标（100 分）		评议指标（100 分）	
一、财务效益状况 （38 分）	净资产收益率 总资产报酬率	25 13	资本保值增值率 主营业务利润率 成本费用利润率 盈余现金保障倍数	12 8 10 8	1. 经营者基本素质 2. 产品市场占有能力（服务满意度）	18 16
二、资产运营状况 （18 分）	总资产周转率 流动资产周转率	9 9	存货周转率 应收账款周转率 不良资产比率	5 5 8	3. 基础管理比较水平 4. 发展创新能力	12 14
三、偿债能力状况 （20 分）	资产负债率 已获利息倍数	12 8	速动比率 现金流动负债比率	10 10	5. 经营发展战略 6. 在岗员工素质状况	12 10
四、发展能力状况 （24 分）	销售增长率 资本积累率	12 12	三年销售平均增长率 三年资本平均增长率 技术投入比率	9 8 7	7. 技术装备更新水平（服务硬环境） 8. 综合社会贡献	10 8

要求：根据以上资料，采用综合评分法，对该企业经营业绩作出评价。

项 目 12

财务分析报告撰写

本项目介绍了财务分析报告含义、财务分析报告写作要求和财务分析报告写作案例。

财务分析报告是根据财务指标体系和综合分析资料，通过财务分析等专门方法，对财务活动状况进行分析、找出差距、指出方向、提出建议，指导经济工作的一种书面报告。包括全面分析报告、简要分析报告和专题分析报告三种类型。

财务分析报告写作要符合形式、内容和技术的要求。其中财务分析报告写作的形式要求包括标题、开头、分析部分、归纳总结或建议部分、具名和日期的格式要求；财务分析报告写作的内容要求包括分析要透彻、重点要突出、数据要确凿、语言要简练、报送要及时；财务分析报告写作的技术要求数据表达、专门术语、图表列示、常用符号等的写作技术。

在前述章节的内容基础上，选取了贵州茅台酒股份有限公司作为分析案例，读者通过对该公司财务分析报告写作案例解读，旨在提高其财务分析能力和财务分析报告写作水平。

任务 1　认知财务分析报告

教学目标

1. 认知财务分析报告的含义；
2. 理解财务分析报告的作用；
3. 熟悉财务分析报告的类型。

一、分析是报告的前提和基础

没有经过细致周到的财务分析是无法编写出一份有质量的财务分析报告的。财务分析可以从定性分析和定量分析两个方面进行，但通常以定量分析为主。定量分析就是从数量方面对事物进行观察、分析，从而揭示出事物的特征和发展规律。定量分析具有精确度和分辨率高、预见性强、对经验依赖程度低等特点。会计人员掌握着企业大量的会计数据和经济信息，在定量分析方面最具发言权，应尽量让数据说话，这是最有说服力的，也是会计人员发挥其专业特长最有效的地方。

由于财务分析报告是根据财务指标体系和综合分析资料，通过分类、整理、综合、概括，用以说明企业的财务状况、财务成果和现金流量状况的，因此，收集整理资料就是编写财务分析报告的重要凭据与前提。除了收集以财务报表为主的实际资料和有关的计划资料以外，还应收集一些有关财务、统计和同行业的资料，还可以通过调查研究等方法，收集一些典型事例的资料。然后，将收集的资料进行整理、分类、综合汇总，使之条理化、系统化，供编写分析报告时选择采用。财务分析所需要收集的资料很多，详见图 12－1。

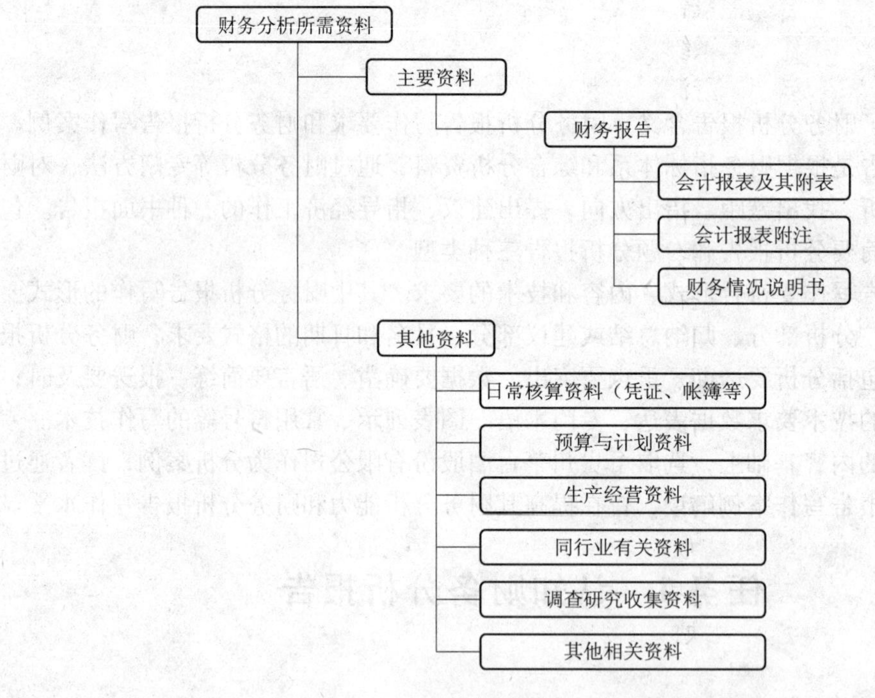

图 12－1　财务分析应当收集的有关资料

整理分析资料的过程，应当是一个去粗取精、去伪存真、由此及彼、由表及里、综合考虑的加工改制过程。有时，把某个单项分析的数据综合起来以后，可能会出现一些矛盾，如计算的口径不一致等，这就需要做些调整；有时，综合资料时会发现某些方面的分析比较单薄、资料不够等，需要作进一步的补充；甚至有时还会出现原来初步评价是良好的，经过综合资料和全面分析后，却要修正原来的结论。所以说，撰写财务分析报告的过程，也是财务综合分析的继续与提高的过程。

由于经济现象的客观复杂性，因此，财务分析的过程应该是一个善于分清主要因素和次要因素、主观因素与客观因素、有利因素与不利因素、正常因素与非正常因素的过程。财务分析不仅要善于发现和提出问题，还要善于分析和解决问题，因而总结归纳和管理建议对财务分析的结果来说应当是必不可少的。

二、财务分析报告的分类

财务分析报告是以财务报表等会计资料为主要依据，通过财务分析等专门方法，对财务活动状况进行分析、找出差距、指出方向、提出建议，指导经济工作的一种书面报告。

财务分析报告在经济工作中被广泛应用。日常写作的财务分析报告可分为以下三类。

1. 全面分析报告

也称系统分析或综合分析报告。它是对某一部门或某一单位在一定时期内的经济活动，根据各项主要财务指标作全面系统分析的报告。在全面分析的基础上，着重抓住会计工作中带有普遍性和关键性的问题进行深入地分析和考核，用以评价经济活动的结果。它主要用于年度和季度的分析报告。

2. 简要分析报告

简要分析报告也称财务情况说明书。一般是围绕几个财务指标、计划指标或抓住一两个重点问题进行分析，用以分析财务指标的完成情况，观察财务活动的发展趋势，提出工作改进的建议。这种分析报告大多是在年、季、月末结合财务报表的编制而进行的。如年度财务情况说明书、季度财务情况说明书、月度财务情况说明书等。

3. 专题分析报告

专题分析报告也称单项分析或专项分析报告。它是对某项专门问题进行深入细致的调查分析后所写的一种书面报告，它一般是结合当前企业的经济工作，对某些重大经济措施和业务上的重大变化，对工作中的薄弱环节和关键问题单独进行专题分析。如在清仓查库中对库存质量的分析，增产节约活动中对产品单位成本因素的分析，发生经营亏损时对亏损原因的分析，扩大业务范围后对新增某项业务开展情况的分析等。专题分析报告具有内容专一、一事一题、分析问题较深透、反映问题较及时等特点。它是不定期的分析报告，可以随时运用，形式也较灵活。

此外，就分析的时间看，财务分析报告还可以分为预测分析报告、总结分析报告、定期分析报告、不定期分析报告等。

三、财务分析报告的作用

学会写作财务分析报告是财务分析人员必不可少的基本功之一。财务分析人员应按照经济核算原则，定期检查、分析财务预算的执行情况，挖掘增收节支的潜力，考核资金使用效果，揭露经营管理中的问题，及时向领导提出建议。《中华人民共和国会计法》、《企业财务会计报告条例》、《企业会计制度》都把财务情况说明书列为财务报告的组成部分之一。

写好财务分析报告有利于掌握和评价企业的财务状况、经营成果和现金流量现状，有利于提高投资决策水平，有利于制定出符合客观经济规律的财务预算，有利于改善经营管理工作、提高财务管理水平。任何财务预算，没有正确的计算和分析，是不可想象的。通过计算和分析，才能透彻了解现实的经济情况，科学地预测未来；才能权衡利弊得失，选择最优方案；并兼顾需要与可能、长远与当前、整体与局部，搞好综合平衡。

现代化生产要求科学的管理。而科学的管理又依赖于周密的计算和分析。一个企业要把生产、供应、销售各个方面安排好，把劳动者和生产手段合理地组织起来，把生产过程内容各环节衔接好，顺利地进行生产和扩大再生产，都需要进行财务活动分析，从财务分析报告中提出改进措施。单位领导和上级主管部门看了分析报告，心中有了数，便于及时作出指导和安排；管理人员看了分析报告，也有利于调动广大职工管理企业的积极性；财会部门通过财务分析活动，可以起到当好各级领导参谋的作用。

任务2 财务分析报告写作要求

教学目标

1. 了解财务分析报告写作的形式要求；
2. 理解财务分析报告写作的内容要求；
3. 熟悉财务分析报告写作的技术要求。

一、财务分析报告写作的形式要求

财务分析报告的写作一般不必拘泥于形式，重在分析内容能真实地揭示经济活动的情况，对成绩与缺点产生的原因作出中肯的分析，做到有情况、有分析、有结论、有建议。

财务分析报告并没有固定不变的格式，一般安排以下几个项目就可以了。

1. 标题

财务分析报告的标题可以是单标题，如《关于加强应收账款管理的分析报告》，也可以是双标题；有时也可用分析报告的建议或意见作正标题，把××年度财务情况分析说明作为副标题。至于财务情况说明书的标题，往往还应加上年度、季度或月份等时间，如《××公司××××年度财务情况说明书》。

2. 开头

大多数分析报告的开头是概括地介绍企业的产销形势，针对分析的问题用文字或数字简要介绍一些基本情况，或提出问题，或简述财务分析报告的目的。开头要紧扣分析的对象和问题，简明扼要，以极其简括的文字说明对企业的哪一段时间、哪一方面（或全部）的财务经济活动进行了分析，或者用概括的语言把分析对象的概况大致反映一下，使人看了开头就能了解概貌。

3. 分析部分

这是分析报告的正文，可以在系统分析的基础上，分层次按照提炼出来的观点进行内容的编排。

在正文的开始部分或每一层次的开始部分，通常可按可比口径计算说明各项主要经济指标的完成情况，或用数字对比，或用表格列示，通过实际与计划对比、本年与上年同期对比的形式把经济指标的完成情况和经营管理的成果反映出来（这一内容也可以放入开头的概述部分之内）。

在正文中要贯彻实事求是、一分为二的辩证思想，既要把所取得的成绩肯定下来，哪些是好的，好在什么地方，如提高经济效益的经验、扭亏增盈的经验、增产节约的经验等，应有层次、有分析地加以说明，也要把经济指标完成不好的情况和企业经营管理中存在的问题暴露出来，哪些是差的，差在什么地方，应切中时弊，有针对性又有重点地反映清楚。

按照规定，编制年度会计报表时应同时编制财务情况说明书。财务情况说明书一般是指在年度、季度或月度终了进行财务分析后，文字叙述与数字、表格相结合的形式来反映、说明企业财务活动状况和财务成果的一种书面报告，也可根据工作的需要不定期地编制财务情况说明书。编写财务情况说明书是财务分析的组成部分，是财务分析的继续和结果。

财务情况说明书应是财务报告的一个组成部分，应随会计报告在规定的报送时间内一同报送。财务情况说明书至少应对报告期（或与报告期的财务情况有关）的下列情况作出说明：

（1）企业生产经营基本情况；

（2）利润实现、分配及企业盈亏情况；

（3）资金增减和周转情况；

（4）所有者权益增减变动与资本保值增值情况；

（5）对企业财务状况、经营成果和现金流量有重大影响的其他事项。

正文部分应当注意突出中心，突出重点，突出问题的症结所在。只有突出重点的财务分析报告，才能让人读了之后，知道重点何在，关键在哪里，以便牵住“牛鼻子”。具体写作时，应有重点地总结分析企业取得某一重要成绩的状况和经验，或者有重点地总结分析企业存在的薄弱环节的状况和造成的原因，切忌罗列数据、面面俱到，而又不分析问题、解决问题。

分析的时候，要注意妥善运用表式和数据表达，以利于说明问题。这部分的写作还要注意情况具体、分析深入、结论公正，既不虚构或夸大成绩，也不掩饰或缩小问题，使人看后能对企业生产经营活动及其成果获得全面、正确的印象。

4. 归纳总结或建议部分

分析的目的是为了解决问题。进行财务分析的最终目的是为了改善企业的生产经营管理和财务状况，提高经济效益。因此，该部分应针对分析发现的问题，提出改进意见或建议。

归纳总结和提出改进建议是分析报告的重要内容之一，是分析研究的继续和深化。

归纳总结就是把分析研究所得的各种资料全面地进行综合概括，对分析对象作出正确评价。在进行评价时要防止三种倾向：一是表象倾向，即只看到一方面，没有观察其他相关事项和原因，只看到静态，不分析动态，这样做出的结论，往往形成片面的认识；二是模糊倾向，即得出的结论是模糊的概念，不能形成一个清晰的印象；三是误导倾向，即作出了偏离现实的判断，造成了误导的严重后果。

提出改进建议，就是在归纳总结的基础上，有针对性地提出改进管理工作、挖掘内部潜力、提高经济效益的具体措施和努力方向，以使信息使用者详细了解公司财务现状和发展前景等，做到心中有数。

5. 具名和日期

总之，财务分析报告的写法不必千篇一律。有的在前面用文字分析说明，后面用数字列表说明；有的文字说明中插入表格或仅列一些主要数字；也可以没有单独开头这一部分，把开头的内容直接安排在正文分析说明中等。

以上是财务分析报告的一般形式。由于年度、季度、月度报告的要求不同，每次写分析报告的目的和重点也有所不同，因此不要照套陈式。一般来说，年度财务分析报告要求比较全面详细，有情况，有分析，有建议，大多采用工作总结式。季度财务分析报告可以有重点地做扼要的分析说明。至于月度财务分析报告，有时只需简要说明主要经济指标的增减变化情况就可以了，一般采用条文式，如有重大问题，再作详细分析。因此，上述几个部分，在具体写作时，可以分开写，也可以合在一起写，视分析的内容和要求而定。

二、财务分析报告写作的内容要求

1. 分析要透彻

“分析报告无分析”，这是写作财务分析报告的“致命伤”。没有好的分析，就没有好的分析报告。要分析得好，一是要真正摸清情况，认真做好动笔之前深入细致的调查研究；二是要善于提出问题，多问几个“为什么”，如：超额完成了计划，主要原因在哪里？没有完成计划，又有哪些因素的影响？成本降低了，是怎样降低的？所谓分析，就是分析问题；没有问题，分析什么？提出问题是打开分析之门的钥匙。多问几个“为什么”，有助于把分析深入下去。能够这样做，动笔时就可以把话说到点子上。财务分析报告的写作，难就难在具体的计算与分析上，关键应在分析上做好文章。

2. 重点要突出

财务分析报告的编写应结合当前生产经营的情况和财务管理的具体要求，抓住重点的、关键的问题，抓住主要矛盾和矛盾的主要方面进行分析研究，层层解剖，刨根究底，这样，才有利于说明事物的本质，起到以点带面推动工作和指导工作的作用。分析报告切忌面面俱到又什么都讲不清楚；切忌报流水账而不突出主题、不突出重点；切忌只提出问题，而没有分析问题与解决问题的建议（办法）。

3. 数据要确凿

坚持实事求是、一分为二的作风是编写财务分析报告的重要原则，而数据确凿则是这一原则的重要体现。分析时所运用的数据、资料应当真实、具体、可靠，分析的时候，应辩证地看问题，把定量分析与定性分析结合起来，把历史资料和现状情况结合起来，把肯定成绩与剖析缺点结合起来，把主观判断和客观情况结合起来。

4. 语言要简练

财务分析报告大多是写给领导及有关部门看的，其语言应以简练朴实、通俗易懂为好。文章的开头与结尾应简洁明了，不要穿靴戴帽，套话连篇；内容层次应清楚明白，不要说空话，不要堆砌形容词，更不要只罗列一大堆材料数字，没有分析，或者泛泛而谈，作冗长的解释。

5. 报送要及时

财务分析报告有特定的时效性，有的要求应随会计报表一同报送，即作为会计报表的附件，对报表的数据作恰当的文字说明，起到画龙点睛的作用，又可作为考核与分析企业一定时期内经营状况的依据，起到当好领导参谋的作用。

为了保证财务分析报告的编写质量，一般可在正式写作前先拟订编写提纲，粗线条地写下分析报告的结构和主要内容，然后对提纲进行推敲修改，这也是写好财务分析报告的一个先决条件。有了提纲，就有了全局的框架，可以帮助作者从全局着眼去检查每一部分在全文中所占的地位、作用以及前后的逻辑关系，可以帮助作者理顺思路，明确重点，突出观点，对内容进行适当的剪裁与安排。根据编定的提纲，就可以着手编写分析报告了。

三、财务分析报告写作的技术要求

1. 数据表达

财务分析报告的写作除了要用文字来说明以外，还要依靠数据来说话。大量确凿的数据表达可以说是财务分析报告一个很显著的特色。数据的表达应力求准确、清楚，这是因为，数据是用来表达经济业务事实的根据，是说明经济业务来龙去脉以及增减变化实质的数值，是财务分析立论的依据，是组成分析报告材料的重要内容之一，所以，讲求数据表达的准确和清楚对于写好财务分析报告是具有积极意义的。

由于财务分析报告需要运用大量的数据作定量分析，所以一定要弄清楚数据的来源、注意数据对比的可比性以及利用分析数据的技巧等，并运用数据来发现问题、分析问题，提出解决问题的办法。

2. 专门术语

适量又有效地运用专门术语，也是财务分析报告的重要特征之一。正确使用专业术语，如偿债能力、营运资金、投入产出、经济效益、收益质量等，既能简洁、扼要地说明问题，做到言简意赅，又能突出财务分析报告的专业特点。除熟识常用的会计术语之外，还要注意辨析各专业术语之间的区别，如会计上的解缴事项用会计术语来表示，有预缴、补缴、上缴、清缴等区别。

3. 图表列示

1）表格

在财务分析报告中，经常会使用表格。表格的格式应该是规范的，不能随便勾画而就。表格一般有两种基本形式。

（1）上下左右封口的格式：其四边线条（比表内线条粗略一些）相连。其基本格式表12－1所示。

表12－1　表格的基本格式（一）

（标题）

会计的报表和计算表等一般都采用这种格式。它是会计表格的基本形式。采用封口的格式，表格中填写金额数字既显得整齐严谨，又可以防止弊端。

（2）上下各一条粗线，左右不封口的格式。这种格式实际上是统计表格在会计中的应用，其基本格式如表12－2所示。

表12－2　表格的基本格式（二）

（标题）

由于这种格式左右不封口，在画横线时，应该每条线都对齐，防止此长彼短。

2）图示或图解

图示或图解是对分析报告中文字或数据的直观表现。为了说明某些因素的相互关系或变动趋势等，分析者往往可以运用图示或图解的形式，使其直观，易于为读者所理解。财务分析报告中常用的图解种类如下。

（1）线形图：它是以各种线条的升降表示指标数值的大小及其动态趋势的图形，也常用于表达两个或两个以上可变因素之间的关系，如管理会计中的损益两平图。

（2）示意图：常用来说明某项经济或管理工作或核算的程序，如内部会计控制流程示意图、记账凭证汇总表核算形式示意图。

（3）条形图：它是以宽度相同、长度不同的矩形表示指标数值的图形。根据表现资料的内容不同，条形图可以分为单式条形图和复式条形图。

（4）圆形图：它是以圆形内各扇形面积表示指标数值的图形，常用来说明局部各个因素占全局的比重，如某企业各种资金的比例关系图示等。

4. 常用符号

在财务分析报告中，也会涉及一些常用的符号，对此，应该按统一采用的符号进行规范的书写，在一般情况下，不能生造，若遇特殊需要而无惯用的符号时，可以自行设置，但应加以说明。现将常用符号列于表12－3中。

表12－3 常用符号

符　号	含　义	符　号	含　义
No	号码	Dr	借、借记
#	号码	Cr	贷、贷记
@	单价	¥	人民币元
Σ	总和	US $	美元
±	加减（正负）	g	克
=	等于	kg	千克
≡	恒等于	t	吨
∽	近似于	cm^2	平方厘米
%	百分比	m^3	立方米
‰	千分比	>	大于
‱	万分比	<	小于

总之，财务分析报告在列表、选数、用词、造句等方面还要求有高度的准确性，给人以准确无误、客观公正、庄重严谨、朴实无华的印象。为此，一切事实与数据要求来源于实际，并要求客观真实，万万不可粗心大意。有时，一个数字的差错，一个字的歧义，都可能会引起经济纠葛或产生不良的后果。

从语言形式上来看，在写作中，除了要注意一般应用文惯用的格式和基本规范以外，还要十分注意它的专业个性，即财务分析报告有其特殊要求，包括数据的分析与运用、专门术语表达、表格、图解与常用符号等，使财务分析报告更具有专业特色。

任务3 财务分析报告写作案例

教学目标

在前述章节的内容基础上，选取了贵州茅台酒股份有限公司作为分析案例，读者通过对该公司财务分析报告写作案例解读，旨在提高其财务分析能力和财务分析报告写作水平。

贵州茅台酒股份有限公司财务分析报告

一、贵州茅台简介

贵州茅台酒股份有限公司（简称“贵州茅台”，600519）注册于贵州省仁怀市茅台镇，主营业务范围：贵州茅台酒系列产品的生产与销售，饮料、食品、包装材料的生产与销售，防伪技术开发，信息产业相关产品的研制、开发。贵州茅台酒股份有限公司是根据贵州省人民政府黔府函（1999）291号文《关于同意设立贵州茅台酒股份有限公司的批复》，由中国贵州茅台酒厂有限责任公司作为主发起人，联合贵州茅台酒厂技术开发公司、贵州省轻纺集体工业联社、深圳清华大学研究院、中国食品发酵工业研究院、北京市糖业烟酒公司、江苏省糖烟酒总公司、上海捷强烟草糖酒（集团）有限公司共同发起设立的股份有限公司。公司成立于1999年11月20日，成立时注册资本为人民币18 500万元。经中国证监会发行字［2001］41号文件核准并按照财政部企［2001］56号文的批复，公司于2001年7月31日在上海证券交易所公开发行7 150万股，公司股本总额增至25 000万股。历时10年左右，贵州茅台的股本规模由2.5亿股扩展至目前的10.381 8亿股。股本规模历次变化情况如表12－4所示。

表12－4　股本规模历次变化情况表

变动时间	变动后总股本	变动前总股本	变动原因
2011－07－01	103 818.00	94 380.00	送转股
2009－05－25	94 380.00	94 380.00	2009年5月25日，公司有限售条件的流通股48 867.903万股上市流通，总股本为94 380万股
2006－05－19	94 380.00	47 190.00	2006年5月19日，10转10（资本公积金转增股本是本公司股权分置改革方案的一部分）。总股本增至94 380万股
2005－08－05	47 190.00	39 325.00	2005年8月5日，10转2，总股本增至47 190万股
2004－07－01	39 325.00	30 250.00	2004年7月1日，10转3，总股本增至39 325万股
2003－07－14	30 250.00	27 500.00	2003年7月14日，10送1. 总股本增至30 250万股
2002－07－25	27 500.00	25 000.00	2002年7月25日，10转1，总股本增至27 500万股
2001－08－27	25 000.00	—	2001年8月27日，7 150万股A股上市交易，总股本为25 000万股

二、贵州茅台的财务分析

1. 获利能力分析

公司的销售毛利率在2007年后都保持在88%以上，呈上升趋势。收入净利润率总体呈上升趋势，从 2007 的 39% 上升到 2011 年的 48%，可见该公司的盈利能力很强。从资产净利率、净资产收益率这两个重要指标来看，每年在 20% 和 27% 以上，也都呈上升趋势，净资产收益率水平在 2011 年达到了 35%，具有很高的投资价值。获利能力指标如表 12－5 所示，趋势如图 11－2 所示。

表 12－5　贵州茅台获利能力指标

指标＼年份	2007 年	2008 年	2009 年	2010 年	2011 年
净利润率（%）	39	46	45	43	48
销售毛利率（%）	88	90	90	91	92
资产净利率（%）	27	24	22	20	25
净资产收益率（%）	34	34	30	27	35
每股收益（元）	3.00	4.03	4.57	4.87	8.44
每股净资产（元）	8.72	11.91	15.33	19.49	24.07

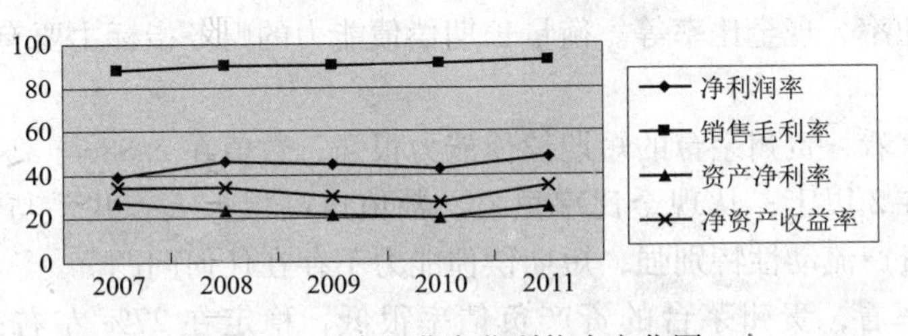

图 12－2　贵州茅台获利能力变化图

2. 经营效率分析

公司经营效率主要体现为总资产周转率、应收账款周转率以及存货周转率。从应收账款周转率看，由 2007 年的 126.14 逐步上升到 2011 年的 10 576.08，单从这项指标来看，该公司应收账款周转速度大大加快，经营效率明显提升。从存货周转率指标看，由 2007 年的 0.41 下降到 2011 年的 0.24，呈减缓趋势。具体数字及趋势如表 12－6 和图 12－3、图 12－4 所示。

表 12－6　贵州茅台经营效率

指标＼年份	2007 年	2008 年	2009 年	2010 年	2011 年
应收账款周转率	126.14	202.92	344.06	1 027.63	10 576.08
存货周转率	0.41	0.30	0.26	0.22	0.24

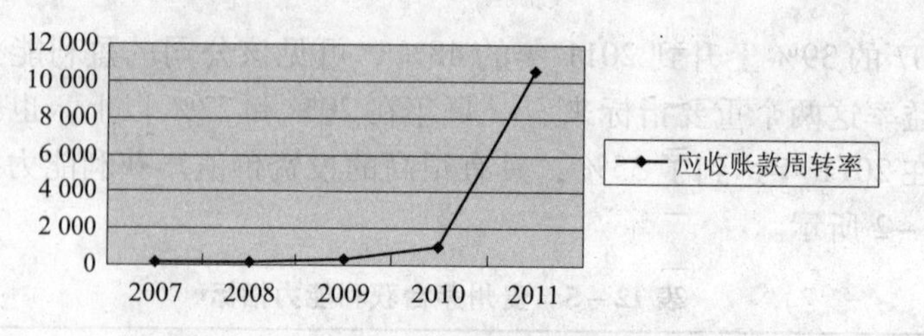

图 12－3　贵州茅台应收账款周转率变化图

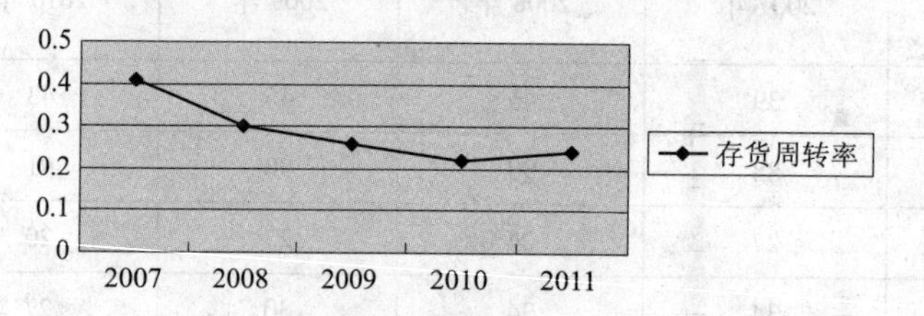

图 12－4　贵州茅台存货周转率变化图

3. 偿债能力分析

公司偿债能力分为短期偿债能力和长期偿债能力。衡量短期偿债能力的主要财务指标有流动比率、速动比率、现金比率等。衡量长期偿债能力的财务指标主要有资产负债率和权益乘数等。

从流动比率来看，贵州茅台的短期偿债能力很强，数值在 2. 88 与 3. 44 之间，从速动比率看，每值数值在 2 以上；从现金比率里看，数值也高得惊人，几乎与速动比率相等。可见，贵州茅台的资产流动性特别强，短期偿债能力不存在任何问题。

从资产负债率看，贵州茅台的资产负债率很低，稳定在 27% 左右；权益乘数稳定在 1. 40 水平。可见，贵州茅台的财务非常稳定，财务风险小，长期偿债能力极强。具体数字如表 12－7 及图 12－5、图 12－6 所示。

表 12－7　贵州茅台偿债能力

年份 指标	2007 年	2008 年	2009 年	2010 年	2011 年
流动比率	3. 44	2. 88	3. 06	2. 89	2. 94
速动比率	2. 35	2. 15	2. 24	2. 10	2. 18
现金比率	2. 24	1. 90	1. 91	1. 83	1. 93
资产负债率	0. 20	0. 27	0. 26	0. 28	0. 27
权益乘数	1. 27	1. 40	1. 37	1. 39	1. 40

4. 成长能力分析

贵州茅台的成长性分析主要体现在主营业务收入增长、净利润增长、所有者权益增长以

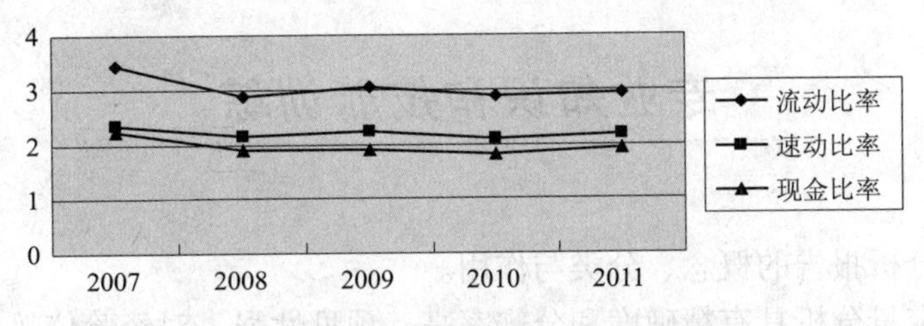

图12-5 贵州茅台短期偿债能力变化图

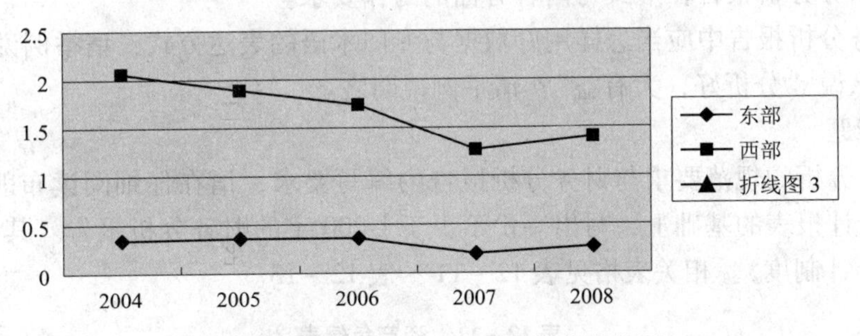

图12-6 贵州茅台长期偿债能力变化图

及股本规模扩大等方面。从主营业务收入增长率来看，2011年最高，达到58%，2008年最低，为14%，其余年份在17%～48%之间；从净利润增长率来看，2007年最高，达到83%，其余年份在14%～73%之间；股东权益增长率在27%～37%之间，在2008年达到最高值，为37%。总体上，贵州茅台的成长性相对稳定，表现出稳定成长、业绩优秀的特征。具体数字如表12-8及图12-7所示。

表12-8 贵州茅台盈利能力指标

年份 指标	2007年	2008年	2009年	2010年	2011年
主营收入增长率（%）	48	14	17	20	58
净利润增长率（%）	83	34	14	17	73
股东权益增长率（%）	36	37	29	27	36

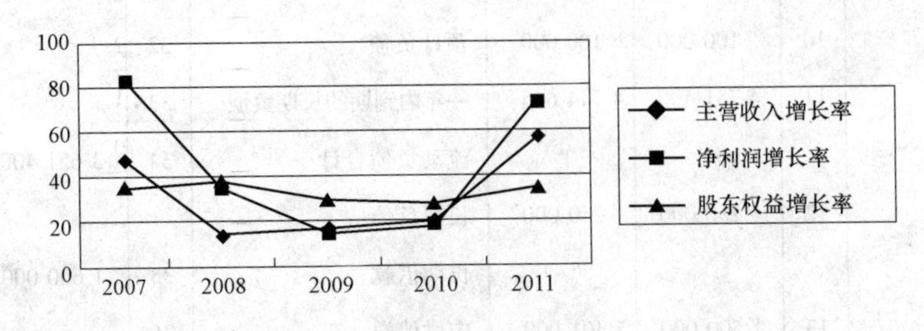

图12-7 贵州茅台盈利能力变化图

专业知识和技能训练

一、思考题

1. 简述财务分析报告的概念、分类与作用。
2. 为什么说定量分析具有精确度和分辨率高、预见性强、对经验依赖程度低等特点?
3. 简述财务分析报告在形式与内容方面的写作要求。
4. 在财务分析报告中应当怎样用好数据与专门术语的表达方式?请举例说明。
5. 为什么说“分析好,大有益”?请举例说明之。

二、技能题

按照财务分析的规范要求与财务分析报告的编写要求,请在仔细阅读布朗公司2011年度三张主要会计报表的基础上,写出一份不少于1 000字的财务分析报告。其中,布朗公司执行《企业会计制度》。相关表格见表12-11～表12-13。

表12-11 资产负债表

编制单位:布朗有限公司　　2011年12月31日　　单位:元

资　产	行次	年初数	期末数	负债及所有者权益	行次	年初数	期末数
流动资产:				流动负债:			
货币资金	1	1 406 300	820 745	短期借款	23	2 300 000	2 050 000
短期投资	2	15 000	0	应付票据	24	200 000	100 000
应收票据	3	246 000	46 000	应付账款	25	933 800	953 000
应收股利	4	0	0	其他应付款	26	70 000	50 800
应收利息	5			应付工资	27	100 000	100 000
应收账款	6	995 000	1 492 500	应付福利费	28	10 000	80 000
其他应收款	7	5 000	5 000	应交税金	29	30 000	205 344
预付账款	8	100 000	0	其他应交款	30	6 600	6 600
存货	9	1 884 100	1 680 400	预提费用	31	1 000	
待摊费用	10	100 000	100 000	预计负债	32		
流动资产合计	11	4 751 400	4 144 645	一年内到期的长期负债	33		
长期投资:				流动负债合计	34	3 651 400	3 545 744
长期股权投资	12	250 000	250 000	长期负债:			
固定资产:				长期借款	35	1 600 000	1 160 000
固定资产原价	13	1 500 000	2 401 000	应付债券	36		

续表

资　产	行次	年初数	期末数	负债及所有者权益	行次	年初数	期末数
减：累计折旧	14	400 000	170 000	长期应付款	37		
固定资产净值	15	1 100 000	2 231 000	长期负债合计	38	1 600 000	1 160 000
工程物资	16			负债合计	39	5 251 400	4 705 744
在建工程	17	1 500 000	728 000	所有者权益：			
固定资产合计	18	2 600 000	2 959 000	实收资本	40	3 000 000	3 000 000
无形资产及其他资产：				资本公积	41	150 000	150 000
无形资产	19	600 000	540 000	盈余公积	42		185 685. 15
长期待摊费用	20	200 000	200 000	未分配利润	43		202 215. 85
无形资产及其他资产合计	21	800 000	740 000	所有者权益	44	3 150 000	3 387 901
资产总计	22	8 401 400	8 093 645	负债及所有者权益总计	45	8 401 400	8 093 645

注：短期投资年初数 15 000 元为股票投资。年初已提坏账准备 5 000 元，年末已提坏账准备 7 500 元。无形资产为装修费摊余额。长期待摊费用为开办费。

表 12－12　利润表

编制单位：布朗有限公司　　2011 年度　　单位：元

项　目	行次	上年实际	本年实际
一、主营业务收入	1	1 500 000	1 250 000
减：主营业务成本	2	1 050 000	750 000
主营业务税金及附加	3	5 000	2 000
二、主营业务利润	4	44 500	498 000
加：其他业务利润	5		
减：营业费用	6	100 000	20 000
管理费用	7	200 000	158 000
财务费用	8	70 000	41 500
三、营业利润	9	75 000	278 500
加：投资收益	10	5 000	31 500
营业外收入	11	1 000	50 000
减：营业外支出	12	81 000	19 700
四、利润总额	13	0	340 300
减：所得税	14	0	102 399
五、净利润	15	0	237 901

表 12－13 现金流量表

编制单位：布朗有限公司　　2011 年度　　单位：元

项目	行次	金额
一、经营活动产生的现金流量：		
销售商品、提供劳务收到的现金	1	1 342 500
收到的税费返还	2	
收到的其他与经营活动有关的现金	3	
现金收入小计	4	1 342 500
购买商品、接受劳务支付的现金	5	349 800
支付给职工以及为职工支付的现金	6	300 000
支付的各种税费	7	241 555
支付的其他与经营活动有关的现金	8	70 000
现金支出小计	9	961 355
经营活动产生现金流量净额	10	381 145
二、投资活动产生的现金流量：		
收回投资所收到的现金	11	16 500
取得投资收益所收到的现金	12	30 000
处置固定资产、无形资产和其他资产所收到的现金净额	13	300 300
收到的与其他投资活动有关的现金	14	
现金收入小计	15	346 800
购建固定资产、无形资产和其他资产所支付的现金	16	451 000
投资所支付的现金	17	
支付的其他与投资活动有关的现金	18	
现金支出小计	19	451 000
投资活动产生的现金流量净额	20	－104 200
三、筹资活动产生的现金流量：		
吸收投资所收到的现金	21	
借款所收到的现金	22	400 000
收到的其他与筹资活动有关的现金	23	
现金收入小计	24	400 000
偿还债务所支付的现金	25	1 250 000
分配股利、利润和偿付利息所支付的现金	26	12 500
支付的其他与筹资活动有关的现金	27	
现金支出小计	28	1 262 500
筹资活动产生现金流量净额	29	－862 500
四、汇率变动对现金的影响	30	
五、现金及现金等价物净增加额	31	－585 555

补 充 资 料	金　　额
1. 将净利润调节为经营活动现金流量：	
净利润	237 901
加：计提的资产减值准备	2 500
固定资产折旧	100 000
无形资产摊销	60 000
待摊费用摊销	
处置固定资产的收益	-50 000
固定资产报废损失	19 700
财务费用	21 500
投资收益	-31 500
存货减少	203 700
经营性应收项目的增加	-200 000
经营性应收项目的减少	-1 690
其他	19 034
经营活动产生的现金流量净额	381 145
2. 现金及现金等价物的净增加情况：	
现金的期末余额	820 745
减：现金的期初余额	1 406 300
加：现金等价物的期末余额	0
减：现金等价物的期初余额	0
现金及现金等价物的净增加额	-585 555

参考文献

[1] 阮永平．上市公司财务报表解读：新会计准则下投资价值挖掘视角．上海：华东理工大学出版社，2010.

[2] 夏冬林．解读会计报表．北京：中国人民大学出版社，2009.

[3] 李敏．财务报表解读与分析．上海：上海财经大学出版社，2009.

[4] 崔刚．上市公司财务报告解读与案例分析．北京：人民邮电出版社，2009.

[5] 张爱民，钱爱民．财务报表分析案例．北京：中国人民大学出版社，2008.

[6] 池国华，王玉红，徐晶．财务报表分析．北京：清华大学出版社，2008.

[7] 徐光华，柳世平，刘义鹃．财务报表解读与分析．北京：清华大学出版社，2008.

[8] 李析．财务报表分析习题与案例．大连：东北财经大学出版社，2008.

[9] 田国双，郭红．财务会计报告分析．北京：科学出版社，2007.

[10] 刘顺仁．财报就像一本故事书．太原：山西人民出版社，2007.

[11] 黄小玉．上市公司财务分析．大连：东北财经大学出版社，2007.

[12] 史继坤．财务报告的阅读与分析．北京：中华工商联合出版社，2007.

[13] 曹阳，支春红．新企业会计准则解读．上海：复旦大学出版社，2007.

[14] 中华人民共和国财政部．最新《企业会计准则》及其应用指南．北京：法律出版社，2007.

[15] 中华人民共和国财政部企业司．企业财务通则．北京：中国财政经济出版社，2007.

[16] 上海证券交易所网站，www. sse. com. cn.